21世纪应用型本科系列教材

应用统计学

王富民 田皓 周亚莉 主编

内容提要

本书系统地介绍了应用统计学的基本内容，包括统计资料的搜集与整理、统计数据的特征描述、概率论基础、时间数列分析、参数估计与假设检验、相关分析与回归分析，还介绍了统计基本理论在质量管理中的应用。本书的编写十分注重统计基本理论在实践中的运用，注重案例介绍，另外，我们还介绍了应用Excel软件处理统计数据的方法，相信通过本书的学习，不但可以掌握统计学的基本知识，还可以掌握现代化的数据处理方法。

图书在版编目(CIP)数据

应用统计学/王富民等编著. —西安：西安交通大学出版社，2009.2(2019.2重印)
ISBN 978-7-5605-3010-9

Ⅰ.应… Ⅱ.王… Ⅲ.应用统计学 Ⅳ.C8

中国版本图书馆CIP数据核字(2008)第201841号

书　　名	应用统计学
编　　著	王富民　田　皓　周亚莉
责任编辑	史菲菲
出版发行	西安交通大学出版社
	(西安市兴庆南路10号　邮政编码710049)
网　　址	http://www.xjtupress.com
电　　话	(029)82668357　82667874(发行中心)
	(029)82668315(总编办)
传　　真	(029)82668280
印　　刷	西安日报社印务中心
开　　本	727mm×960mm　1/16　印张17.625　字数327千字
版次印次	2009年2月第1版　2019年2月第5次印刷
书　　号	ISBN 978-7-5605-3010-9
定　　价	36.00元

读者购书、书店添货、如发现印装质量问题，请与本社发行中心联系、调换。
订购热线：(029)82665248　(029)82665249
投稿热线：(029)82668133
读者信箱：xj_rwjg@126.com

版权所有　侵权必究

前　言

应用统计学是研究如何科学地搜集、整理、分析、解释数据,并通过对数据的解释探求其背后所隐含的现象变化规律性的一门学科。在实践中,无论对经济现象、社会现象,还是自然现象的研究,都离不开对有关数据的分析与解释,以便帮助人们进行决策。因此,它的应用范围十分广泛。学习统计学的重要意义不仅在于可以掌握一种收集数据和解释数据的手段,还可以掌握一种探究现象发展变化规律的分析方法,使人们的决策建立在科学的基础之上,在激烈的市场竞争中立于不败之地。从这个意义上看,统计学是一门帮助人们科学决策的方法论科学。

应用统计学是经济类、管理类各专业的核心课程。本教材由长期从事应用统计学教学且具有丰富教学经验的四位教师编写。多年来的教学和实践经验告诉我们,统计学理论只有与实践相结合才会富有极强的生命力,才是学习这门课程的真谛和关键所在。因此,在教材的编写过程中,我们特别注重统计理论在实践中的运用,特别注重案例的介绍和练习,特别注重通过学科知识点的介绍,使学生学会一种发现并掌握现象变化规律性的实用技巧,并能够在实践中熟练运用,培养和提高他们分析问题、解决问题的能力。同时,我们深刻地认识到,当今计算机技术在提高了统计数据的处理速度的同时,也变革了传统的统计学的学习方法和教学方法,学会熟练地运用计算机进行数据处理和分析,已经成为每个统计学的初学者都应具备的基本技能。所以,我们十分注重计算机在统计学中的应用,但考虑到教材的系统性,在编写过程中我们把计算机的应用案例作为附录列在有关章之后,这样不但有利于教师的讲授,也有利于学生的自学。在编写的过程中,我们充分吸收了当代统计学理论的最新研究成果,使教材的内容体系更加系统和完整,同时充分考虑到学生的学习特点,在内容的论述方面尽可能系统、简洁、流畅,易于理解和记忆。

本教材是西安交通大学城市学院 21 世纪应用型本科系列教材建设规划项目,编写大纲由西安交通大学王富民、田皓、周亚莉和西安交通大学城市学院孙镭等四人共同商定,由王富民、田皓最后总篡定稿。各章的执笔人如下:王富民副教授第一章和第九章,田皓副教授第二章和第七章,周亚莉博士第三章、第四章和第五章,孙镭老师第六章和第八章。

在本教材的编写过程中,我们参阅并吸收了大量国内外最新出版的同类教材及统计学方面的研究成果,也得到了西安交通大学城市学院教学服务中心和应用经济系的大力支持,在此我们表示十分的感谢!

编者

2009 年 1 月

目 录

前 言
第一章 导论 ……………………………………………………………… (1)
  第一节 统计学的研究对象 …………………………………………… (1)
  第二节 统计学的分科 ………………………………………………… (5)
  第三节 统计活动过程及统计研究方法 ……………………………… (7)
  第四节 统计学中的基本概念 ………………………………………… (11)
  第五节 计算机在统计中的应用 ……………………………………… (16)

第二章 统计数据的收集与整理 ………………………………………… (18)
  第一节 统计数据的计量与类型 ……………………………………… (18)
  第二节 统计数据的来源与收集 ……………………………………… (20)
  第三节 调查问卷的设计 ……………………………………………… (25)
  第四节 统计数据的误差与误差控制 ………………………………… (29)
  第五节 统计数据的整理 ……………………………………………… (30)
  第六节 统计数据的显示 ……………………………………………… (36)

第三章 统计数据的描述 ………………………………………………… (46)
  第一节 总量指标 ……………………………………………………… (46)
  第二节 相对指标 ……………………………………………………… (49)
  第三节 平均指标 ……………………………………………………… (55)
  第四节 变异指标 ……………………………………………………… (68)

第四章 时间数列分析 …………………………………………………… (79)
  第一节 时间数列的概念及编制原则 ………………………………… (79)
  第二节 时间数列分析中的水平指标 ………………………………… (81)
  第三节 时间数列分析中的速度指标 ………………………………… (88)
  第四节 时间数列的长期趋势测定 …………………………………… (93)
  第五节 季节变动分析和循环变动分析 ……………………………… (103)

第五章　统计指数 ……………………………………………… (113)
   第一节　统计指数的概念及分类 …………………………… (113)
   第二节　总量指标指数的编制及应用 ……………………… (115)
   第三节　指数体系与因素分析 ……………………………… (124)

第六章　概率与概率分布 ……………………………………… (136)
   第一节　概率基础 …………………………………………… (136)
   第二节　概率分布 …………………………………………… (141)

第七章　参数估计与假设检验 ………………………………… (156)
   第一节　参数估计的一般问题 ……………………………… (156)
   第二节　抽样分布与抽样误差 ……………………………… (162)
   第三节　参数估计 …………………………………………… (171)
   第四节　假设检验 …………………………………………… (178)

第八章　相关分析与回归分析 ………………………………… (192)
   第一节　相关分析 …………………………………………… (192)
   第二节　一元线性回归分析 ………………………………… (197)
   第三节　多元线性回归分析 ………………………………… (207)

第九章　统计质量管理 ………………………………………… (219)
   第一节　质量管理概论 ……………………………………… (219)
   第二节　质量管理的统计方法 ……………………………… (224)
   第三节　工序能力分析 ……………………………………… (239)
   第四节　控制图 ……………………………………………… (246)

附录　标准正态分布表 ………………………………………… (274)

参考文献 ………………………………………………………… (275)

第一章 导 论

统计学是一门搜集、分析、解释数据的科学。在现代社会，统计学被广泛地应用于各个领域，它的作用就在于用一套科学的方法分析数据，探求数据背后所隐含的现象发展变化的规律性，并掌握这种规律性，以便使我们更深刻地认识客观事物，从而使决策与管理建立在科学的基础之上。

第一节 统计学的研究对象

本节主要介绍统计学的概念、统计学的研究对象，并明确统计学研究对象的特点，以便为更好地了解这门学科打下基础。

一、统计学的概念

统计学是收集、分析、表述和解释数据的科学。这一定义告诉我们，统计学是关于数据的科学，其内容包括数据收集、数据整理、数据分析和数据解释。数据收集也就是取得统计数据，统计学既然是关于数据的科学，所以，它就要研究如何收集统计数据，也就是收集统计数据的具体方法有哪些，各种不同的方法有哪些特点及其适应条件。统计数据的整理包括统计数据的审核、汇总、分类，并用图表的形式加以展示，这一阶段是统计分析的基础性工作，也就是说，只有进行科学的统计整理，统计分析才能得出科学的结果。统计数据的分析则是根据统计研究的目的，用统计特有的方法对统计数据进行研究，这里所讲的特有的方法包括综合指标分析法、时间数列分析法、抽样推断法、相关及回归分析法、方差分析法，等等。数据解释就是对分析的结果进行说明，说明结果为什么是这样，结果所隐含的事物的特征是什么，从分析中得出了哪些规律性的结论。

二、统计学的研究对象及特点

任何一门学科的学习，都需要首先明确它的研究对象。统计学的研究对象是统计实践活动的基本方法、主要过程及其发展规律。这里讲的统计实践活动也就是收集、分析、表述和解释统计数据的活动。具体来说,在统计数据的收集阶段,统计学要研究有哪些具体的收集数据的方法,各种不同方法的适应条件、程序及特点如何,各种不同方法的优缺点如何;在统计数据的分析阶段,统计学要研究有哪些基本的统计分析方法,各种不同的分析方法有何特点及其所说明的问题,对于某一具体问题,用哪种统计方法分析最合适;在统计数据的整理阶段,统计学要研究有哪些具体的审核资料的方法,有哪些具体的分类方法,如何分类才能更好地说明现象的内部结构及现象之间的本质联系,有哪些具体的资料显示方法,怎样才能把统计资料更清晰、更美观、更有震撼力地显示出来;在统计数据的解释阶段,如何科学合理地解释统计数据,发现统计数据背后所隐含的现象的变化规律。统计实践活动的主要过程也就是统计收集数据、分析数据、解释数据的主要过程,以统计收集数据的主要过程为例,我们知道抽样调查是一种十分重要的收集数据的方法,它的主要程序就包括确定抽样调查的目的、确定抽样调查的项目、确定抽样框、确定抽样的组织形式、设计和抽取样本、收集样本资料、数据处理、推断总体等过程。其实所有的统计收集数据的过程都是这样,必须设计和制订一个周密的收集数据的计划,才能保证统计数据的准确性。

从统计学的概念可以看出,统计学是收集、分析、解释数据的一门科学,统计实践活动的结果表现为统计数据,统计学还要在统计数据的基础上,作进一步的分析,发现统计数据背后所隐含的现象发展变化的规律性。换句话说,统计学的研究绝不仅仅停留在收集统计数据的阶段,发现数据背后现象的变化规律才是统计学的主要任务,通过对现象变化规律的研究,为管理、决策、预测提供依据。应该说,统计学所介绍的大多数分析方法,都是分析和发现统计数据变化规律的方法,所以,通过统计学的学习,就应该特别注重探求、发现、掌握和利用这些规律,使得我们的一切决策都建立在科学的基础之上,永远立于不败之地。

统计学在收集、分析、解释统计数据的过程中,必须从实际出发,尊重客观事实,如实反映情况。从事统计分析,必须坚持用发展的、联系的眼光看问题,反对孤立、静止、片面的形而上学的观点,要分清事物发展过程中的主流和支流、本质和现象,抓住主要矛盾和矛盾的主要方面,透过现象的数量表现,研究事物的本质及其变化规律。

明确了统计学的研究对象,还必须明确统计学研究对象的特点,这些特点不仅决定着统计学的研究方法,而且划清了统计学与其他学科的界限。统计学研究对象的特点可概括为数量性、大量性和客观性三点。

1. 数量性

统计实践的过程就是统计数据的收集、整理、分析过程,统计实践的结果表现为具有一定意义的统计数据,用统计数据反映现象的特征并揭示其发展变化规律,无论是统计实践的过程,还是统计实践的结果,无一不表现为数量特征。这是统计学研究对象的显著特点,也是统计学区别于其他经济学科的一个重要方面。但统计学在研究数量的同时,始终遵循质与量的辩证统一原则,它不像数学那样单纯地研究抽象的数量关系,而是紧密联系现象的质进行研究,是在质的规定之下研究现象的量的表现。

2. 大量性

这里所讲的大量性是指统计数据总是大量社会现象、经济现象、自然现象的总体数量表现。统计学要研究社会经济现象及自然现象的数量方面,并由此来揭示现象发展变化的一般规律,就必须要对大量现象进行观察,所以,统计数据总是表现为大量社会现象、经济现象、自然现象的综合的结果。例如一个国家的人口总数、人口的性别比例、经济的增长速度、产业结构,等等。统计之所以要对大量现象进行观察,是因为个别现象容易受偶然因素的影响。对现象中的足够多的单位进行观察,个别的、偶然的因素便会相互抵消,从而呈现出现象发展变化的一般规律。

统计学研究对象虽然具有大量性的特点,但它也不排斥对个别典型事物的深入研究,对个别具有代表性的单位作具体分析,了解现象的内在联系。这里应该注意,虽然是对个别现象进行研究,但目的是为了更加深入地认识总体的规律性。

3. 客观性

统计学研究对象的数量是客观事物的反映,它表明客观现象在具体时间、地点及条件下,实际已经达到的水平和程度。统计数量的客观性在于它显示客观事物独立存在于外部世界的实际情况,不是主观意志所能转移的,不应受人为的、主观意志的干扰。统计学研究对象的客观性是统计质量的基础。统计工作必须坚持遵循其对象客观性的特点,才能保证统计资料的准确性,按照事物的本来面目观察、分析事物,准确把握事物的发展规律。

三、统计学的产生

统计科学产生与统计实践是密不可分的,作为一种实践活动,统计是随着国家的产生而产生的。国家为了赋税、徭役、征兵的需要,就有了人口、土地、粮食等统计,例如,在我国夏禹时代(公元前 2000 多年)就有了人口数量记载,以后历代田亩、户口的统计逐渐完备。可见,在我国古代就有了统计活动,但那时的统计只在有限的范围之内,只是对社会政治经济情况作一些原始的登记和简单的计算,主要为国家的政治管理服务。随着资本主义生产关系的建立和发展,统计活动才得到了较大的发展。

作为统计实践活动的理论总结的统计学至今只有300多年的历史。一般认为,统计学产生于17世纪中叶,主要源流有三个,即形成于英国的"政治算术学派",形成于德国的"国势学派",以及产生于19世纪中叶的"数理统计学派"。

1. 政治算术学派

政治算术学派产生于17世纪中叶的英国,主要代表人物是威廉·配第(1623—1687)和约翰·格朗特(1620—1674)。威廉·配第是古典经济学的先驱和创始人,他在经济学说史上的最大贡献就是提出了科学的劳动价值论,配第一生著述甚丰,但其代表作是《政治算术》(1676)。在该书中,他运用大量的数据资料对英国、法国、荷兰三国的经济实力进行比较,目的是要说明英国在政治、经济、军事等各方面都优于其他两个国家,进而为英帝国与其他国家争夺海外市场提供有力的理论支持,为统治者打气。在这本书中,他所用的方法是用数据、重量、尺度等进行数量对比分析,一改纯粹的理论说教,这种方法是前所未有的,从而也就为统计学的产生奠定了基础。马克思称威廉·配第为"政治经济学之父,在某种程度上,也可以说是统计学的创始人"。恩格斯在《反杜林论》中则说,"配第创造《政治算术》,即一般所说的统计"。政治算术学派的另一个代表人物约翰·格朗特在《对死亡表的自然观察和政治观察》(1662)一书中,通过大量观察的方法,研究并发现了一系列人口统计规律。如男婴出生多于女婴,基本上为14∶13;男性的死亡率高于女性;新生儿在大城市的死亡率较高;一般疾病和事故的死亡率较稳定,而传染病的死亡率波动较大,等等。此外,格朗特还在研究中运用各种方法对统计资料进行间接的推算,相互印证。由于约翰·格朗特的这些研究成果,该书被许多统计学家誉为"真正统计科学的肇端"。

2. 记述学派

记述学派又称为国势学派,产生于18世纪的德国,其主要代表人物是赫尔姆斯太特大学教授康令(1606—1681)和哥丁根大学教授阿亨瓦尔(1719—1772),康令第一个在大学讲授"欧洲最近国势学",阿亨瓦尔在大学开设"国家学"课程。所谓国势学就是记述国家显著事项之学,也就是把一国或多国的一些显著事项如国家的人口、税收、国土面积等用文字的形式记述下来并进行对比,目的是用来歌颂普鲁士君主政体,并向统治阶层提供治国之术。这一学派对统计学的贡献并不大,只是在1749年阿亨瓦尔第一次把"国家学"定名为"统计学",统计学的名字以后就这样延续下来。

3. 数理统计学派

数理统计学派产生于19世纪中叶的比利时,其代表人物是阿道夫·凯特勒

(1796—1874)。他的代表著作有《论人类》(1835)、《概率论书简》(1846)、《社会物理学》(1869)。他最先运用大数定律,证明社会现象的发展并非偶然,而是具有其内在的规律性,这是他最主要的贡献,但他在解释社会规律时,把社会规律看作和自然规律一样永恒不变,这就暴露了其理论的局限性。他是第一个把数学中的概率论引入社会经济现象的统计研究中,使得研究社会经济现象的统计方法在"政治算术学派"所建立的算术的基础之上,在准确化的道路上迈进了一步。1867年,有人把这一门既是数学又是统计学的学科命名为数理统计学,所以,凯特勒也就成为数理统计学的创始人。

第二节 统计学的分科

根据统计方法的研究和应用,可将统计学分为理论统计学和应用统计学;根据统计方法的构成,可将统计学分为描述统计学和推断统计学。

一、理论统计学和应用统计学

理论统计学主要指概率论和数理统计,是探讨统计学的数学原理及各种统计方法的来源。理论统计学是统计方法的理论基础,没有理论统计学的发展,统计学就不可能发展成为一个完善的知识体系。

应用统计学是研究如何应用统计方法去解决实际问题,也就是研究如何将统计方法应用到各种自然或社会科学上,其内容一般只涵盖基础统计学,也就是本教材所介绍的大部分内容。

统计学是一门分析数据的科学,在自然科学、社会科学、经济科学研究领域,都需要通过数据分析解决实际问题,因而统计基本理论的应用几乎扩展到了所有的科学研究领域。这里应该强调的是,理论统计学是应用统计学的方法论基础,应用统计学只有广泛应用理论统计学所提供的方法论基础,才能使其更加完善、更加科学。

二、描述统计学和推断统计学

描述统计学研究如何取得反映客观现象的数据,并通过图表形式对所收集的数据进行加工处理和显示,进而通过综合、概括与分析得出反映客观现象的规律性数量特征。其内容包括统计数据的收集方法、数据的加工处理方法、数据显示方法、数据分布特征的概括与分析方法等。在实际生活中,我们几乎可以经常接触到描述统计学的例子,例如某位老师对班级考试成绩进行统计,得出只针对该班的结论,如该班的平均成绩、成绩分布或本次考试的其他数据;再例如一个国家或一个地区的人口数、人口的性别比例、人口年龄构成,等等。

推断统计学则是研究如何根据样本数据去推断总体数量特征的方法。它是在对样本数据进行描述的基础上,对统计总体的未知数量特征作出以概率形式表述的推断。这里所讲的总体就是指的统计所要研究的对象,这里所讲的样本就是指按照某种原则从总体中抽取的部分单位。关于总体和样本我们在后面还要详细介绍。

描述统计学和推断统计学的划分,一方面反映了统计方法发展的前后两个阶段,另一方面也反映了应用统计方法探索客观事物数量规律性的不同过程。

描述统计和推断统计是统计方法的两个组成部分。描述统计是整个统计学的基础,推断统计则是现代统计学的主要内容。在对现实问题的研究中,由于我们所获得的数据主要是样本数据,因此推断统计在现代统计学中的地位和作用越来越重要,已成为统计学的核心内容。当然,这并不等于说描述统计不重要,如果没有描述统计搜集可靠的统计数据并提供有效的样本信息,即使再科学的统计推断方法也难以得出准确的结论。从描述统计学发展到推断统计学,既是统计学发展的巨大成就,也是统计学发展成熟的重要标志。

三、统计学与其他学科的关系

通过对统计学概念的了解,我们已经知道,统计学的核心就是数据,统计学是一门关于数据的科学,但它又不是纯粹的数据的科学,它是在对现象进行定性的基础之上来研究数据的变化规律,如果以经济统计为例,则定性的理论依据就是经济学所阐明的基础理论。这就很明显地看出,统计学和数学、经济学有着千丝万缕的联系,但统计学又是一门独立的学科,所以它们之间又有着很明显的区别。

1. 统计学与数学的关系

统计学在研究现象的数量时,要大量地借助于数学的方法。"数学是数量的科学",统计学正是利用数学理论设计出适应统计所研究对象量的计算公式和模型,从而对现象的发展状态进行描述和说明,使得我们更科学地认识客观现象。概率论是数学的一个分支,它以最一般的形式研究随机现象的数量关系和变化规律。作为统计的研究对象,其中很大一部分属于随机现象,这就必须运用概率论中的方法来对某些数量特征进行研究。例如,抽样法中平均抽样误差的基本公式,正是来源于概率论与数理统计学中方差的数学性质。也可以这样说,数学科学的每一步发展,都为统计学的进一步发展打下了基础,统计学的发展过程,从某种程度上来说也就是数学科学在统计学中的应用过程,这就说明统计学与数学有着密切的关系,但另一方面,统计学与数学又有着本质的区别。首先,虽然表面上看统计学与数学都是研究数量规律的,都是与数字打交道的,但实际上却有着明显的差别。数学研究的是抽象的数量规律,而统计学则研究具体的、实际现象的数量规律,例如在数学中,某一个变量可以趋于无穷大或无穷小,但统计学所研究的对象,从理论上来讲,没有一种经济现象可以趋于无穷大或无穷小;数学研究的是没有量纲的抽象的数,而统计学研究的是有具体实物或计量单位的数据。其次,统计学与数学研究中所使用的逻辑方法也是不同的,数学研究所使用的是纯粹的演绎,而统计学则是演绎与归纳相结合,占主导地位的是归纳。

2. 统计学与其他学科的关系

这里所说的其他学科主要是指经济学以及其他一些自然科学。统计学是一门应用性很强的学科,由于几乎所有的学科都要研究和分析数据,因而统计学与这些学科领域都有着或多或少的联系。例如,统计方法在生物学中的应用形成了生物统计学;在医学中的应用形成了医疗卫生统计学;在农业试验、育种等方面的应用形成了农业统计学。统计方法在经济和社会科学研究领域的应用也形成了若干分支学科。例如,统计方法在经济管理中的应用形成了经济管理统计学;在社会学研究和社会管理中的应用形成了社会统计学;在人口学中的应用形成了人口统计学,等等。也就是说,统计方法可以帮助其他学科探索学科内在的数量规律性,至于对这种数量规律性的解释并进而研究各学科内在的规律,只能由各学科的研究来完成。比如,大量观察法已经发现了新生婴儿的男女性别比是 107:100,但为什么会是这样的比例,形成这一比例的原因应由人类遗传学或医学来研究和解释,而非统计方法所能解决的。再如,利用统计方法对吸烟和不吸烟者患肺癌的数据进行分析,得出吸烟是导致肺癌的原因之一的结论,但为什么吸烟能导致肺癌就需要医学进行解释了。可以这样说,统计方法仅仅是一种有用的定量分析的工具,但能否用统计方法解决各学科的具体问题,首先要看使用统计工具的人是否能正确选择统计方法,其次还要在定量分析的同时进行必要的定性分析,也就是要在用统计方法进行定量分析的基础上,应用各学科的专业知识对统计分析的结果作出合理的解释和分析,才能得出令人满意的结论。尽管各学科所需要的统计知识不同,所使用统计方法的复杂程度大不相同,统计学也不能解决各学科的所有问题,但统计方法在各学科的研究中仍会发挥越来越重要的作用。

第三节 统计活动过程及统计研究方法

统计工作是一项复杂的系统工程。只有充分认识和了解统计活动过程,才能保证统计数据的收集、整理、分析有条不紊,才能得出科学合理的统计分析结果。另外,在统计活动过程的各个阶段,都使用到一些基本的方法,只有认识和掌握这些基本方法,才能更好地进行统计分析,也才能得出科学合理的统计分析结果。

一、统计活动过程

一个完整的统计活动过程包括统计设计、统计资料搜集、统计资料整理、统计资料分析、统计资料的提供与信息开发几个环节。统计设计是对统计工作的各个方面和各个环节进行的通盘考虑和安排。它包括:根据统计任务制定统计指标和指标体系;统计分组和分类设计;搜集资料和整理资料的方法和步骤;统计力量的组织安排等。设计的结果形成设计方案,例如,指标体系、分类目录、调查方案、整理方案,以及数据保管和提供制度等。统计设计是统计工作的前期工程,它决定着整个统计工作的全面布置,关系到统计工作过程的各个环节,是一项重要而且复杂的工作。对于统计的对象范围、指标口径、分类标准、计量单位等,都需要统一认识、统一制定、统一执行,避免指标缺口、重复、不配套、不衔接、不统一等所引起的浪费损失。经过统计设计,有了统计方案之后,就要进行统计资料的搜集,也就是统计调查。统计调查就是根据事先确定的调查纲要有组织有计划地向客观实际搜集原始资料的工作过程。统计调查是统计认识活动的起点。统计整理就是对统计调查所取得的资料进行科学地分类和汇总,为统计分析准备系统化、条理化的综合资料的工作过程。统计整理是统计工作的中间环节,起着承前启后的作用。

关于统计调查和统计整理本教材有专章论述。

统计资料分析就是对经过加工汇总的资料进行分析研究。在这一阶段中,要运用各种具体的分析方法,计算一系列分析指标,揭示被研究现象的发展过程及规律性,并由此作出科学的结论,为决策提供科学的信息。统计资料的提供是实现统计信息社会化的重要步骤。统计部门要在搜集整理准确而丰富的统计信息的基础上,建立数据库、信息库,以灵活多样的形式提供资料。信息开发是指充分利用统计信息资源,进行深层次加工,以发挥多方面的社会功能,达到信息社会共享和信息多层次利用的目的。

二、统计研究的基本方法

统计学根据现象数量方面的特点,在统计工作过程的各个阶段,运用着众多的专门方法,如大量观察法、统计分组法、综合指标法、动态数列法、指数法、抽样推断法等。其中,综合指标法和统计分组法是运用于统计工作全过程的基本方法，而综合指标法又建立在大量观察法的基础之上，统计分组法又是所有综合指标法正确运用的前提。因此，这三种方法即构成统计学方法体系中的基本方法。

1. 大量观察法

大量观察法是通过对被研究现象总体中的全部单位或足够多数单位的观察并进行综合分析的方法。它是由现象的大量性和复杂性所决定的。复杂的社会现象、自然现象是在诸多因素的综合作用下形成的，各单位的特征及数量表现有很大的差别，不能任意抽取个别或少数单位进行观察，必须在对被研究现象全面分析的基础上，确定调查对象的范围，观察全部或足够多数的调查单位，使次要的、偶然的因素作用相互抵消，从而排除其影响，以研究主要的、共同起作用的因素所呈现的规律性。

2. 统计分组法

根据统计研究的任务和事物的内在特点，将被研究现象划分为性质不同的组成部分，称为统计分组。例如企业按照经济性质划分成公有企业和非公有企业，按产业性质划分成第一产业、第二产业、第三产业，等等。这都是统计分组，它是进行结构分析的基础性工作。统计分组的正确与否直接关系到统计分析的结果是否科学。有时候，由于分组的方法不同，同一材料会得出不同的分析结果。

统计分组法是统计研究的基本方法之一，贯穿于统计研究的各个环节。在调查阶段，首先要通过分组划分现象类型，来确定调查范围。在统计资料整理阶段，由统计调查而取得的原始资料存在差异性，要使调查资料系统化、条理化，以便于进一步分析，就需要根据统计研究的任务，按照被研究总体单位的特点，选择一定的标志进行分组，使大量的原始资料得到归类。在分析阶段，分组法亦用来分析客观事物内部的结构及变化情况。统计分组是一种最简单、最基本的统计分析方法，在实践中被大量地运用着。

3. 综合指标法

把总量指标、相对指标、平均指标统称为综合指标。综合指标法就是计算和应用综合指标对现象总体的数量关系进行分析的方法。为什么要把这些指标结合运用呢？如果只运用一类指标，仅能说明现象某一方面的特征，把不同类型的指标结合运用，就可以说明现象的全貌。例如，如果我们只说某地区某年国内生产总值的增长速度为 10%，这就是一个相对指标，但只了解这样一个相对指标，明显很抽象，如果我们说国内总产值从相对数上增长了 10%，从绝对数方面增加了（比如说）200 亿元，这样就比较全面，尤其在统计分析阶段，要对大量现象的数量关系进行分析研究，就更要注意总量指标、相对指标、平均指标的结合运用。运用综合指标进行分析研究,可以排除个别的、次要的、偶然的因素对现象的影响,而显现出普遍的、主要的、决定性的因素所发生作用的结果。统计分析中的许多方法,如动态分析法、因素分析法、相关与回归分析法、平衡分析法等都是在总量指标、相对指标和平均指标的基础上进行具体分析的形式。

运用综合指标法表明现象的数量关系,不仅要分析总体数量,而且要进行对比分析,要通过众多的相互联系的综合指标进行纵向的、横向的、实际与计划之间的等各方面的对比,以综合说明现象的规模、水平、速度、比例、结构和效益,认识现象的发展变化规律,使统计在国民经济建设中发挥应有的作用。

三、统计的任务和职能

明确统计的任务和职能,有助于我们进一步了解统计学在经济管理、经济分析中的重要作用。

1. 统计的任务

我国《统计法》规定:"统计的基本任务是对国民经济和社会发展情况进行统计调查、统计分析,提供统计资料和统计咨询意见,进行统计监督。"

在统计工作中,统计调查和统计分析是紧密衔接的两个环节。统计调查是根据统计设计规定的统计调查对象、统计指标、分类标准和调查方法,有组织地向社会实践搜集原始资料的过程。它的任务是取得原始资料。统计分析是运用统计方法,通过对统计资料和有关情况的系统整理和研究,从数量方面说明现象的变化,揭示其本质和规律性,预测未来发展。

统计调查和统计分析的对象是国民经济和社会发展情况。其主要内容包括:人口和劳动力统计;国民财富统计;农、林、牧、渔、水利统计;工业统计;地质普查和勘探业统计;建筑业统计;交通运输、邮电通讯业统计;批发零售贸易和餐饮业统计;房地产业、公用事业、居民服务和咨询业统计;卫生、体育和社会福利事业统计;教育、文化艺术和广播电视业统计;科学研究和综合技术服务事业统计;金融、保险业统计;财政和财务统计;物价统计;国民经济综合平衡统计;固定资产投资统计;人民生活统计;政治法律和民政统计等。

提供统计资料是统计工作的一项经常性任务。统计数据反映的国民经济和社会发展情况是社会公共信息资源,除了属于国家秘密的统计资料应当保密外,其他统计资料都应当及时地公布并提供给全社会的统计信息使用者。统计咨询意见就是提供给统计信息使用者的、由统计分析得出的结论。通过对统计调查搜集来的原始资料进行统计分析,得出的对国民经济和社会发展状况、发展趋势的预测,是国家进行宏观决策的重要基础资料。

2. 统计的职能

统计是管理的工具,这种工具是通过其职能的发挥而参与管理的,也就是说因为有了这些功能,统计才成为一种有效的管理工具。统计的职能有信息职能、咨询职能和监督职能。

(1)信息职能。它是指统计部门根据科学的统计指标体系和统计调查方法,灵活、系统地采集、处理、传输、存贮和提供大量的以数量描述为基本特征的信息。这是统计的最基本的职能。

(2)咨询职能。它是利用已掌握的丰富的统计信息资源,运用科学的分析方法和先进的技术手段,深入开展综合分析和专题研究,为科学决策和管理提供各种可供选择的咨询建议和对策方案。

(3)监督职能。它是根据统计调查和统计分析,从总体上反映国民经济和社会的运行状态,并对其实行全面、系统的定量检查、监测和预警,以促使经济、社会按照客观规律的要求,持续、协调、稳定地发展。统计监督在国家宏观调控和监督体系中具有十分重要的地位和作用。统计监督的内容是国民经济和社会的运行状态,即依据一整套能够及时、准确、全面、系统地反映国民经济和社会运行状态的统计信息,对当前的国民经济和社会运行状况是否符合客观规律进行监测,对于违背客观规律的状态及时地向决策机关发出预警信息;同时,还可根据客观实际的变化及时向决策机关发出适时调整政策的统计咨询意见。

统计的信息、咨询和监督职能,是相互作用、相互促进、相辅相成的,它们密切联系。信息职能是统计最基本的职能,是保证咨询和监督职能得以有效发挥的前提。咨询和监督职能是在信息职能基础上的拓展和深化,是在发挥信息资源作用的基础上对统计系统整体效能的提高。统计工作只有发挥了以上三方面的职能,才能提供优质的服务,实现信息社会化和信息社会共享的目标。

第四节 统计学中的基本概念

统计学中的概念较多,本章所讲的是一些基本概念,也就是在以后的各章中出现次数较多的概念,这些概念包括总体、总体单位、标志、指标、变异、变量等。

一、统计总体与总体单位

统计对社会经济现象的研究,是具体通过社会现象的总体来实现的。统计总体就是指作为统计研究对象的全部事物。它是由客观存在的、具有某种共同性质或特征的许多个别事物构成的整体,简称总体。统计总体是具有相对独立性的概念,根据统计研究任务来确定。例如,我们要研究某地区居民户在银行的存款情况,那么,该地区全体居民户便构成总体。又如,我们要研究该地区金融机构的规模,那么,该地区全部的金融机构便构成总体。构成总体的个别事物就是总体单位,简称单位。上面的例子中,每一居民户和每一个金融机构就是总体单位。统计总体具有大量性、同质性、变异性的特征。

统计总体的大量性是指统计总体必须由现实存在的许多个别单位组成,个别或不具备足够数量的单位不能形成总体。因为统计研究是以揭示事物的规律为目的,而规律性只有在大量事物的普遍联系中才能表现出来。统计总体的同质性是指组成统计总体的所有总体单位在某一个品质标志或数量标志的具体表现上是相同的。统计总体的变异性是指所有总体单位在某一个标志表现上具有同质性而形成统计总体,但在其他标志的具体表现上大多是有差异的。

统计总体和总体单位的概念不是固定不变的,随着研究目的的变化,它们是可以变换的。例如,我们以某一个区域下属的所有储蓄所为一个总体,每一个储蓄所是总体单位。现在,如果把研究范围扩大到以每个区域为单位的全部金融机构,这时,该区域又变成全部金融机构这个新总体中的一个总体单位。

二、统计标志和标志表现

统计标志即单位标志,简称标志。它是表明总体单位的某种属性或数量特征的名称。例如,职工的性别、文化程度、工种是职工总体中每个职工都具有的属性。又如,设备的型号、能力、价值、使用期限是设备总体中每台设备都具有的特征。总体单位是统计标志的直接承担者,统计标志始终依附于总体单位。

统计标志按照表示事物特征的不同,分为品质标志和数量标志两大类。品质标志表示总体单位质的特征,一般不能用数值来表示,如职工的性别、工种等。数量标志表示总体单位量的特征,是可以用数值来表示的,如职工的年龄、工龄、企业的总产值等。

标志表现是标志在各个单位的具体表现,有品质标志表现和数量标志表现两种。品质标志的具体表现,一般只能用文字来表示,如某职工的性别是"男",某企业的经济类型是"公有经济"等。数量标志的具体表现就是标志值,如某职工月工资额为1 200元,某教师的教龄为30年,某企业年产值为600万元等。

在统计总体中,不论是品质标志还是数量标志,如果某一统计标志在总体单位中的具体表现是相同的,则该标志称为不变标志。例如,在工业企业总体中,每个工业企业的经济职能都是从事工业生产活动,经济职能就是每个工业企业这一总体单位的不变品质标志,是形成整个工业企业这个统计总体的依据。但大多数的标志在总体单位中的表现是不相同的,如工业企业的总产值、职工人数、劳动生产率等。这些标志称为可变标志,是对统计总体进行研究的前提条件。

三、变异和变量

变异是指可变标志的具体表现在各个总体单位之间存在的差别。变异有属性变异和数值变异。变异具有普遍性,是统计的前提条件,没有变异也就无须统计研究了。

变量是可变的数量标志。数量标志的具体表现是标志值或称变量值。也就是数量标志的具体取值或变量的具体取值。例如,职工的月工资是变量(可变的数量标志),而月工资额1 000元、1 200元、1 500元是变量值。

按照变量值是否连续,可把变量分为离散变量和连续变量。离散变量是指标志值可以按一定次序一一列举的数量标志。通常表示为整数值。例如,学校的学生人数,地区的金融机构数,企业的设备台数等。连续变量是指标志值是连续不断、相邻两值之间可作无限分割的数量标志。例如,身高、体重、粮食产量等都属于连续变量。

按照变量的性质不同,可将变量分为确定性变量和随机变量。确定性变量是指变量由于受到某种起决定性作用的因素的影响,致使其数值总是沿一定的方向呈现出上升或者下降的趋势。例如,随着国民经济的不断发展,国内生产总值指标总是逐年上升的,虽然时有波动,但其变动的总趋势是上扬的,因此,该指标就是一个确定性变量。随机变量则是另外一种性质的变量,由于影响其变动的因素很多、作用各异,因而变量的趋势没有一个确定的方向,带有偶然性。例如,一批机械产品零件尺寸的公差大小,就带有一定的偶然性,在这里,零件尺寸的公差就是一个随机变量。

四、统计指标

1. 统计指标的概念

统计指标是反映总体数量特征的概念或范畴。统计指标包括两方面的含义,一是指标的内容和所包括的范围;二是指标的数值也就是经过调查登记加以汇总整理而得到的数字。在通常情况下,反映总体某方面的统计指标只有一个,而指标数值就随时间、空间的变化而变化。指标总是要通过数值来说明,而数值离开指标就变成抽象的数字,就失去统计的意义和作用了。

2. 统计指标的特点

统计指标具有可量性、具体性、综合性的特点。

(1) 可量性。可量性是指任何统计指标都能够表现为某种数值。现象是否可量,是其转化为统计指标的前提条件。统计指标最终必须能够用数字表现,不存在不能用数字表现的统计指标。

(2)具体性。统计指标可量性的特点不同于纯粹从量上作抽象研究的数学。统计指标必须密切联系现象本身,从认识客观现象的内容、本质和特征出发,来计算该现象在一定时间、地点、条件下的数量,这不仅体现统计指标质与量的统一,而且体现其具体性。可见,统计指标不是抽象的概念和数字,它总是一定的具体时间、地点、条件下现象总体的量的反映。脱离了现象质的内容和具体时间、地点、条件的数字,就不能称为统计指标。

(3)综合性。统计指标是对现象总体数量特征的说明。在统计研究中,根据统计研究目的确定统计总体、总体单位和单位标志之后,按照一定的统计方法对各单位及其各种标志值进行登记、分组和汇总,从而形成说明总体数量特征的各种统计指标。例如,某地区的企业组成统计总体时,可对全部企业进行分组、汇总,得出全地区或地区各工业部门的企业数、职工人数、总产值和利润等指标。可以看出,统计指标的形成都必须经过从个别到一般的过程,即通过对各个总体单位数量特征的综合或数量差异的抽象,以体现出统计总体的综合数量特征。所以,任何统计指标都是对统计总体而言且具有一定的综合性。

3. 统计指标与标志的联系与区别

从以上统计指标的概念和特点的阐述中可以看出,统计指标与标志既有密切的联系又有本质的区别。弄清它们之间的关系是十分重要的。

(1)联系。统计指标的指标值是通过对总体单位的数量标志值或总体单位数的汇总而取得的。例如,一个地区工业总产值是汇总该地区所有工业企业总产值而得到的。这里,该地区总产值是总体指标,各个工业企业总产值是总体单位的标志值。统计指标与标志之间存在着变换关系。由于统计研究目的的不同,原来的统计总体若变为总体单位,则相应的统计指标也就变为数量标志;反之亦然。这种变换关系是建立在统计总体单位与总体之间的变换关系基础上的。

(2)区别。统计指标是说明总体数量特征的,具有综合性;标志则是说明总体单位特征的,一般不具有综合性。统计指标必须是可量的,没有不能用数量表示的统计指标;标志则未必都是可量的。例如品质标志的标志表现就不是可量的,只有对它的标志表现所对应的单位进行总计时,才形成统计指标。

4. 统计指标的分类

统计指标按其所反映的现象的内容不同,可分为数量指标和质量指标。

凡是说明现象的总规模、总水平或工作总量的统计指标就是数量指标。例如人口数量、职工总数、工资总额等。数量指标一般用绝对数表示。凡是反映现象总体相对水平或工作质量的统计指标均为质量指标。例如人口总体的各种构成、人口密度、人口出生率、单位产品成本等都是质量指标。质量指标一般用相对数或平均数来表示。

统计指标按其作用功能不同分为描述指标、评价指标和预警指标。

描述指标是用于反映现象的状况,反映生产活动过程和结果的统计指标。它包括三方面的内容,一是反映社会经济情况的指标,例如自然资源拥有量、土地面积数量、人口、劳动力数量、科技力量等指标;二是反映生产经营过程和结果的指标,例如国内生产总值、工农业增加值;三是反映社会物质文化生活情况的指标,例如城镇居民的人均收入、人均住房面积、居民的文化程度等指标。评价指标是用于对行为的结果进行比较、评估、考核,以检查其工作质量和经济效益的统计指标,如劳动生产率、出勤率、工时利用率等。预警指标主要用于对宏观经济运行的检测,并根据指标数值的变化,预报国民经济即将出现的不平衡状态、突发事件以及某些结构性障碍。常利用国民经济关键性指标或敏感性指标建立监测指标体系以发挥预测警报的作用。属于宏观经济监测的对象有经济增长率、经济周期波动、失业与价格波动、国家财政收支、国际收支等。

5. 统计指标体系

统计指标体系是若干个相互联系的统计指标所构成的整体,它用以说明被研究现象各个方面相互依存和相互制约的关系。一个确定的现象总体总是具有多方面的数量特征,一个具体的统计指标只能说明总体某一方面的特征,而现象总体许多方面的特征是相互联系的。不同现象之间也存在着各种各样的联系。因此,要说明现象总体的各个方面,以及总体之间的普遍联系,就必须建立指标体系。例如,要说明企业的经济效益状况,就必须用经济效益指标体系,如总资产贡献率、资本保值增值率、资产负债率、流动资产周转次数、成本费用利润率、全员劳动生产率、产品销售率等。统计指标体系具有比统计指标更为具体的说明对象,反映着指标之间的相互联系,应用更为广泛,在统计认识中的作用也更为重要。它可以说明现象的全貌和发展全过程,可以分析复杂现象总体存在的矛盾,分析各种因素对现象总体变动的作用、方向和程度,可以通过指标体系之间的关系进行一定的估算和预测。

统计指标体系可以分为基本统计指标体系和专题统计指标体系。基本统计指标体系反映国民经济和社会发展及其各个组成部门的基本情况。它又可分为三个层次,最高层次是反映国民经济和社会发展的统计指标体系,如国民经济综合平衡指标体系;中间层次是各地区和各部门的统计指标体系,它是最高层次统计指标体系的横向分支和纵向分支;基础层次是基层统计指标体系,即各个企事业单位的统计指标体系。专题统计指标体系是针对某一经济、社会或科技问题制定的统计指标体系,例如前述的经济效益指标体系、科技进步统计指标体系等。

科学的统计指标体系是统计数据准确的保障,所以一个科学可行的统计指标体系的制定必须遵循科学性、目的性、统一性的原则。所谓科学性原则就是指统计指标体系的制定要结合客观事物的性质、特点,指标体系中的各个指标的计算口径、计算方法、计量单位及体系中的核心指标都要遵循客观事物的运动规律。所谓目的性就是指统计指标的制定要考虑管理的要求和研究的目的,并服从之。所谓统一性原则就是指统计指标体系的制定要和计划、会计以及业务核算相统一。因为统计为计划服务是统计为社会服务的一个重要内容,统计指标是计划指标的基础,又是检查计划指标执行情况的重要依据,所以统计指标与计划指标在内容、范围、计算方法上都应当一致。统计、会计和业务核算从不同侧面共同担负着反映企业经济活动状况、考核企业经济效益的任务,会计核算以货币度量,对企事业单位的生产经营状况的每一项事实进行记录,并据此编制会计报表,业务核算是对业务活动中的单个事实进行记录,如企业中车间、班组对零部件、半成品的记载等,统计则是对大量事实进行核算,并对总体作出综合性的说明。所以,统计核算、业务核算、会计核算应当相互配合、协调一致,在指标体系方面保持必要的统一。

第五节 计算机在统计中的应用

随着现代科学技术的迅猛发展,人类社会已进入信息社会,信息量之大、范围之广、变化之快,使得传统的信息处理手段已无法适应经济高速发展对统计所提出的要求,计算机在统计中的应用解决了统计信息的储存、整理、分析和检索问题。不但可以提高统计信息的搜集、整理速度,还可以及时、准确地将有关统计资料的参数如均值、方差、偏态等迅速地提供给使用者供分析之用,特别是对一些数据量较大、难以手工完成的工作,计算机更体现了它的优越性。

在应用统计方法的过程中,最大的困难有两个,第一是要处理的数据多、结构复杂、计算量大;第二是对于待解决的问题往往要进行探索性分析,也就是通过不同统计方法反复试验比较,寻找有效的综合性的处理手段。统计软件正是为了克服这两个困难而产生、发展的,由于统计软件适应了当代经济对统计的要求,因而备受重视。目前,统计软件的种类已经达到上百种之多,这里我们只简单地介绍几种应用广泛且比较重要的软件。

SPSS (Statistical Package for the Social Scicence,社会科学统计软件包)是

著名的统计分析软件之一。1968 年,3 位美国斯坦福大学的学生研发了最早的 SPSS 统计软件系统,并基于这一系统于 1975 年在芝加哥合伙成立了 SPSS 公司,20 世纪 80 年代以前,SPSS 统计软件主要应用于企事业单位。迄今为止,SPSS 软件已有 30 余年的成长历史,拥有全球约 25 万的产品用户,它们分布于通讯、医疗、银行、证券、保险、制造、商业、市场研究、教育等多个领域。SPSS 是世界上应用最广泛的统计专业软件。SPSS 的基本功能包括数据管理、统计分析、图表分析、输出管理等。其过程包括描述性统计、均值比较、一般线性模型、相关分析、回归分析、时间序列分析等,其统计分析功能十分强大。SPSS 名为社会科学统计软件包,这是为了强调其社会科学应用的一面,而实际上它在社会科学、自然科学的各个领域都发挥着巨大的作用。

SAS(Statistical Analysis System,统计分析系统)原来是由北卡罗莱纳大学于 1976 年研究开发的软件包,其数据处理功能较强,经过多年的完善和发展,SAS 系统在国际上已被誉为数据分析的标准软件,在各个领域得到了广泛的应用。SAS 统计软件的主要功能有描述统计、回归分析、方差分析、多元分析、聚类分析等。

MINITAB 是数据分析软件包,发布于 1972 年,最初是为学生学习统计课程而设计的,但以后逐步扩大到工程技术、社会科学、管理学等领域,凡需要组织数据与处理数据的场合都可以应用 MINITAB 软件。MINITAB 软件的主要功能有数据的一般处理、作图、制表、方差分析、相关与回归分析等。

除了以上介绍的几种软件外,还有 Eviews、BMDP、Micro TSP 等,这些都是专业的统计软件,它们的计算能力强大,提供的统计分析结果非常详尽,但它们的普及率比较低,相对而言学习比较困难。其实在实践中,我们也可以用 Excel 来解决一些统计问题,虽然 Excel 并非归为统计软件,但对绝大多数初学者而言,Excel 在统计方面的功能已经足够用了,而且使用方便,也较容易掌握,所以本书介绍了 Excel 在统计中的应用。

思考与练习

1. 什么是统计?
2. 如何理解统计的职能?
3. 统计学与数学有何区别与联系?
4. 什么是变量?变量有哪些分类?
5. 标志与指标有何区别与联系?

第二章 统计数据的收集与整理

统计数据是利用统计方法进行分析的对象和基础。统计数据的收集与整理是根据统计研究的目的,向客观实际收集、汇总统计数据的工作过程。本章在划分统计数据类型的基础上,主要阐述如何系统地收集统计数据资料,以及对数据资料进行科学分组和汇总的方法。

第一节 统计数据的计量与类型

统计数据是对客观现象进行计量的结果。要对客观现象作出统计认识,就必须首先对数据进行量化,确定数据的量化尺度(量标)。根据客观现象的特征不同,量化尺度由低级到高级,由粗略到精确,可分为定类尺度、顺序尺度、间隔尺度和定比尺度,从而形成分类数据、顺序数据以及数值型数据。此外,按不同的分类标志,统计数据还可分为观测数据和实验数据,截面数据和时间序列数据。

一、分类数据、顺序数据、数值型数据

分类数据是由定类尺度计量形成的数据。定类尺度又称列名尺度,是对认识对象属性的差异所作的计量,这种计量是对统计总体按属性分类。比如,职工按性别分为男性和女性;商品按品牌分为 A 商品、B 商品和 C 商品;等等。定类尺度的特点是:第一,它只能区分事物的类别,但无法比较类别之间的大小,具有"="或"≠"的数学特性。第二,对事物的区分必须符合穷尽和互斥的要求。第三,对定类尺度数据分析的统计量主要是频数和频率。比如,把手机按品牌分为诺基亚、飞利浦、松下和其他品牌四类,进而可以统计使用各种品牌的人数(频数)和比重(频率)。

顺序数据是由顺序尺度计量形成的数据。顺序尺度又称定序尺度或等级尺度,它是对认识客体的顺序差异所作的计量,是对事物之间等级差别或顺序差别的一种测度。受教育水平、职称、商品的质量等级、人们对某一事物的态度等,都

是用这种计量尺度来测度的。其计量精度要优于定类尺度。其主要特征有:第一,它不仅能够区分事物的类型,而且能够比较各类型间的优劣和顺序,即不仅具有"="或"≠"的数学特性,而且具有">"或"<"的数学特性,但由于各类事物的差距是未知数,因而不能对其序号进行代数运算,比如不能用1等品加2等品等于3等品。第二,用于分析的统计量主要是频数和累计频数。比如,不仅可以统计一个城市拥有大学学历的人数,还可以统计拥有大学以上学历的人数有多少(累计频数)。

数值型数据是由间隔尺度和定比尺度计量形成的数据。其中,间隔尺度又称定距尺度,它是对事物类别或次序之间的间距进行的测度,比如以百分制表示的考试成绩、各种心理测试的得分等。它的特点一是不仅能区分事物的类别、进行排序、比较大小,还可以精确地计量大小的差异;二是没有绝对的零点,即可以以任意一个0为起点。这里的0不表示"没有",而是表示一个数值即0水平。例如一个学生统计学的考试成绩为0,并不表示他没有任何统计学知识;同样,温度为0并不表示没有温度。定比尺度又称比例尺度,它是对事物之间比值的测度,比如年龄、收入、失业人数等。它是与间隔尺度属于同一层次的一种计量尺度,但其功能要比间隔尺度更强一些。其主要特征一是除了能区分类别、排序、比较大小差异外,还可测度两个测度值之间的比值;二是它具有绝对的零点,即0表示"没有"或"不存在"。比如,收入为零表示没有收入;一个人的体重为0表示该人并不存在。由间隔尺度和定比尺度计量形成的数据统称为数值型数据。

在统计分析中,一般要求数据测量的层次越高越好,因为高层次的计量尺度包含更多的数学特性,可运用的统计方法就越多,分析时也就越方便。因此,数值型数据是统计研究中使用最多的统计数据。

二、观测数据和实验数据

按照数据的收集方法不同,统计数据可分为观测数据和实验数据。

通过统计调查或观测而收集到的数据称为观测数据。这类数据是在没有对客观事物人为控制的条件下得到的,有关社会经济现象的统计数据几乎都是观测数据。

通过在实验中控制实验对象而收集到的数据称为实验数据。比如,在商场通过实验销售获得的有关商品价格与销售量数据,对一种新药疗效的实验,对一种新的农作物品种的实验等。自然科学领域的大多数数据均为实验数据。

三、截面数据和时间序列数据

按照被描述的对象与时间的关系,可以将统计数据分为截面数据和时间序列数据。

截面数据是指在同一时间不同空间收集的数据,它所描述的是某一时期或时点上现象在不同地理区域、不同行业或部门的变化情况。比如,2008年我国各城市的财政收入数据,2008年末各城市的人口数,均为截面数据。

时间序列数据是指在不同时间上收集的数据,即按时间顺序排列的数据,它所描述的是现象随时间而变化的情况。比如,2000—2008年西安市城镇居民人均可支配收入数据就是时间序列数据。

区分数据的类型是十分重要的,因为对不同类型的数据,我们将采用不同的统计方法来处理和分析。

第二节 统计数据的来源与收集

统计数据的收集是统计分析的基础,准确可靠的统计数据是统计研究的前提。从统计数据本身的来源看,最初都是来源于直接的调查或实验。但从使用者的角度看,统计数据主要来源于两种渠道:一是来源于直接的调查和科学实验,通常被称为第一手资料,它是统计数据的直接来源;二是来源于别人过去调查或实验的数据,通常被称为第二手资料,它是统计数据的间接来源。统计数据还应采用科学的方法进行收集。本节重点阐述取得社会经济数据的主要方式和方法。

一、统计数据的直接来源

统计数据的直接来源主要有两个渠道:一是调查与观察;二是实验。调查是取得社会经济数据的重要手段,其中有统计部门组织的统计调查,也有其他部门或机构组织的市场调查;实验是取得自然科学数据的直接手段。

统计调查是取得社会经济数据的主要来源,也是获得直接统计数据的重要手段。实际中常用的统计调查方式主要有普查、抽样调查、统计报表等。

1. 普查

普查是为特定研究目的而专门组织的一次性全面调查。用于系统收集属于一定时点或时期社会经济现象的基础数据,如人口普查、工业普查、农业普查等。世界各国一般都定期地进行各种普查,以便掌握有关国情、国力的基本统计数据。普查是适用于特定目的、特定对象的一种调查方式,主要用来收集某一时点状态下的社会经济现象的数量,目的是掌握特定社会经济现象的全貌,为国家制定有关政策或措施提供依据。

作为一种被广泛运用的数据收集方式,普查具有以下四个特点:

第一,普查属于一次性或周期性的调查。普查有根据需要临时进行的,也有按一定周期进行的。目前,我国普查趋向周期性,从2000年起,我国的周期性普查包括三项,即人口普查、农业普查和经济普查。人口普查和农业普查每十年一次,分别在逢"0"和"6"的年份进行;将工业普查、第三产业普查和基本单位普查合并为经济普查,每十年进行两次,除第一次经济普查在2004年进行,以后均在逢"3"、"8"的年份进行。

第二,普查需要规定统一的标准时间,即规定调查资料的所属时间。普查一般都是反映调查对象在某一时点上的情况,为了在调查中做到不重复登记或遗漏登记,必须统一规定调查时间(标准时间)。比如,我国前四次的人口普查的标准时间为普查年份的7月1日零时,第五次人口普查的标准时间为2000年11月1日零时,农业普查的标准时间为普查年份的1月1日零时。标准时间一般定在调查对象比较集中、相对变动较小的时间上。

第三,普查是专门组织的全面调查。它可以全面、深入地收集到统计数据,为抽样调查提供基础数据。

第四,普查的适用领域有限。由于普查动用的人力、物力较大,目前普查仅限于重要的国情、国力数据的收集。

2. 抽样调查

抽样调查是从认识对象中抽取一部分单位作为样本进行调查,并根据样本调查结果来推断总体数量特征的一种数据收集方法。根据是否按照随机性原则进行抽样,抽样调查可分为随机抽样调查和非随机抽样调查。

抽样调查是实际中应用最广泛的一种调查方式方法,它有以下几个特点:

第一,经济性好。这是抽样调查的一个最显著优点。由于调查的样本单位通常是总体单位中的一小部分,调查的工作量小,因而可以节省人力、物力、财力和时间,调查费用较低。

第二,实用性强。抽样调查可以迅速、及时地获得所需要的信息。由于工作量小,调查的准备时间、调查时间、数据的处理时间等都可以大大缩减,从而提高数据的时效性。与普查相比,抽样调查可以频繁地进行,随着事物的发生和发展及时取得有关信息,以弥补普查的不足。比如,我国在两次人口普查之间各年的人口数据都是通过抽样调查取得的。

第三,适应面广。抽样调查可以获得更广泛的信息,它适用于对各个领域、各种问题的调查。从使用的范围来看,它既可以用于调查全面调查能够调查的现象,也能够调查全面调查不能调查的现象,特别适合对一些特殊现象的调查,如产品质量检验、医药的临床试验、对顾客满意度的调查等。从调查的项目和指标来看,抽样调查的内容和指标可以更详细,能获得更全面、更广泛和更深入的数据。

第四,准确性高。抽样调查的数据质量有时比全面调查更高,因为全面调查的工作量大、环节多,登记性(或调查)误差往往很大,而抽样调查则相反。由于工作量小,可使各环节的工作做得更细致,误差往往很小。当然,用样本数据推断总体时难免会产生抽样误差,但随机抽样误差是可以计算并加以控制的,因此,推断的结果通常是可靠的。

3. 统计报表

统计报表是按国家有关法规的规定,自上而下地统一布置、自下而上地逐级提供基本统计数据的调查方式。统计报表要以一定的原始数据为基础,按照统一的表式、统一的指标、统一的报送时间和报送程序进行填报。

统计报表是目前我国收集统计数据的一种重要方式,在几十年的政府统计工作中,已经形成一套比较完备的统计报表制度,成为国家和地方政府部门取得统计数据的主要来源。

除了上面介绍的三种主要调查方式外,实际工作中也常用重点调查和典型调查收集数据。重点调查是从全部调查对象中选择少数重点单位进行调查。其中重点单位是指在所要调查的数量特征上占有较大比重的单位。例如,要调查全国钢铁企业的生产状况,可以选择产量较大的少数几个企业,如鞍钢、宝钢、首钢等,作为重点单位进行调查,以便对钢铁产量有一个大致的了解。典型调查是从全部调查对象中选择一个或少数有代表性的单位进行全面深入的了解。典型调查的目的是通过典型单位来描述或揭示事物的本质和规律,因此,所选定的典型单位应具有我们所研究的问题的本质属性或特征。例如,要研究工业企业的经济效益问题,可以在同行业中选择一个或几个经济效益好的单位作为典型,作深入细致的调查,从中找出经济效益好的原因或经验。重点调查和典型调查虽然都是非全面调查,但它们与随机抽样调查有很大不同。抽样调查是随机地抽取调查单位,因此可以根据抽样结果推断总体的数量特征,而重点调查和典型调查的单位不是随机抽取的,具有一定的主观性,因此调查结果不能推断总体。

二、统计数据的间接来源

对大多数使用者来说,亲自去作调查往往是不可能的或不必要的,他们大多使用其他人调查或实验得到的数据,即前面所提到的数据的间接来源或者称为二手资料。

二手资料主要是公开出版或公开通报的数据,当然也有些是尚未公开出版的数据。在我国,公开出版或报道的社会经济统计数据主要来自国家和地方统计部门以及各种媒体。例如,公开出版物有:《中国统计年鉴》《中国统计摘要》、《中国社会统计年鉴》、《中国工业经济统计年鉴》、《中国农村统计年鉴》、《中国人口统计年鉴》、《中国市场统计年鉴》,以及各省、市、地区的统计年鉴等。提供世界各国社会和经济数据的出版物也很多,如《世界经济年鉴》、《国外经济统计资料》,世界银行各年度的《世界发展报告》等。联合国的有关部门及世界各国也定期出版各种统计数据。

除此之外,还可通过其他渠道使用一些尚未公开发布的统计数据,以及广泛分布于各种报纸、杂志、图书、广播、电视传媒中的各种数据资料。现在,随着计算机网络技术的发展,也可以在网络上获取各种数据资料。

利用二手资料对使用者来说既经济又方便,但使用时应注意统计数据的含义、计算口径和计算方法,以免误用或滥用。同时在引用时一定要注明数据的来源,以尊重他人的劳动。

三、统计数据的收集方法

明确了统计数据的来源,还需要采用具体的方法对所需数据进行收集。统计数据的收集方法归纳起来可分为询问调查和观察实验两大类,如图2-1所示。

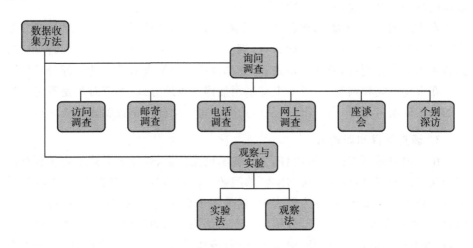

图2-1 统计数据的收集方法

四、调查方案的设计

在收集直接统计数据时,需要制定出一个周密、完整的调查方案,以指导整个调查工作,使之能够顺利地实施和完成,取得预期的效果。调查方案设计的质量直接影响到统计数据的质量。

虽然不同的调查方案在内容和形式上会有一些差异,但在结构上大体是一致的。一个完整的调查方案的内容通常包括:调查目的;调查对象和调查单位;调查项目和调查表;调查的时间、地点及方式方法;调查工作的组织实施。

1. 调查目的

调查目的就是调查所要达到的目标,说明要解决什么问题,具有什么样的实际意义。简言之,就是要解决"为什么而调查"的问题,而这正是设计调查方案需要首先解决的问题。因为任何现象和过程都可以根据人们的需要从不同的方面、不同的角度来搜集资料,只有目的明确了,才能确定向谁调查,调查什么以及采用什么方法进行调查,避免无的放矢。

2. 调查对象和调查单位

调查对象是根据调查目的确定调查研究的总体或调查范围。调查单位是构成调查对象的每一个单位,它是调查项目和调查内容的承担者,也是我们收集数据、分析数据的基本单位。调查对象和调查单位说明的是向谁调查,由谁来提供数据的问题。简言之,就是解决"谁"的问题。

在实际调查中,调查的单位可以是调查对象的全部单位,也可以是部分单位。如果采用全面调查方式,如普查,调查对象中的每一个单位都是调查单位;但若采用非全面调查,如抽样调查,调查单位就只是调查对象中的一部分单位。

在市场研究和调查中,基本上都采用抽样调查的方式,调查对象是确定抽样框的基本依据,在确定抽样框后,从中选取的每一个样本单位就是调查单位。

3. 调查项目和调查表

调查项目是调查的具体内容,主要说明调查什么、以什么形式来表现调查内容的问题。简言之,就是解决"什么"的问题。在大多数统计调查中,调查项目通常以表格的形式来表现,称为调查表,它是用于登记调查数据的一种表格,一般由表头、表体和表外附加三部分构成。表头是调查表的名称,用于说明调查的内容,被调查单位的名称、性质、隶属关系等;表体是调查表的主要部分,它是调查内容的具体体现;表外附加通常由填表人签名、填报日期、填表说明等内容组成。在市场调查中,调查的内容则主要通过问卷来体现。

4. 其他内容

除了上面介绍的几项主要内容外,调查方案中还应确定调查的时间、收集数据的具体方法以及调查的具体组织和实施工作。

在进行调查时,应明确是全面调查还是非全面调查;如果是非全面调查则需要明确是抽样调查、重点调查还是典型调查;若是抽样调查还应明确具体的抽样方法、数据推断方法等。在具体收集数据时,还应明确是采用访问调查、邮寄问卷调查、电话调查还是其他方式。

调查时间主要是要明确调查数据的所属时间和整个调查活动的起止时间。

调查的组织与实施工作具体包括:调查人员的选择、组织和培训;调查表格、问卷、调查员手册的印刷;必要调查工具的准备;调查经费的来源和开支预算等。

第三节 调查问卷的设计

采用调查问卷的形式收集数据资料,是统计调查的一种重要手段。本节介绍调查问卷的设计方面的基本内容。

一、调查问卷的概念和分类

调查问卷简称问卷,是把所要调查的内容以问题及其可能的答案按照一定的形式顺序排列所形成的调查表。它是收集调查数据的常用工具。近年来,问卷调查在国际上被广泛应用,也是目前我国推行最快、应用最广的调查手段之一。

根据实际研究者的调查目的、内容和方式的不同,通常把问卷分为自填问卷和访问问卷两种。自填问卷是指由被调查者自己填答的问卷,它依据发送的方式又分为邮寄问卷和发送问卷。自填问卷直接面对被调查者,因此要求问卷中问题的设计应更加明确,便于回答。访问问卷是指由访问员根据被调查者的口头回答来填写的问卷。问卷不直接面对被调查者,调查员可以对所提问题作出解释,因此在问卷的具体形式和要求上与自填问卷有所不同。但二者作为调查中收集资料的工具,在结构上没有太大的差别。

二、问卷的基本结构

一个完整的调查问卷通常由引言、填写说明、问题与答案三个部分组成。

引言列在问卷开头,通常以简明扼要的一段话语出现,其作用在于向调查者介绍和说明调查的目的、意义、主要内容、调查者的身份等方面情况。比如:

您好!

我是××市场调查公司的访问员,我们正在进行一项有关公众环保意识方面的调查,目的是了解大家对环境保护的看法和意见,为政府部门制定环保方面的政策法规提供依据,更好地提升公众的环保意识。您的回答无所谓对错,只要如实回答即可。我们对您的回答将依据《中华人民共和国统计法》进行保密。希望您能在百忙之中抽出一点时间回答我们提出的问题。谢谢您的支持与合作!

引言部分应力争做到文字简洁准确,语言生动,态度诚恳,一般不超过 300 字。

填写说明也称指导语,类似于产品的使用说明书。它一般是针对比较复杂的问卷,对填表方法、要求、注意事项等作一个总的说明。

问题与答案是问卷的主体,是问卷中最基本也是最重要的组成部分。因此对这部分的设计就显得尤为重要。

三、问题与答案的设计

问题与答案是问卷的主要内容,设计时要仔细推敲,使问题主次明确,重点突出,符合逻辑,概念界定清楚,答案设计简洁、明了和易于回答。问题与答案的设计包括问题的形式、问题的表述、问题的排序、问题的回答等环节和内容。

1. 问题的形式

问卷中的问题主要有两种提问形式,一是选择法,二是问答法。

选择法是既提出问题又给出备选答案,让被调查者自主地选择答案。这种问题通常被称作封闭型问题。根据要求,这种备选答案有以下三种类型:

第一,单项选择型,要求被调查者对所给出的问题答案选定其中的一项。例如:

对于将国家法定节假日总天数由 10 天增加到 11 天,您的态度是:
1. 支持　　2. 反对　　3. 无所谓

第二,多项选择型,要求被调查者在所给出的问题答案中,选出自己认为合适的答案,数量不受限制。例如:

请问您在购买小轿车时主要考虑哪些因素?(选出您认为合适的答案)
　1. 价格　2. 款式　3. 品牌　4. 耗油量　5. 售后服务　6. 维修费用
7. 乘坐舒适　8. 行驶平衡　9. 加速性能　10. 制动性能　11. 其他(请注明)

第三,限制选择型,要求被调查者在所给出的问题答案中,选出自己认为合适的答案,但数量要受到一定的限制。例如,在上面的问题中可要求被调查者限选三项。

问答法是只提出问题,对问题未提供任何具体的答案,由被调查者根据自己的想法自由作出答案。这种问题通常被称作开放型问题。例如:

您认为我国目前的广告宣传中存在的主要问题是什么?

以上两种方法各有利弊。选择法便于回答，调查后的数据处理也很方便，但得到的信息量有限，当设计的备选答案不全面、不准确时，有可能出现答非所问现象，从而影响调查数据的质量。问答法便于被调查者自由发表意见或建议，收集的资料比较生动具体，可以从中获得许多有益的启示，但是填写比较麻烦，当被调查者感到问题不好回答或者不愿回答时，就可能出现问卷回收率低或效率低的结果；此外，由于被调查者的答案各不相同，整理汇总工作将相当复杂。

2. 问题的表述

一般来说，恰当的问题表述方式可直接影响被调查者对问题的理解和回答问题的情绪。为此，对问题表述的设计应把握以下基本原则：

首先，要把问题表述准确、简洁。用词是否确切，具体可按6W准则加以推敲。6W即 who（谁）、where（何处）、when（何时）、why（为什么）、what（什么事）、how（如何），以此来判断问题是否清楚。当然，并不是每项提问中都必须同时具备6W。问卷中的用词要通俗易懂，尽量避免使用生僻的术语。从整体上看，一份问卷中的内容不宜过多，不必要的问题也不要列入，以免增加调查的时间和费用。下表是几个"有问题"的提问和专家修改后的问句：

问句修改前	问句修改后
请问您使用什么牌子的洗发水？（when 未表明）	请问您最近3个月使用什么牌子的洗发水？
您最近一段时间使用什么品牌的化妆品？（时间范围不清楚）	您最近一个月使用什么品牌的化妆品？
您觉得这种电视机的画面质量怎么样？（问题过于笼统）	您觉得这种电视机的画面是否清晰？

其次，要考虑问题回答的可行性，即设计的问题要考虑能否得到确实的答案。对敏感性问题（如涉及个人收入、个人生活、政治方面的问题等）的设计，可采用不记名问卷形式，或提供保密保证，或改变提问的语气、方式加以解决。

最后，一项提问只包含一项内容，避免否定形式的提问和诱导性提问。这是因为如果一项提问包含了两项以上的内容，被调查者就很难回答。人们日常生活中也不习惯于否定成熟陈述的提问。而诱导性提问则不利于得到真实的答案，所以提出的问题不能带有倾向性，或者词语中暗示出调查者的观点，而应保持中立。下表是几个"有问题"的提问和专家修改后的问句：

问句修改前	问句修改后
请问您喜欢打乒乓球和跳舞吗？（双重问题）	1. 请问您喜欢打乒乓球吗？ 2. 请问您喜欢跳舞吗？（分为两个句子提问）
医学专家认为不吃早餐对身体不利，您是否同意这种观点？（诱导性问题）	有人认为不吃早餐对身体不利，也有人认为无所谓，您同意哪种观点？（保持中立）
您觉得这种产品的新包装不美观吗？（否定形式的提问）	您觉得这种产品的新包装美观吗？（正面提问）

3. 问题的排序

为了便于被调查者回答问题，也便于数据资料的整理与分析，在设计问题的顺序时，应注意以下几点：

(1)问题的安排应具有逻辑性。问题的排列应符合受访者的思维习惯，否则会影响被调查者回答问题的兴趣，不利于对问题的回答。

(2)问题的顺序应先易后难。把简单的、容易回答的或能引起被调查者兴趣的问题放在前面，而把复杂的、较难的或某些特殊问题放在后面。这样可以使被调查者开始感到轻松，有能力继续回答下去，否则就会影响他们回答问题的情绪和积极性。

(3)把开放型问题放在问卷的最后。被调查者在回答开放型问题时需要一定的思考和时间。因此，一份问卷中的开放型问题不宜过多，而且应编排在后面，否则会影响被调查者填写问卷的积极性，影响整个问卷的回答质量。

4. 问题答案的设计

问题答案的设计要求做到穷尽性和互斥性。所谓穷尽性是指所列答案应包含所有可能的回答。只有将答案全部列出，才能使每一个被调查者有答案可供选择。所谓互斥性，是指如果答案唯一，则答案之间不能相互重叠或相互兼容。这样才有利于对问题的回答和资料的汇总分析。下表是几个"有问题"的答案和专家修改后的答案：

答案修改前	答案修改后
请问您买房时打算购买下列什么样的户型？ 1. 一室一厅　2. 两室一厅 3. 三室一厅 （答案未穷尽）	请问您买房时打算购买下列什么样的户型？ 1. 一室一厅　2. 两室一厅 3. 三室一厅　4. 三室两厅 5. 四室一厅　6. 其他（请注明）
您平均每月支出中，花费最多的是： 1. 食品　2. 服装　3. 书籍　4. 报刊　5. 娱乐　6. 运动衣　7. 饼干　8. 饮料　9. 啤酒　10. 其他（答案不互斥）	您平均每月支出中，花费最多的是： 1. 食品　2. 服装　3. 书籍 4. 娱乐　5. 其他（请注明）
您的婚姻状况？ 1. 未婚　2. 已婚（答案未穷尽）	您的婚姻状况？ 1. 未婚　2. 已婚　3. 丧偶　4. 离异

此外，答案的表述还应当简明易懂，标准规范。对于选择法问题应在回答处留有足够的空间，以便被调查者方便地填写答案。

除了上面介绍的问题外，问卷设计还要注意版面格式要整齐美观，整个问卷结构的安排要合理，问卷的主体部分要突出、醒目，问题和答案在编排时要进行编码，以便适用于计算机处理等。

第四节　统计数据的误差与误差控制

在统计数据的收集过程中，无论采用哪种调查方法，会由于种种原因导致我们收集的数据与未知的真实数据之间存在着或大或小的差距，这种差距被称作统计数据的误差，简称误差。如果误差过大，就必然影响统计分析的质量和效果。因此，有必要按照统计数据的质量要求，对误差进行有效的控制。

一、统计数据的质量要求

数据的质量包括多方面的含义，它不仅仅是指数据本身的准确性或误差大小，还包括能够满足统计研究的其他一些要求。就一般的统计数据而言，可将其质量评价标准概括为以下六个方面：

(1) 精度,即最低的抽样误差或随机误差。
(2) 准确性,即最小的非抽样误差或偏差。
(3) 关联性,即满足用户决策、管理和研究的需要。
(4) 时效性,即在最短的时间内取得并公布数据。
(5) 一致性,即保持时间序列的可比性。
(6) 经济性,即在满足以上标准的前提下,尽可能以最低的成本取得数据。

可见,统计数据的质量是多方面要求的综合体现。现在,人们对统计数据的质量提出了越来越高的要求,客观上要求我们在调查方案的设计、数据的收集、数据的处理与分析等各个环节中,都应注意保证数据的质量,以便得出切合实际的客观结论。

二、数据误差的分类

数据误差通常是指统计数据与客观现实之间的差距,其来源可分为登记性误差和代表性误差两类。

登记性误差是指调查过程中由于调查者和被调查者的人为因素所造成的误差。其中,由调查者所造成的登记性误差主要有:调查方案中的有关规定或解释不明确导致的填报错误、抄录错误、汇总错误等;由被调查者所造成的登记性误差主要有:因人为因素干扰形成的有意虚报、瞒报调查数据等,这种误差在统计调查中应予以特别重视。登记性误差从理论上讲是可以消除的。

代表性误差主要是指在抽样调查中用样本数据推断总体数据时产生的随机误差。其产生的原因有:由于抽取样本时没有遵循随机原则而产生的;由于样本结构与总体结构的差异而产生的;由于样本容量的不足而产生的;等等。这类误差通常是无法消除的,但我们可以事先进行控制或计算。

第五节 统计数据的整理

通过统计调查获得的数据是大量的、丰富的,但同时它又是零星的、不系统的,还不能被直接用来描述现象的数量特征。为此,就有必要对调查取得的数据进行加工汇总,使之系统化、条理化,这个过程就是统计数据的整理。本节介绍统计数据整理的常用技术和方法。

一、统计数据的审核

在进行数据的整理之前,首先需要对调查数据进行审核。数据的审核就是检查数据中是否有错误。从不同渠道取得的数据在审核的内容和方法上有所不同,不同类型的统计数据在审核的内容和方法上也有所差异。

对于通过调查取得的原始数据,应主要从完整性和准确性两个方面去审核。完整性审核主要是检查应调查的单位和个体是否有遗漏,所有的调查项目是否填写齐全等。准确性审核包括两个方面:一是检查数据资料是否真实地反映了客观实际情况,内容是否符合实际;二是检查数据是否有错误,计算是否正确。审核数据准确性的方法主要有逻辑检查和计算检查。逻辑检查主要是从定性的角度审核数据是否符合逻辑,内容是否合理,各项目或数字之间是否存在矛盾。例如,月收入在 2 000 元~4 000 元的人每月在化妆品方面的平均消费为 4 000 元,这样的数据可能是错误的。计算检查是检查调查表中的各项数据在计算结果和计算方法上有无错误。例如,各分项的数字之和是否等于相应的合计数,各结构比例之和是否等于 1 或 100%,出现在同表格上的同一指标的数值是否相等,等等。

对于通过其他途径得到的二手数据,除了考虑其完整性和准确性外,还要考察它的适用性和实效性。适用性是指收集的数据是否符合自己研究分析的需要,是否需要重新加工整理。二手数据可以来自多种渠道,有些数据可能是为特定目的通过专门调查取得的,或者是已经按照特定目的的需要作了加工整理。因此,作为数据的使用者,就要首先弄清楚数据的来源、口径以及有关的背景材料,以便确定这些数据是否符合自己分析研究的需要,不能盲目地生搬硬套。实效性则是指数据的及时性,看其是否时间过于滞后而失去研究的意义,一般来说,应尽可能地使用最新的统计数据。对审核中发现的错误应该尽可能地予以纠正。

二、统计数据的分组

为了统计分析研究的需要,有必要对经过审核的数据进行统计分组。统计分组就是根据统计研究的目的和要求以及总体的内在差异,按照某一标志将现象总体区分为若干部分或不同的类型组。比如,把人口按性别分组,把职工按收入分组,等等。统计分组是统计研究的基本方法之一,统计分组可以用于划分社会经济类型,研究总体的结构,分析现象之间的数量依存关系。

就统计分组的方法而言,需要首先确定分组标志,正确划分各组的界限,然后再按不同的标志对调查数据进行分类或分组。

在选择分组标志时,注意所选标志要符合研究的目的,在研究目的相同的情况下要选择那些最能反映事物本质特征的标志,而且还要注意社会历史条件的变化,根据资料情况选择分组标志。

分组的基本要求是要使各类型组组内的差异尽可能小,以保障组内资料的同质性,突出组与组之间的差别,使组间资料具有差异性,以显示总体的数量特征。正确地划分各组的界限(组限),就是要划出决定事物性质和差异的数量界限,使分组能够真实地反映总体分布的类型特征。在实际划分时,有些现象的数量界限比较明显,例如,计划完成程度以 100% 作为完成计划与否的组限;而类似于把居民收入划分为高、中、低三组的现象就相对比较复杂,因为居民收入水平的划分需要考虑当时的社会经济发展状况,以及消费水平等因素确定合适的组限。此外,组限的确定要根据研究问题的需要,即是"概要"的研究还是"仔细深入"的研究,加以确定。一般而言,划分组限时应注意以下三点:一是分组不能过大或过小;二是分组必须穷尽(不漏);三是分组必须互斥(不重)。

按照分组标志的性质不同,统计分组的方法可分为按品质标志分组和按数量标志分组两种。

1. 品质标志分组

按品质标志分组,就是按事物的属性对总体进行分组(或称分类),以反映总体在品质标志的变异范围内的分布特征。如人口按职业、文化程度、民族分组;企业按经济类型分组;国民经济按行业分组;等等。分组的多少(组数)取决于对总体结构研究粗细的要求。要概略地研究问题,组数宜少;而要深入细致地研究问题,组数宜多。比如,要研究我国民族的大体构成,只需把人口分为汉族和少数民族两组即可;但要研究民族的详细构成时,则可以把每一个民族作为一组进行分组,总共划分为 56 个组。对于组限不好确定或确定起来较复杂的分组,如人口按城乡划分,国民经济按行业划分等,应根据研究任务的要求和事物发展变化的规律,经仔细分析研究后确定分类标准。为了适应统计工作现代化的要求,应尽量使各种分类标准化、统一化,以提高统计分类的科学性。

2. 数量标志分组

按数量标志分组,就是按事物的数量特征对总体进行分组,以反映总体在数量标志的变异范围内的分布特征。如职工按工资水平、工龄、体重分组,企业按产值、计划完成程度分组,等等。这种分组可以反映事物在数量上的差别,区分事物的性质。如股票按收益水平分组可区分蓝筹股和垃圾股的性质差异;工业企业按计划完成程度分组,则可分析一个城市所有工业企业某项计划的完成程度。

根据各组变量值的表现形式不同,数量标志分组又可分为单变量分组和组距式分组。

(1)单变量分组,就是把一个变量值作为一组所进行的分组。如居民家庭按孩子数多少可分为 0 人(代表没有孩子),1 人,2 人,3 人,4 人及以上等 5 组。显然,这种分组适用于变量值变动幅度较小或可数的情况,通常用于对某些离散型变量的分组。当变量值较多或分组标志属于连续型变量时,则不宜进行单变量分组,而应进行组距式分组。

(2)组距式分组,就是把某一区间的变量值作为一组所进行的分组。通过组距式分组,可以把各组内部各单位的次要差异抽象掉,从而清晰地显示出各组分配的统计规律。例如,学生按考试分数分为①0~59分,②60~100分两个组;职工按月收入分为①1 000元以下,②1 000元~2 000元,③2 000元~3 000元,④3 000元~4 000元,⑤4 000元~5 000元,⑥5 000元以上等6个组。

在组距式分组中,把每组变动范围的界限值,即每组两端的数值称作"组限"。其中每组的最大值称作该组的上组限,简称"上限";每组的最小值称作该组的下组限,简称"下限"。组限的表示方法根据变量的类型不同而不同。离散型变量的组限一般要间断表示,如上例对考试成绩的分组。连续型变量的组限在表示时,相邻组的组限必须重叠,如上例对居民收入分组时组限的表示方法;还要遵循"上组限不在内"的原则,即如果一个人的收入正好是3 000元,则应把他归入第四组(即3 000元~4 000元组),而不是第三组(2 000元~3 000元)。另外,在进行组距式分组时,通常把上限与下限齐全的组称为闭合组,把有上限缺下限,或者有下限缺上限的组,称为开口组。

上限与下限之间的距离称作"组距",组距揭示了每组变量值的变动范围。分组时,如果各组的组距相等,称作等距分组;反之则称为异距分组或不等距式分组。比如,人口按年龄分组,可根据人口成长的生理特点分成0~6岁(婴幼儿组)、7~17岁(少年儿童组)、18~59岁(中青年组)、60岁以上(老年组)等。在一般情况下,如果资料排序后的分布比较均匀或起伏不大,应进行等距分组;如果分布比较分散,则可进行异距分组,以便尽可能地保证组内资料的同质性。

在进行组距分组时,应正确确定组距和组数。要注意,组距的大小与分组的组数是成反比例关系的。在既定的调查数据范围内,组距越大,组数越少;反之,组距越小,组数越多。需要指出,组距和组数的确定不能作统一规定,它主要取决于研究的目的和对数据分析的要求。从技术上看它还取决于数列的全距(即所有变量值中的最大值与最小值之差)的大小。对于等距分组,可按:组数=全距÷组距,或组距=全距÷组数,来确定组数和组距。对于异距分组,则先要确定组数,然后根据数据的分布特点确定组距。美国统计学家埃·斯特奇斯提出过一个确定组数的经验公式,即:

$$建议组数 = 1 + (3.322 \times \lg N)$$

式中的 N 代表数据的个数,对结果四舍五入取整数即为组数。一般而言,组距和组数的确定,应在全面分析所反映的经济内容和标志值的分散程度等因素的基础上进行。

三、变量数列的编制

在统计分组的基础上,把总体的全部调查数据按组归类排列,就形成总体单位在各组之间的分布,称作频数分布或分配数列。编制分配数列可以反映现象在总体中的分布特征,它是分析总体某一标志的平均水平及其变动规律的重要手段。

分配数列是由分组标志和各组相对应的分布频数两个要素构成的。各组的单位数称为频数或次数,各组频数与总频数之比称为频率。根据分组标志的不同,分配数列分为品质数列和变量数列两种。按品质标志分组编制的数列称为品质数列(见表2-1),按数量标志分组编制的数列称为变量数列。变量数列又可分为单项数列和组距数列。由单变量分组编制的变量数列称为单项数列,由组距式分组编制的变量数列称为组距数列。单项数列的编制相对比较容易(见表2-2),组距数列则要按一定的步骤进行编制。下面通过一个案例阐述组距数列的编制方法。

表2-1 某企业职工的性别构成

性别	人数(人)	比重(%)
男	1 256	46.8
女	1 428	53.2
合计	2 684	100.0
(组别)	(频数)	(频率)

表2-2 某居委会居民家庭孩子数

孩子数	频数(户)	频率(%)
0	35	26.9
1	88	67.7
2	6	4.6
3	1	0.8
合计	130	100.0

【例2-1】 某班40名学生的统计学考试成绩如下,试编制变量数列。

89 88 76 99 74 60 82 60 89 86 93 99 94 82 77 79 97 78 95 95
87 84 79 65 98 67 59 72 64 85 50 81 77 73 65 66 83 63 79 70

变量数列的编制应从统计分组开始,具体步骤如下:

第一步,对调查数据从小到大排序,并计算全距。排序以后的数据能够使杂乱的数据有序化,便于观察资料的分布特点。一般而言,如果排序以后的数据变异较小(即只有几个不同的数值),可直接编制单项数列;如果排序以后的数据变异较大,而且大体呈均匀分布,就可以进行等距分组,编制等距数列,反之就编制异距数列;数列中有极端数值时可设计开口组。根据本例排序后的数据观察,考试成绩变异较大,大体是均匀变动的,故可以进行等距分组。其中,全距=最大值-最小值=99-50=49。

第二步,确定组数、组距和组限。如果对所研究的现象不熟悉,无法按惯例分组,可以采用斯特奇斯公式先计算组数,然后用全距除以组数求得组距。同时,根据变量值的分布特征,以及决定事物质量变化的数量界限,确定组限。显然,本例的60分必须作为一个组限。为了研究学生的成绩分布,如果组距定为10分,那么,组数=全距÷组距=49÷10=4.9,即可分为5组。再根据排序后的数列情况,该班级考试成绩可分为以下5组:60分以下,60~70分,70~80分,80~90分,90~100分。

此外,由于组距分组掩盖了各组内部单位值之间的差异,为了便于下一步的计算和统计分析,反映分布在各组中的变量值变动的一般水平,可计算组中值。组中值是每组上限与下限之间的中点数值,即组平均数。对于闭合组,组中值=(上限+下限)÷2;对于开口组,组中值按下式计算:

缺下限的组中值=该组上限-(相邻组组距÷2)
缺上限的组中值=该组下限+(相邻组组距÷2)

第三步,把各组的单位数按组归类汇总,确定各组的频数和频率。为了便于分析,还可计算各组的累计频数和累计频率。其计算方法有"向上累计"和"向下累计"两种。把各组频数(或频率,下同)按照变量值由小到大方向进行的累计,称作"向上累计",它表示所在组上限以下的累计频数(或累计频率,下同);把各组频数按照变量值由大到小方向进行的累计,称作"向下累计",它表示所在组下限以上的累计频数。根据本例资料编制的等距数列见表2-3。

表2-3 某班统计学考试成绩表

成绩 (分)	组中值(分)	人数 (人)	比重 (%)	累计频数(人)		累计频率(%)	
				向上累计	向下累计	向上累计	向下累计
60以下	55	2	5.0	2	40	5.0	100.0
60~70	65	7	17.5	9	38	22.5	95.0
70~80	75	11	27.5	20	31	50.0	77.5
80~90	85	12	30.0	32	20	80.0	50.0
90~100	95	8	20.0	40	8	100.0	20.0
合计	—	40	100.0				

第六节 统计数据的显示

完成了对统计数据的加工整理,使之条理化、系统化以后,还可以通过绘制统计图表的形式把这些数据加以显示。通过显示可以大大简化数据,使我们可以更直观地发现数据中所包含的信息,为统计分析提供思路。统计图表包括统计表和统计图两种,二者都是显示统计数据的常见方式。在绘制统计图之前,都需要首先编制一张统计表,将杂乱的数据有条理地组织在一起。上节编制的等距数列就是一种统计表。

一、统计表

统计表是显示统计数据的基本工具。它与统计报表不同:前面介绍的统计报表是用于收集统计数据的统计报告制度,是统计调查的一种组织方式;而统计表则主要是用于表现统计资料数据的一种形式。通过统计表的形式,能有条理、有系统地排列统计数据,使人在阅读时一目了然,能科学地组织统计资料,在阅读时便于对照和比较。

在数据的收集、整理、描述和分析的过程中,都要使用统计表。在数据的收集过程中使用的表格称作调查表,在数据的整理过程中使用的表格称作汇总表,在数据的分析过程中使用的表格称作分析表。其中分析表是在统计分析中对汇总的数据进行定量分析的表格,一般在汇总表中增列若干分析指标栏,成为汇总表的延续。

根据使用者的要求和统计数据本身的特点,可以绘制形式多样的统计表。但总的来讲,统计表一般是由四个主要部分组成,即表头、行标题、列标题和数字资料,必要时可以在统计表的下方加上表外附加。表头应放在表的上方,它所要说明的是统计表的主要内容。行标题和列标题通常安排在统计表的第一列和第一行,它所表示的主要是所研究问题的类别名称和指标名称,通常也称作"类"。如果是时间序列数据,行标题和列标题也可以是时间,当数据较多时,通常将时间放在行标题的位置。表的其余部分是具体的数字资料。表外附加通常放在统计表的下方,主要包括资料来源、指标的注释、填表单位、填表人员、填表日期和必要的文字说明等内容。如表2-4所示。

表 2-4 2007 年 1～3 季度中国国内生产总值

项目	绝对额（亿元）	比上年同期增长（%）
国内生产总值（GDP）	166 043	11.5
第一产业	18 207	4.3
第二产业	83 478	13.5
第三产业	64 358	11.0

注：1.绝对额按现价计算，增长速度按不变价计算；2.此数据为初步核算数。
资料来源：中华人民共和国国家统计局网站，http://www.stats.gov.cn/，2007.11.10

统计表的设计必须遵循科学、实用、简练、美观的原则，具体有以下基本要求：

首先，要合理安排统计表的结构。比如，行标题、列标题、数字资料的位置应安排合理。当然，由于强调的问题不同，行标题和列标题可以互换，但应使统计表的横竖长度比例适当，避免出现过高或过长的表格形式。

其次，表头一般包括表号、总标题。总标题应简明确切地概括出统计表的内容，一般需要表明统计数据的时间（when）、地点（where）以及何种数据（what），即标题内容应满足 3W 要求。如果表中的全部数据都是同一计量单位，可在表的右上角标明。若各指标的计量单位不同，则应放在每个指标后或予以单列标明。

再次，表中的上下两条横线一般用粗线，中间的其他线用细线，这样看起来清楚、醒目。通常情况下，统计表的左右两边不封口，列标题之间一般用竖线分开，而行标题之间通常不必用横线隔开。总之，表中尽量少用横竖线。表中的数据一般是右对齐，有小数点时应以小数点对齐，而且小数的位数应该统一。对于没有数字的表格单元，一般用"—"表示，一张填好的统计表不应出现空白单元格。

最后，在使用统计表时，必要时可在表的下方加上注释，特别要注意注明资料来源，以表示对他人劳动成果的尊重，备读者查阅时使用。

二、统计图

统计图是直观地表现统计数据的重要形式。一张好的统计图，往往胜过冗长的文字表述。因此，在对数据进行整理之后，可以用统计图把汇总结果更加直观、形象地展示出来。统计图的类型有很多，而且多数既可以绘制成二维的平面图，也可以绘制成三维的立体图。随着电子计算机的普及和应用，统计图的绘制也变得越来越美观和容易了。

统计图的种类根据数据的类型不同而不同。下面分别简要地介绍一下分类数据、顺序数据和数值型数据的图示方法。

1. 分类数据的图示

对于分类数据,通常采用的都是基于频数分布表的条形图和饼图。

条形图是用宽度相同的条形的高度或长短来表示数据变动的图形。条形图可以横置或纵置,有单式、复式等形式。在表示分类数据的分布时,条形图的高或者长表示的就是各类别数据的频数或频率。例如,表 2-1 可以绘制成条形图,如图 2-2 所示。

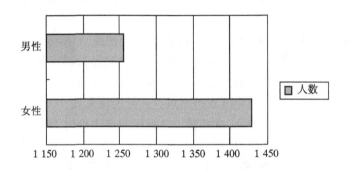

图 2-2 某企业职工性别构成图

饼图是用圆形及圆内扇形面积来表示数值大小的图。

饼图主要用于表示总体中各组成部分所占的比例,对于研究结构性问题十分有用。在绘制饼图时,总体中各部分所占的百分比用圆内的各个扇形面积表示。例如,将表 2-1 绘制成饼图,如图 2-3 所示。

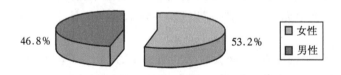

图 2-3 某企业职工性别构成图

2. 顺序数据的图示

用于分类数据的条形图和饼图也都适用于顺序数据。另外,对于顺序数据我们还可以绘制基于累计频数(频率)的累计频数(频率)分布图。例如,根据表 2-5 中的顺序数据可以绘制累计频数(频率)分布图,如图 2-4 所示。

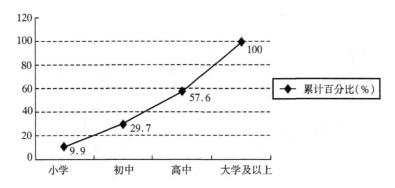

图 2-4　某公司职工受教育水平分布情况

表 2-5　某公司职工受教育水平分布情况

文化程度	人数(人)	百分比(%)	向上累计	
			人数(人)	百分比(%)
小学	28	9.9	28	9.9
初中	56	19.8	84	29.7
高中	79	27.9	163	57.6
大学及以上	120	42.4	283	100.0
合计	283	100.0	—	—

3. 数值型数据的图示

前面我们阐述的条形图、饼图、累计分布图等都适用于显示数值型数据。此外,对数值型数据还有一些特殊的图示方法:对于分组数据,通常采用直方图和折线图;而对于未分组数据,则采用茎叶图和箱线图。

直方图是用矩形的宽度和高度来表示频数分布的图形。在平面直角坐标中,横轴表示数据分组,纵轴表示频数或频率,这样,各组与相应的频数就形成了一个矩形,即直方图。例如,根据表 2-3 绘制的直方图如图 2-5 所示。

从图 2-5 就可以直观地看出该班级统计学考试成绩及其人数的分布状况。

对于等距分组的数据,可以用矩形的高度直接表示频数的分布。如果是不等距分组数据,这样的表示就不再适合。此时就需要用矩形的面积而非高度来表示各组的频数分布,或者根据频数密度来绘制直方图。实际上,无论是等距分组数据还是不等距分组数据,用矩形的面积或频数密度来表示各组的频数分布都是更为合适的,因为这样可以使得直方图下的总面积等于 1。例如,在等距分组中,取矩形的宽度(各组组距)为一个单位,高度为频率,这样直方图下的总面积就等于 1。

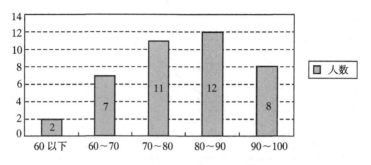

图 2-5　某班统计学考试成绩分布

折线图也称频数多边形图,是在直方图的基础上,把直方图顶部的中点(即组中值)用直线连接起来形成的图形。折线图的两个终点要与横轴相交,具体的做法是将第一个矩形的顶部中点通过竖边中点(即该组频数一半的位置)连接到横轴,最后一个矩形顶部中点通过其竖边中点连接到横轴。这样得到的折线图所围得的面积就与直方图相等,从而使二者所表示的频数分布一致。将表 2-3 的数据表示成折线图,如图 2-6 所示。

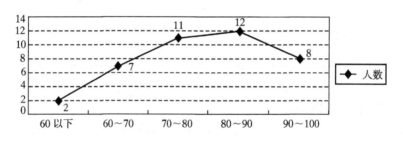

图 2-6　某班统计学考试成绩分布

当对数据所分的组数很多时,组距会越来越小,这时所绘制的折线图就会越来越光滑,逐渐形成一条平滑的曲线,即频数分布曲线。分布曲线在统计学中有着十分广泛的应用,是描述各种统计量和分布规律的有效方法。同样,对于数值型数据也可以绘制累计频数分布折线图,分为向上累计和向下累计两种图形。

在前面我们所学习的数据整理和图示方法都是关于一个变量的,通过分组、计算频数、画出频数分布曲线就是为了找到这个变量的分布,而分布恰恰是统计学中进行数据处理时需要最先考虑的因素,也是我们在后面的一些章节中将要学习的重点。但是,统计学中的图示方法绝不仅仅是前面所提到的这些,在后面的章节中,我们还会进一步地学习用来描述两个或者多个变量之间关系的一些图示方法,如散点图;描述一个事物随着时间变化的图示方法,如时间序列图等。

通过采用不同的方法对数据进行整理和显示,有助于发现数据中所隐含的规律;通过进一步的统计分析,就可以从中提炼出我们所需要的信息。

4. 频数分布的类型

在日常生活和经济管理中,常见的频数分布曲线主要有正态分布、偏态分布、J形分布、U形分布等几种类型,如图2-7所示。

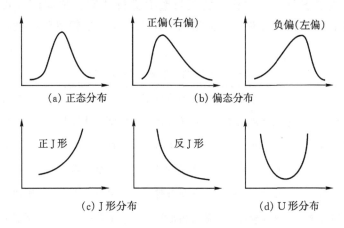

图2-7 几种常见的频数分布

正态分布是一种对称的钟形分布,有很多现象服从这种分布,如农作物的单位面积产量、零件的公差、纤维强度等都服从正态分布,如图2-7(a)所示。J形分布有正J形和反J形两种,如图2-7(c)所示。如经济学中供给曲线,随着价格的提高供给量以更快的速度增加,呈正J形;而需求曲线则表现为随着价格的提高需求量以较慢的速度递减,呈反J形。U形分布的特征就是两端的频数分布多,中间的频数分布少,如图2-7(d)所示。比如,人和动物的死亡率分布就近似服从U形分布,因为人口中婴幼儿和老年人的死亡率较高,而中青年的死亡率则较低,动物的死亡也是如此,产品的故障率也有类似的分布。

附录:用Excel作频数分布表和条形图

【例2-2】 一家市场调查公司为研究不同品牌饮料的市场占有率,对随机抽取的一家超市进行了调查。调查员在某天对50名顾客购买饮料的品牌进行了记录,如果一个顾客购买某一品牌的饮料,就将这一饮料的名字记录一次。下面的表2-6是记录的原始数据。调查员需要对不同品牌的饮料作一张频数分布表,并用条形图显示其分布状况。

用 Excel 来完成这个工作。首先将不同品牌的饮料用一个数字代码来表示：1—可口可乐、2—百事可乐、3—汇源果汁、4—雀巢咖啡、5—康师傅冰红茶。

然后将各品牌的代码输入 Excel 表格中，如图 2-8 所示。

Excel 现在把代码视为数值型数据。为建立频数分布表和条形图，Excel 要求对每个品牌代码指定一个上限，将代码上限输入工作表的 C4：C8。Excel 对数据值小于或等于每一品牌代码的项目数据进行计数。这样，Excel 提供的合计数就是各品牌的频数分布。下面给出使用 Excel 产生频数分布表和条形图的步骤。

表 2-6 顾客购买饮料的品牌名称

百事可乐	可口可乐	康师傅冰红茶	百事可乐	可口可乐
汇源果汁	康师傅冰红茶	汇源果汁	康师傅冰红茶	汇源果汁
百事可乐	可口可乐	可口可乐	百事可乐	百事可乐
汇源果汁	汇源果汁	雀巢咖啡	百事可乐	可口可乐
可口可乐	百事可乐	雀巢咖啡	可口可乐	康师傅冰红茶
康师傅冰红茶	雀巢咖啡	康师傅冰红茶	汇源果汁	百事可乐
雀巢咖啡	康师傅冰红茶	百事可乐	百事可乐	百事可乐
康师傅冰红茶	可口可乐	可口可乐	汇源果汁	百事可乐
可口可乐	雀巢咖啡	雀巢咖啡	康师傅冰红茶	雀巢咖啡
雀巢咖啡	康师傅冰红茶	百事可乐	雀巢咖啡	汇源果汁

第 1 步：选择"工具"下拉菜单；

第 2 步：选择"数据分析"选项；

第 3 步：在分析工具中选择"直方图"；

第 4 步：当出现对话框时，

　　　　在"输入区域"方框内键入 B2：B51；

　　　　在"接收区域"方框内键入 C4：C8；

　　　　在"输出区域"方框内键入 E3；

　　　　选择"累计百分率"；

　　　　选择"图表输出"；

　　　　选择"确定"。

　　　　Excel 输出的结果见图 2-8。

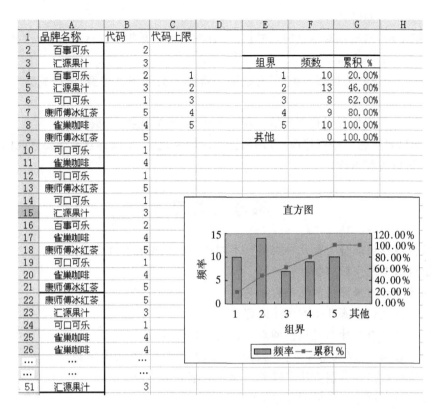

图 2-8 各品牌饮料的分布

为了使频数表易于阅读，我们可以将频数表中的"组界"用描述性标题"饮料品牌"来代替，将品牌的代码 1,2,3,4,5 还原为品牌名称，并将"其他"改为"合计"，将频数总数 50 输入到 F9 中。

(1) 用 Excel 作数值型数据的频数分布。对于数值型数据，如果是作单变量值分组，作频数分布表的过程与上述类似；如果是组距分组，只需在第 4 步的"输入区域"方框内输入各组的上限值所在的单元格区域。需要注意的是，Excel 在作频数分布表时，每一组的频数包括一个组的上限值。

(2) 用 Excel 作图。Excel 提供了较强的作图功能，使用者可根据数据需要选择图形的类型，并进行图形编辑。在工作表中输入数据后，可按下面的步骤进行操作。

第 1 步：选择"插入"下拉菜单，选择"图表"；

第 2 步：选择"在原工作表中嵌入"或"建立新图表"选项；

第 3 步：按鼠标左键拖动鼠标，直到所需要的图形大小满意为止，松开鼠标左键；

第 4 步：当出现对话框时，在"区域"方框内键入数据所在区域，然后选择"下一步"；

在"选择图表类型"对话框中选择所需的图表类型，然后选择"下一步"；

根据提示选择和输入相应的内容，然后选择"完成"。

如果要对图形进行修改，可用鼠标双击图表，然后用鼠标双击需要修改的部分，即可以进行修改。

思考与练习

1. 统计数据可以分为哪几种类型？不同类型的数据各有什么特点？
2. 统计数据的来源有哪些？
3. 简述统计质量评价的标准有哪些？
4. 调查方案包括哪几个方面的内容？
5. 什么是普查？什么是抽样调查？它们各有哪些特点？
6. 分类数据、顺序数据和数值型数据的整理和图示方法各有哪些？
7. 数值型数据的分组方法有哪些？简述组距分组的步骤。
8. 统计表由哪几个主要部分组成？
9. 某公司连续 40 天的销售额（单位：万元）资料如下：

41	25	29	47	38	34	30	38	43	40
46	36	45	37	37	36	45	43	33	44
35	28	46	34	30	37	44	26	38	44
42	36	37	37	49	39	42	32	36	35

试根据上面的数据进行适当的分组，编制频数分布表，并使用 Excel 绘制直方图。

10. 人们如何选择消磨时间的方式可以揭示出我们社会的很多内容。在一个详尽的使用时间的研究中，人们发现，在工作日中，有工作的男性花费 8.1 小时在和工作相关的活动上，1.0 小时在家务上，9.9 小时在个人事物，如吃饭、睡觉和打扮上，1.2 小时在路上，3.8 小时在闲暇活动，如运动和看电视上；有工作的女性相应的数据分别是 6.5、3.4、9.8、1.1 和 3.2 小时；家庭主妇相应的数据分别是 0.0，7.8，10.3，0.7 和 5.2 小时。这些值都是平均值。那么，请问哪些图可以用来显示这些数据？哪一种可以较好地对这些数据作出展示？

11. 为下面的数据作一个你想作的图。当调查者访问 1 000 个在私人公司工作的成人关于隐私的话题时，61%的人说他们的老板"很好"地尊重了他们工作时间以外的隐私，29%的人说"有点好"，8%的人说"不很好"，2%的人说"一点都不好"。

12. 设计一份调查问卷（内容不限）。

第三章 统计数据的描述

统计数据经过整理后,通过统计图表基本上可以看出现象总体的数量特征。但是,用哪些统计指标对总体的数量特征进行描述呢？常用的指标有总量指标、相对指标和平均指标。

第一节 总量指标

总量指标是统计中最基本的描述指标,认识总体数量特征的起点,是科学管理的重要依据,是计算其他指标的基础。

一、总量指标的意义

总量指标是反映社会经济现象发展总规模或总水平的指标,它是对统计调查阶段收集的原始资料进行分组和汇总所得到的总计数据。

总量指标的表现形式是绝对数,故也叫绝对指标或数量指标。它的特点是数值大小与总体范围大小直接相关。总体范围越大,其总量指标数值就越大;反之,总体范围越小,其总量指标数值就越小。总量指标的这一特点决定了它不能用于不同总体之间的直接对比。例如,在以下表述"2000 年我国第五次人口普查人口数为 126 583 万人,2003 年全年粮食产量为 43 069 万吨,国民生产总值为 117 251.9 亿元"中,人口数、全年粮食产量、国民生产总值都是总量指标。

总量指标在经济社会统计分析中具有重要的作用：

（1）总量指标是认识经济社会现象总体的起点。总量指标能具体表明一个总体范围的大小即外延规模的大小,而人们对事物的认识总是先外延后内涵的,因此,总量指标是认识经济社会现象总体的起点。由此我们可以认识一个国家的国情国力以及不同地区、部门、单位的经济活动成果和工作总量。

（2）总量指标是实行社会经济管理的依据。总量指标是国家制定政策和计划,检查政策与计划执行情况不可缺少的基本数据,是实行宏观调控和经济管理的主要依据。

(3) 总量指标是计算相对指标和平均指标的基础。相对指标和平均指标是由两个总量指标对比而来的。总量指标的科学性、合理性,必然直接影响到相对指标和平均指标的准确性。

二、总量指标的种类

1. 总量指标按其反映总体内容的不同,可以分为总体单位总量和总体标志总量

总体单位总量是指总体内全部单位数的总和,也称"总体总量",用来反映总体本身规模的大小。如在工业企业总体中,每个工业企业是总体单位,将全部工业企业数目相加得到的工业企业总数就是总体单位总量。

总体标志总量是指总体各单位某一数量标志值的总和。例如,研究全省工业企业生产情况时,全省工业企业总数是总体单位总量,而将每个企业的职工人数、利润额相加得到全省工业企业的职工总数、利润总额就是总体标志总量。

总体单位总量和总体标志总量不是一成不变的,而是随着研究目的不同而变化。例如,当研究全省工业企业生产情况时,职工总数为总体标志总量。而当改变研究目的,以全省工业企业职工为总体时,职工总数又成为总体单位总量。正确区分总体单位总量和总体标志总量,对平均指标的计算有重要意义。

2. 总量指标按其反映的时间性质不同,可以分为时期指标和时点指标

时期指标是反映社会经济现象在一定时期内发展变化结果的总量。如商品销售量、某年出生人数和死亡人数等。

时点指标是反映社会经济现象在某一时刻(或瞬间)上所达到的总量。如企业某年在职职工人数、某商店某日商品库存量等。

时期指标与时点指标既有联系又有区别。它们的联系表现为从某种意义上来说二者存在因果关系。时期指标是流量指标,它反映事物变化的过程和原因,而时点指标是存量指标,它反映事物变化的结果。

时期指标与时点指标的区别表现为以下三点:

(1) 收集资料的方法不同。时期指标的数值需要连续、经常性登记取得,各时期的数据缺一不可,其登记原理似同"摄像"。而时点指标只能间断、一次性登记取得,其登记原理似同"照相"。

(2) 可加性不同。时期指标可以按照时间累计相加,累计后的指标表示现象在更长时期发展的总量。如一年的总产值是一年中 365 天产值的累计。而不同时点的时点指标数值不能累计,因为相加后会重复计算,没有现实意义。如将我国 2007 年末人口数与 2008 年末人口数相加,是没有任何意义的。

(3) 与时间的关系不同。时期指标数值大小与期间的长短有直接关系,期间越长,指标数值越大。一年的总产值必然大于一个月的总产值,一个月的总产值必然大于一天的总产值。而时点指标数值大小与时点间隔长短无直接关系,即时点之间间隔长,数值不一定大;反之,也不一定小。如年末人口数不一定比一月末人口数多。

三、总量指标的计量单位

总量指标是反映客观实际存在的,具有一定经济内容的数字,所以应有计量单位。总量指标的计量单位一般有三种,即实物单位、价值单位和劳动单位。

1. 实物单位

实物单位是反映事物使用价值、根据客观现象的属性而采用的计量单位,它又可以分为自然单位、度量衡单位、双重单位、复合单位和标准实物单位等。

自然单位是按客观现象的自然属性来表现其数量的计量单位。如人口数以人为单位,机器以台为单位,轮船以艘为单位等。

度量衡单位是度量衡制度规定的单位,用来计量事物的长度、面积、体积、重量等。如钢材以吨为单位,木材以立方米为单位,棉布以米为单位等。

双重单位是用来计量那些用一种单位不能准确反映其真实规模和水平,需要同时用两个计量单位分别加以反映的事物的单位。例如,计量拖拉机的台/马力,计量电动机的台/千瓦,计量起重机的台/吨等均是双重单位。

复合单位是将两种计量单位有机结合在一起表示事物的数量的单位。如发电量以千瓦小时为单位,货物运输量以吨公里为单位,参观人数以人次为单位等。

标准实物单位是按照统一的折算标准来计量事物数量的计量单位。在统计实物量时,某些同类产品,由于其品种、规格、含量不同,其使用价值也就不同,因而其产品混合量不能确切反映其实物数量。为了更准确地反映产品的使用价值,需要将基本用途相同但规格不同的同类产品按标准实物单位折算。如将各种含氮量的氮肥折合成含氮100%的氮肥计算,将各种能源的消耗量折合成发热量 7 000 大卡的标准煤计算,将不同能力的拖拉机折合成 15 匹马力的标准台计算,等等。

实物单位能反映现象的具体内容,能够计量所有的客观事物,具有极大的广泛性,但其综合性比较差,对计量单位和使用价值不同的产品,无法直接进行汇总。

2. 价值单位

价值单位也叫货币单位,是以货币为价值尺度来计量事物总量的计量单位。

价值单位具有广泛的综合性,使不能直接相加的数量加总成为可能,也使不能直接对比的现象可以比较。但它比较抽象,脱离了物质内容。

3. 劳动单位

劳动单位是用劳动时间表示的计量单位。常用的劳动单位有工日和工时两种。一个工人做一小时工叫做一个工时,八个工时等于一个工日。劳动单位是一种复合单位,劳动量可以相加,相加后得到劳动消耗总量,它对反映劳动资源和劳动时间的利用程度十分有用。

第二节　相对指标

总量指标虽然能综合反映社会经济现象的规模、水平和工作总量,但是统计作为一种社会认识的工具,仅仅了解总规模、总水平还不够。要进一步研究现象之间的数量关系、内部特征及其规律性,必须通过计算相对指标来实现。

一、相对指标的概念

相对指标是两个相互联系的总量指标的比值,用来反映现象发展的程度、结构、速度、密度和普遍程度等。

相对指标也称相对数。它并不是随意两个总量指标对比而求得,必须是相互有关系的指标才能对比。其数值大小与总体范围大小无关,不同总体的相对指标数值可以比较。

社会经济现象之间存在着错综复杂的数量联系,因此相对数在统计分析中得到广泛应用。其作用主要表现为以下几个方面:

(1) 相对指标可以反映现象之间的联系,深入说明总量指标不能充分说明的问题。例如,某地区 2008 年人口数为 207 万人,它只说明了 2008 年的人口规模,但是不能说明该人口规模是否合适,如果将其与 2008 年该地区的土地面积相比较,就可以得到人口密度指标,依此可以说明人口与土地的联系,即该地区人口的稠密程度。

(2) 相对指标可以分析现象内部各组成部分的联系,深入说明社会经济现象内部的比例关系。例如:通过计算三大产业之间的比例指标可以反映我国产业结构的状况,依此来评价我国产业结构的合理性;通过计算人口中男性人口与女性人口的比例,可以反映一个国家或地区的性别比例。

(3) 相对指标可以分析现象在不同空间、不同时期的对比关系,依此来说明现象在静态和动态上的变化情况。

二、相对指标的表现形式

相对指标的数值一般有两种表现形式:一是无名数;二是名数。

1. 无名数

相对数是一种抽象化的数值。其基数是用来作为对比标准的数字,根据基数的不同,相对数多以系数、倍数、成数、百分数和千分数等表示。

系数和倍数是将对比的基数抽象为 1 而计算的相对数。当分子、分母相差不大,且分子的数值小于分母时用系数表示,如设备磨损系数、标准实物量折合系数等。当分子、分母相差很大,且分子的数值大于分母时用倍数表示,如某班男生人数是女生人数的 2.5 倍。

成数是将对比的基数抽象为 10 而计算的相对数,如今年粮食亩产量比上年增长了 1 成,即增长了 1/10。

百分数是将对比的基数抽象为 100 而计算的相对数,是相对指标最常见的表现形式,如及格人数占全班总人数的 96% 等。百分数往往适用于对比的数值相对较大时,否则会夸大事实,如一个办公室只有两个人,其中一个人得了肝炎,不能认为该办公室肝炎发病率为 50%。

千分数是将对比基数抽象为 1 000 而计算的相对数,如 2007 年某地人口出生率为 12.41‰,人口自然增长率为 6.01‰。

除此之外,根据需要还可以计算万分数,乃至十万分数等。

2. 名数

有些相对指标特别是强度相对指标往往要将分子指标和分母指标的计量单位结合使用才能更准确地表达其实际经济意义。如人均国民生产总值以"元/人"表示、人口密度以"人/平方公里"表示等就是以名数的形式表现的。

三、相对指标的分类与计算

相对指标按其计算形式的不同,分为结构相对指标、比例相对指标、比较相对指标、强度相对指标、动态相对指标和计划完成相对指标六种。

1. 结构相对指标

结构相对指标是在统计分组基础上计算的相对数,它是总体的各部分数值与总体全部数值之比。其计算公式如下:

$$结构相对指标(\%) = \frac{总体中某一部分数值}{总体全部数值} \times 100\%$$

结构相对指标通常用百分数或小数来表示,总体中各组成部分所占比重之和必须等于100%或1。

结构相对指标的分子和分母既可以是部分和总体的单位数之比,也可以是部分的标志值与总体标志总量之比。

结构相对指标表明总体中各部分所占比重大小,反映事物的性质以及总体内部的构成情况,也用于反映对人力、物力的利用程度,如通过计算材料利用率、出勤率、产品合格率等指标反映企业对资源的利用状况。

2. 比例相对指标

比例相对指标是总体内部各组成部分之间数量对比的指标。其计算公式如下:

$$比例相对指标(\%)=\frac{总体中某一部分的数值}{总体中另一部分的数值}\times 100\%$$

比例相对指标一般用百分数或比例的形式表示。例如,我国第五次人口普查结果中,男性人数是女性人数的106.7%,或者说男女人口性比例为106.7:100。

比例相对指标可以反映各组成部分之间的联系程度和比例协调关系,也具有反映总体结构状况的作用,它所反映的比例关系是一种结构比例关系。它既可以通过同类总量指标求得,根据分析任务也可以运用相对指标或平均指标对比。将比例相对指标与经验比例进行对比,可以分析各部分构成比例的协调和平衡程度。

3. 比较相对指标

比较相对指标是同类指标在不同空间对比求得的静态相对数,它反映同类指标在不同空间条件下的对比关系。其计算公式如下:

$$比较相对指标(\%)=\frac{某一空间条件下的指标数值}{另一空间条件下的同类指标数值}\times 100\%$$

比较相对指标通常用百分数或倍数表示,用来对比的两个同类指标必须具有可比性,即指标的涵义、口径、计算方法、计量单位、所属时间等一致。它们可以是总量指标对比,也可以是相对指标或平均指标对比。其分子、分母指标可随研究目的不同互相交换位置。例如,2008年甲地区人口数是500万人,乙地区人口数是400万人,两者对比,甲地区人口数是乙地区的125%或1.25倍,反过来说,乙地区人口数是甲地区的80%。

4. 动态相对指标

动态相对指标是同类指标在不同时间对比求得的相对数,用来反映同一现象在不同时期的发展变化情况,又称为发展速度。其计算公式如下:

$$动态相对指标(\%) = \frac{报告期水平}{基期水平} \times 100\%$$

式中:报告期水平是统计所要研究的那个时期的水平,基期水平是和报告期水平相比较的那个时期的水平。

动态相对指标一般用百分数或用倍数表示。例如,某市2007年末某物业总价值为5 000万元,2008年末该物业总价值为5 900万元,则物业总价值2008年是2007年的118%,说明物业增值18%。

5. 强度相对指标

强度相对指标是两个性质不同但相互有联系的总量指标之比,用来表示不同现象之间的依存性比例关系。其计算公式如下:

$$强度相对指标 = \frac{某一总量指标}{另一性质不同但联系密切的总量指标}$$

强度相对指标一般是有名数,通常用双重单位表示,如人均粮食产量单位是"千克/人"、人口密度单位是"人/平方公里"等。也有少数强度相对指标用千分数或百分数表示,例如,通常人口死亡率用千分数表示,商品流通费用率用百分数表示。

有些强度相对指标的分子和分母可以互换位置,形成正指标和逆指标。数值大小与现象发展的程度或密度成正比的指标称为正指标,数值大小与现象发展的程度或密度成反比的指标称为逆指标。如每万人拥有的医护人员数和每个医护人员服务的人口数,前者为正指标,后者为逆指标。

特别需要注意的是,强度相对指标往往带有"平均"的意义,但是它与平均指标有着本质上的区别,它不是同一总体内部总体标志总量与总体单位总量之比,而是两个不同总体的有联系的指标之比。

6. 计划完成相对指标

计划完成相对指标是现象在某一段时期内实际完成数值与计划任务数对比的结果,用以表明计划完成的程度。其基本公式是:

$$计划完成相对指标(\%) = \frac{实际完成数}{计划任务数} \times 100\%$$

计划完成相对指标的数值一般用百分比表示,其计算结果的评价取决于指标的性质。对于产出类等正指标,如产量、销售额、劳动生产率等,往往计划规定其最低限度,实际超过得越多,表明计划完成得越好,此时计划完成相对指标大于100%算超额完成任务;而对于消耗类等逆指标,如原材料消耗量、商品流通费用额、产品成本等,往往计划规定其最高限度,实际工作中应尽量降低,降得越低表明计划完成得越好,此时计划完成相对指标小于100%算超额完成任务。

计划完成相对指标的分子与分母不得互换位置,而且它们的涵义、口径、计算方法等要完全一致。

在实际工作中,由于计划任务数有总量指标、相对指标、平均指标之分,计划完成相对指标的计算也有所不同。

(1)计划任务数为总量指标时。当计划任务数按总量指标规定时,计划完成相对指标计算公式与基本公式完全相同,即:

$$计划完成程度(\%)=\frac{实际完成数}{计划任务数}\times 100\%$$

(2)计划任务数为相对数时。当计划任务数按相对指标规定时,即"计划数为上年的百分数",此时的计算公式为:

$$计划完成相对指标(\%)=\frac{实际为上年的百分数}{计划为上年的百分数}\times 100\%$$

【例3-1】 某企业2008年产品产量是2007年的105%,计划执行结果实际产量是2007年的110%,则:

$$计划完成程度(\%)=\frac{110\%}{105\%}=104.8\%$$

计算结果表明,产量计划超额4.8%(即104.8%-100%)完成。

在计划工作中,也有用提高率(或降低率)来规定计划任务的。如劳动生产率提高率、产品成本降低率等,这时,计划完成相对指标不能用实际提高率(或降低率)除以计划提高率(或降低率)求得,而应包括原有基础(100%)在内,这样,才符合计划完成程度的基本公式。即:

$$计划完成相对指标(\%)=\frac{100\%+实际提高率}{100\%+计划提高率}\times 100\%$$

或

$$计划完成相对指标(\%)=\frac{100\%-实际降低率}{100\%-计划降低率}\times 100\%$$

【例3-2】 某企业2008年计划产品产量比去年提高10%,实际提高了16%,同时,计划规定单位产品成本比上年降低4%,实际成本降低了7%,则:

$$产品产量计划完成程度(\%)=\frac{100\%+16\%}{100\%+10\%}=\frac{116\%}{110\%}=105.5\%$$

$$单位产品成本计划完成程度(\%)=\frac{100\%-7\%}{100\%-4\%}=\frac{93\%}{96\%}=96.9\%$$

计算结果表明,该企业产品产量计划完成程度为105.5%,超额5.5%。单位产品成本计划完成了96.9%,超计划完成3.1%(即100%-96.9%)。

在检查相对数计划完成情况时,实际工作中也可以采用相减的方法,即用实际提高率(或降低率)减去计划提高率(或降低率),表述为提高或降低了几个百分点。如例 3-2 中,产品产量实际比计划提高 6 个百分点(16%－10%),单位产品成本实际比计划降低 3 个百分点(7%－4%)。

(3)计划任务数为平均数时,计划完成相对指标的计算公式是:

$$计划完成相对指标(\%)=\frac{实际平均水平}{计划平均水平}\times 100\%$$

四、相对指标的应用原则

1. 严格保持分子指标和分母指标的可比性

相对指标运用对比的方法揭示现象之间的联系程度,对比指标的可比性是保证分析结果的关键。可比性是指对比的分子和分母指标的内容是否适应,统计范围是否一致,计量单位、资料所属的时间是否一致,等等。例如,不同地区的土地面积和人口数不能进行对比,因为在总体范围上无可比性。又如,在考核计划完成相对指标时,必须注意实际完成数与计划任务数所包含的内容是否一致。

2. 相对指标与总量指标结合应用

相对指标是一个抽象化的比值,掩盖了现象绝对数量之间的差别。因此,用相对指标说明问题时,要结合相对指标背后的绝对数量大小。

【例 3-3】 1978 年我国国内生产总值为 3 645.2 亿元,1979 年为 4 062.6 亿元。到 2005 年国内生产总值为 183 867.9 亿元,2006 年达到 210 871.0 亿元。动态相对指标计算如下:

$$1979 年国内生产总值发展速度=\frac{4\ 062.6}{3\ 645.2}=111.45\%$$

1979 年增长绝对量= 4 062.6－3 645.2 = 417.4(亿元)

$$2006 年国内生产总值发展速度=\frac{210\ 871.0}{183\ 867.9}=114.68\%$$

2006 年增长绝对量=210 871.0－183 867.9 = 27 003.1(亿元)

从相对指标看,1979 年国内生产总值发展速度与 2006 年非常接近,但结合绝对数量看,1979 年仅增长 417.4 亿元,而 2006 年却增长了 27 003.1 亿元。

实践中,常用"每增长 1%绝对值"这个指标来说明相对指标与总量指标的结合应用,通过这个指标的计算,可以直接反映每增长 1%所带来的绝对经济效果。其计算公式是:

$$每增长 1\%绝对值=\frac{基期水平}{100}$$

如例 3-3,1978 年每增长 1%的国内生产总值为 36.452 亿元,而 2006 年每增长 1%的国内生产总值为 2 108.71 亿元。

第三节 平均指标

平均指标又叫平均数,是同质总体各单位某一数量标志值在具体时间、地点、条件下达到的一般水平。平均指标通过平均的办法将总体各单位某一数量标志值的差异抽象化,用一个具体数值来说明总体的一般水平。因此平均指标具有代表性和抽象性的特点。代表性和抽象性的特点使得平均指标经常用来进行同类现象在不同空间、不同时间条件下的对比分析。

平均指标在平均的过程中,能够消除偶然性因素的影响,揭示出必然性因素对总体特征值的影响作用,是研究总体数量集中趋势很重要的指标。在一个变量数列中,所有变量值是以平均数为中心波动,即距离平均数越近的标志值,出现的单位数(次数)越多,距离平均数越远的标志值出现的单位数(次数)越少,这便是总体分布的集中趋势。平均指标就是对这种集中趋势的度量。

平均指标共有五种:算术平均数、调和平均数、几何平均数、众数和中位数。前面三种通常称为数值平均数,后面两种通常称为位置平均数。

一、算术平均数

1. 算术平均数的概念

算术平均数是同一个总体内总体标志总量与总体单位总量之比。算术平均数的基本公式为:

$$算术平均数 = \frac{总体标志总量}{总体单位总量}$$

该公式具有两个特点:

(1)分子和分母必须属于同一个总体,它们是同一总体的两个不同数量表现。即总体中各单位的某一数量标志值的算术和就是分子量;该总体中单位数的和就是分母量。如果是两个不同总体的总量之比,就不是算术平均数,而是强度相对数。

(2)分子和分母有一一对应的数量关系。即一个单位数必须对应一个标志值,也就是说分母是分子的承担者。强度相对指标虽然也具有平均的含义,但是它的分子分母之间不存在一一对应的关系,故它不是一个平均指标,而是一个相对指标。

2. 算术平均数的计算

如果直接掌握了有关总体的标志总量和总体单位总量这两个总量指标,就可以直接运用其基本公式计算平均指标。

【例 3-4】 某商店的月销售额为 300 000 元,职工人数为 5 人,则该企业职工的平均销售额为:

$$职工的月平均销售额 = \frac{300\ 000}{5} = 60\ 000(元/人)$$

如果不直接掌握这两个现成的总量指标,就要根据资料,选择简单算术平均数和加权算术平均数来计算。

(1) 简单算术平均数。

当总体单位数很少,而且已知各单位数量标志值的情况下,可直接将各单位的标志值相加,求出总体标志总量,再除以总体单位总量,就得出了平均指标,这种计算方法就称为简单算术平均数。

【例 3-5】 某一组工人的日产零件数分别为:22,23,24,25,27,28,29,30 件,则这 8 名工人的平均日产零件数为:

$$平均日产零件数 = \frac{22+23+24+25+27+28+29+30}{8} = \frac{208}{8}$$
$$= 26(件/人)$$

将上述计算过程用公式表示如下:

$$\bar{x} = \frac{x_1 + x_2 + x_3 + \cdots + x_n}{n} = \frac{\sum x}{n}$$

式中,$\bar{x}$ 表示算术平均数;x 表示各单位标志值(即变量值);n 表示变量值的项数(即总体单位数);$\sum$ 为总和符号。

简单算术平均数之所以简单,就在于每个变量值出现的次数都为一次(相同),平均指标简单地只受各单位标志值的影响。如果变量值出现的次数不相同,次数对平均指标的大小就产生了影响,此时就要选择加权算术平均数。

(2) 加权算术平均数。

在已编制好分配数列的条件下,每个变量值出现的次数都不相同,计算平均数就应采用加权算术平均数的方法。

加权算术平均数的计算方法是:将各组的变量值分别乘以各个变量值出现的次数,得到各组的标志总量;然后将各组的标志总量加总得到总体标志总量;同时,将各组的单位数相加得到总体单位总量;最后,用总体标志总量除以总体单位总量即得到加权算术平均数。这个过程用公式表示即是:

$$\bar{x} = \frac{x_1 f_1 + x_2 f_2 + x_3 f_3 + \cdots + x_n f_n}{f_1 + f_2 + f_3 + \cdots + f_n} = \frac{\sum xf}{\sum f}$$

式中，$\bar{x}$ 表示算术平均数；x 表示各单位标志值（即变量值）；f 代表次数；$\sum$ 为总和符号。

组距式数列计算加权算术平均数，应先计算出每组的组中值，以此作为各单位标志值再行计算。应该指出，利用组中值作为各组变量值的代表值计算算术平均数带有一定的假定性，即假定各组变量值在组内是均匀分布的。但实际上完全均匀的分布是不可能的，因此，组距式数列的平均数只是一个近似值。

【例 3-6】 某厂 80 名工人日产零件数的分配数列资料见表 3-1，计算 80 名工人的平均日产量。

表 3-1 某厂工人按日产量分组表

日产零件数 x（件）	工人数 f（人）	各组工人比重 $\dfrac{f}{\sum f}$（%）
8	16	20
9	24	30
10	32	40
11	8	10
合计	80	100

由例 3-6 资料可知，这是一个单项式变量数列，计算该厂工人平均日产量，应先求出各组工人的日总产量和全部工人的日总产量，然后把日总产量（即总体标志总量）与全部工人数（即总体单位总量）相比，得出平均数。具体计算过程如下：

$$\text{平均日产量} = \frac{\text{日总产量}}{\text{工人人数}} = \frac{8 \times 16 + 9 \times 24 + 10 \times 32 + 11 \times 8}{16 + 24 + 32 + 8} = \frac{752}{80} = 9.4 (\text{件})$$

【例 3-7】 某班学生某门课考试成绩有关资料见表 3-2，计算 40 名学生的平均成绩。

表 3-2 某班学生考试成绩表

按成绩分组（百分制）	学生人数 f（人）	组中值 x	xf
60 分以下	7	55	385
60~70	8	65	520
70~80	16	75	1 200
80~90	6	85	510
90 分以上	3	95	285
合计	40		2 900

平均成绩 $\bar{x} = \dfrac{\sum xf}{\sum f} = \dfrac{2\,900}{40} = 72.5$（分）

加权算术平均数的权数可以是各组次数，也可以是各组的次数比重。此时将各组的次数比重也叫作频率。例3-6将各组工人占全部工人的比重作权数，同样可以计算加权算术平均数，计算过程如下：

平均日产量＝8×20％＋9×30％＋10×40％＋11×10％
　　　　　＝1.6＋2.7＋4.0＋1.1＝9.4（件）

可见，计算结果与绝对数权数计算的加权算术平均数完全相同。

以频率计算的加权算术平均数的计算公式为：

$$\bar{x} = x_1 \cdot \dfrac{f_1}{\sum f} + x_2 \cdot \dfrac{f_2}{\sum f} + x_3 \cdot \dfrac{f_3}{\sum f} + \cdots + x_n \cdot \dfrac{f_n}{\sum f} = \sum x \cdot \dfrac{f}{\sum f}$$

用频数作权数计算的加权算术平均数可更明确地显示权数的实质。即权数对算术平均数的影响作用并不取决于权数本身数值大小，而取决于各组单位数占总体单位数比重的大小。

(3) 简单算术平均数与加权算术平均数的关系。

简单算术平均数与加权算术平均数的关系是：简单算术平均数是加权算术平均数的特例。

简单算术平均数只受变量值大小一个因素的影响，而加权算术平均数不仅受各组变量值大小的影响，而且还受各组次数（f）多少的影响。当变量值较大组的次数多时，平均数接近于变量值较大的一组；当变量值较小的组的次数多时，平均数接近变量值较小的一组；当各组次数分配比较均匀或对称时，平均数接近于变量值中间的一组。可见，各组变量值次数的多少，对于算术平均数具有权衡轻重的作用，因此，把次数又称为权数。加权算术平均数的影响因素除了各组变量值大小，还加了一个权数的影响，故称之为加权算术平均数。

如果各组次数相等，权数就失去了权衡轻重的作用，加权算术平均数就等于简单算术平均数。即：

当 $f_1 = f_2 = f_3 = \cdots = f_n = A$ 时，$\bar{x} = \dfrac{\sum x \cdot f}{\sum f} = \dfrac{A\sum x}{An} = \dfrac{\sum x}{n}$

可见，简单算术平均数实际上是加权算术平均数的一个特例。

3. 算术平均数的数学性质

算术平均数具有十分重要的数学性质，了解和掌握这些数学性质，不仅可以进一步理解算术平均数的特性，而且可以为以后各章的学习奠定基础。

(1) 各个变量值与其算术平均数的离差总和等于零。

简单算术平均数为：$\sum(x-\bar{x})=0$

加权算术平均数为：$\sum(x-\bar{x})f=0$

(2) 各个变量值与其算术平均数的离差平方总和为最小值。

简单算术平均数为：$\sum(x-\bar{x})^2=$ 最小值

加权算术平均数为：$\sum(x-\bar{x})^2 f=$ 最小值

二、调和平均数

1. 调和平均数的应用意义

调和平均数是被研究对象中各单位变量值倒数的算术平均数的倒数，也称倒数平均数，通常用"H"表示。

在统计实践中，直接应用调和平均数的形式很少，大多数情况下，是将调和平均数作为算术平均数的变形来应用的。即在根据相对指标和平均指标计算平均指标时，由于资料的原因，不能直接按算术平均数的方法计算出平均数，可以用调和平均数的形式间接计算平均指标，其计算结果与用算术平均数的方法计算出的结果完全相同。所以本节提出的调和平均数的计算方法是作为算术平均数的变形公式来应用的。

2. 调和平均数的计算

根据掌握资料的不同，调和平均数的计算公式分为简单调和平均数和加权调和平均数两种。

(1) 简单调和平均数适用于资料未分组时，其公式是：

$$H=\frac{1}{\frac{\frac{1}{x_1}+\frac{1}{x_2}+\frac{1}{x_3}+\cdots+\frac{1}{x_n}}{n}}=\frac{n}{\frac{1}{x_1}+\frac{1}{x_2}+\frac{1}{x_3}+\cdots+\frac{1}{x_n}}=\frac{n}{\sum\frac{1}{x}}$$

(2) 加权调和平均数适用于资料已分组时，其公式是：

$$H=\frac{m_1+m_2+m_3+\cdots+m_n}{\frac{m_1}{x_1}+\frac{m_2}{x_2}+\frac{m_3}{x_3}+\cdots+\frac{m_n}{x_n}}=\frac{\sum m}{\sum\frac{1}{x}\cdot m}$$

在实践中，加权调和平均数比简单调和平均数应用广泛。通常对缺少分母的资料应用加权调和平均数计算平均数。这时加权调和平均数公式中的 $\sum m$ 则是总体的标志总量，即 $m=x\cdot f$，则：

$$f = \frac{m}{x} = \frac{1}{x} \cdot m$$

显然,m 在这里是权数。

例 3-6 中计算某厂的平均日产量时,由于掌握了各组的日产零件数(x)和各组工人人数(f)的资料,我们用了加权算术平均数的方法。若掌握的不是各组的工人人数,而是各组的日总产量(m),就可以用加权调和平均数来计算该厂的平均日产量(见表 3-3)。

表 3-3　某厂工人按日产量分组表

日产零件数 x(件)	各组日总产量 m(件)	各组工人数 $f = \frac{m}{x}$(人)
8	128	16
9	216	24
10	320	32
11	88	8
合计	752	80

则该厂平均日产量为:

$$\text{平均日产量 } H = \frac{\sum m}{\sum \frac{m}{x}} = \frac{128 + 216 + 320 + 88}{\frac{128}{8} + \frac{216}{9} + \frac{320}{10} + \frac{88}{11}} = 9.4(\text{件})$$

可见加权调和平均数的计算结果与加权算术平均数的计算结果一样。

通常,根据相对指标和平均指标计算平均指标时,若缺少分子资料,即缺少总体标志总量,则适宜采用加权算术平均数方法;若缺少分母资料,即缺少总体单位总量,则适宜采用加权调和平均数方法。

根据相对指标和平均指标计算平均指标,可按下面的步骤进行:第一,先写出所求指标的基本公式。第二,根据基本公式,检查所掌握的资料,确定权数和计算方法。若缺少分子资料时,分母作权数,用"f"表示,采用加权算术平均数的方法;若缺少分母资料时,分子作权数,用"m"表示,采用加权调和平均数的方法。第三,将资料代入公式,计算出结果。现举例说明。

【例 3-8】 某电力公司所属 12 个企业,总产值计划完成情况见表 3-4,求该电力公司 12 个企业的平均计划完成程度。

表 3-4 某电力公司总产值计划完成程度分组表

按总产值计划完成程度分组（%）	组中值（%）	企业数（个）	计划产值 f（万元）
90~100	95	3	1 200
100~110	105	5	12 800
110~120	115	4	2 000
合　计	—	12	16 000

题中的计划完成程度是相对数，故此例是相对指标求平均指标的问题。计划完成程度相对数的基本公式是：

$$计划完成程度相对数 = \frac{实际完成数}{计划任务数}$$

从表 3-4 资料可知，缺少的是分子资料，即实际完成数未知，故分母计划任务数为权数"f"，采用加权算术平均数公式计算：

$$平均计划完成程度\ \bar{x} = \frac{\sum xf}{\sum x} = \frac{1\ 200 \times 0.95 + 12\ 800 \times 1.05 + 2\ 000 \times 1.15}{1\ 200 + 12\ 800 + 2\ 000}$$

$$= \frac{16\ 880}{16\ 000} = 1.055（或\ 105.5\%）$$

需要指出的是，该例中"企业数"不是计算平均计划完成指标的权数，因为"企业数"与"计划完成相对指标"的乘积并不是总体标志总量。可见，变量数列中的次数不一定都适合作权数，特别是由相对数和平均数计算平均指标时，权数需要根据问题本身的经济意义来选择。

【例 3-9】　某企业从不同地区购进相同材料的价格资料如表 3-5 所示，计算该单位购进该种材料的平均价格。

表 3-5 某企业购进某种材料资料表

各地区名称	价格 x（元/件）	购进额 m（千元）
甲地	8	160
乙地	10	250
丙地	12	360
合计	—	770

该例是用平均数求平均指标的问题，则：

$$购进材料的价格 = \frac{购进材料总额}{购进材料总数量}$$

从表 3-5 资料可知,购进量资料未知,即缺少分母资料。分子购进额作权数"m",且采用加权调和平均数方法计算:

$$购进材料的平均价格 H = \frac{\sum m}{\sum \frac{m}{x}} = \frac{160+250+360}{\frac{160}{8}+\frac{250}{10}+\frac{360}{12}}$$

$$= \frac{770}{75} = 10.27(元)$$

三、几何平均数

1. 几何平均数的意义

几何平均数是 n 个变量值的连乘积的 n 次方根,通常用"G"表示。

几何平均数主要用来说明那些由变量值的连乘积等于总比率或总速度的社会经济现象的平均比率或平均速度。它的计算方法也分为简单几何平均数和加权几何平均数两种。

2. 几何平均数的计算

(1) 简单几何平均数。简单几何平均数适用于各变量值出现的次数都为 1 的情况。

设有 n 项变量值 $x_1, x_2, \cdots, x_n$,则简单几何平均数的计算公式为:

$$G = \sqrt[n]{x_1 \cdot x_2 \cdot x_3 \cdot \cdots \cdot x_n} = \sqrt[n]{\prod x}$$

$\prod$ 为连乘积符号。

【例 3-10】 已知企业生产某种产品需要经过四个车间流水线生产,各车间产品的合格率分别为:第一车间 95%,第二车间 93%,第三车间 90%,第四车间 85%,要求计算四个车间的产品平均合格率。

因为,各车间合格率的总和不等于全厂总合格率,但四个车间合格率的连乘积却等于总合格率,故这是计算平均比率的问题,适用几何平均数的方法。

$$车间平均合格率 G = \sqrt[n]{\prod x} = \sqrt[4]{95\% \times 93\% \times 90\% \times 85\%}$$

$$= 0.9067(或 90.67\%)$$

(2) 加权几何平均数。当各个变量值出现的次数不相同时,计算几何平均数就采用加权形式,加权几何平均数的公式为:

$$G = \sqrt[f_1+f_2+f_3+\cdots+f_n]{x_1^{f_1} \cdot x_2^{f_2} \cdot x_3^{f_3} \cdot \cdots \cdot x_n^{f_n}} = \sqrt[\sum f]{\prod x^f}$$

式中,f 代表各变量值的次数(或权数);$\sum f$ 为次数(或权数)的总和;其他符号同前所示。

【例3-11】 某投资银行某笔投资是复利计算的,25年间年利率的分配情况是:有1年为3%,有4年为5%,有8年为8%,有10年为10%,有2年为15%。求平均年利率。

计算平均年利率,必须先将各年的利率加上100%,换算为各年的本利率,然后再应用几何平均数的方法计算。

$$平均年利率 G = \sqrt[\Sigma f]{\prod x^f}$$
$$= \sqrt[1+4+8+10+2]{103\%^1 \cdot 105\%^4 \cdot 108\%^8 \cdot 110\%^{10} \cdot 115\%^2}$$
$$= \sqrt[25]{7.95}$$
$$= 108.6\%$$

$108.6\% - 100\% = 8.6\%$

故25年间平均年利率为8.6%。

四、中位数

1. 中位数的概念

将各个变量值按大小顺序排列,处于变量数列中间位置的变量值就是中位数,用符号 M_e 表示。中位数将变量数列分为相等的两部分,比它小的单位与比它大的单位一样多。在大多数情况下,可以用中位数来表示数列的集中趋势和一般水平。

2. 中位数的计算

确定中位数的方法要因资料而异。

(1) 由未分组资料确定中位数。由未分组资料确定中位数时先按从小到大的顺序将所有变量值排队,其次利用公式 $\dfrac{n+1}{2}$ 计算中位数的位置,最后确定中位数。这里的 n 表示变量值的个数。

当变量值的个数为奇数时,处于中间位置的变量值即为中位数;当变量值的个数为偶数时,中位数则为处于中间位置的两个变量值的平均数。

【例3-12】 根据表3-6资料,确定甲、乙两组变量数列的中位数。

表3-6 甲乙两组工人日加工零件资料表

组名	日加工零件数(件)	工人工数(人)
甲	67,71,73,85,87,90,92	7
乙	67,72,74,86,88,91	6

甲组中位数位置 $=\dfrac{n+1}{2}=\dfrac{7+1}{2}=4$

说明第 4 名工人处于变量数列的中间位置,其产量 85 件即为中位数。

甲组中位数 $M_e=85$(件)

乙组中位数位置 $=\dfrac{n+1}{2}=\dfrac{6+1}{2}=3.5$

说明第 3 个工人和第 4 个工人处于变量数列的中间位置,这 2 名工人日加工零件的算术平均数即为中位数。

乙组中位数 $M_e=\dfrac{74+86}{2}=80$(件)

(2) 由单项式变量数列确定中位数。当数列是单项式变量数列时,先将各组次数或频率进行累计,不论向上或向下累计,当某一组的累计次数或频率达到总次数或总频率的一半时,该组的标志值即为中位数。

【例 3-13】 某单位职工家庭人口数分布资料如表 3-7 所示,计算家庭人口数中位数。

表 3-7 某单位职工家庭人口数分布表

家庭人口数(人)	家庭数(户)	频率(%)	向上累计频数(户)
1	18	5.00	18
2	90	25.00	108
3	180	50.00	288
4	72	20.00	360
合计	360	100.00	—

首先计算累计频数如表 3-7 第四列所示,然后确定中位数的位置:

$$\text{中位数的项次}=\dfrac{\sum f}{2}=\dfrac{360}{2}=180$$

从向上累计频数中可以看出中位数在第三组,因此第 180 户家庭的人口数即为中位数。

$$\text{中位数 } M_e=3(\text{人})$$

(3) 由组距式变量数列确定中位数。组距式变量数列确定中位数时,首先将变量数列的次数或频率进行向上或向下累计确定出中位数组,然后通过插值法计算中位数。

由于累计频数时方向不同,插值法公式有上限公式和下限公式之分。在具体使用时有如下规定:向上累计频数时,按下限公式推算中位数值;向下累计频数时,按上限公式推算中位数值。

$$下限公式:M_e = L + \frac{\frac{\sum f}{2} - S_{m-1}}{f_m} \cdot i$$

式中:M_e 代表中位数;L 代表中位数组的下限;S_{m-1} 代表向上累计时中位数组前一组的累计频数;i 代表中位数组的组距;f_m 代表中位数组的频数。

$$上限公式:M_e = U - \frac{\frac{\sum f}{2} - S_{m+1}}{f_m} \cdot i$$

式中:U 代表中位数组的上限;S_{m+1} 代表向下累计时中位数组后一组的累计频数。

【例 3-14】 某工厂有 3 000 名职工,按月产量分组资料如表 3-8 所示,确定职工月产量的中位数。

表 3-8 某厂职工月产量资料表

月产量(件)	职工数(人)	累计频数(人)	
		向上累计(人)	向下累计(人)
400~500	400	400	3 000
500~600	600	1 000	2 600
600~700	1 070	2 070	2 000
700~800	510	2 580	930
800~900	260	2 840	420
900~1 000	160	3 000	160
合计	3 000	—	—

根据表 3-8 资料可知,职工数为 3 000 人,则中位数的项次 $= \frac{\sum f}{2} = \frac{3\,000}{2} = 1\,500$,向上累计或向下累计观察,中位数都在第三组,中位数值在 600~700 件之间。

$$下限公式:M_e = L + \frac{\frac{\sum f}{2} - S_{m-1}}{f_m} \cdot i$$

$$= 600 + \frac{\frac{3\,000}{2} - 1\,000}{1\,070} \cdot 100 = 646.73（件）$$

上限公式：$M_e = U - \dfrac{\frac{\sum f}{2} - S_{m+1}}{f_m} \cdot i$

$$= 700 - \frac{\frac{3\,000}{2} - 930}{1\,070} \cdot 100 = 646.73（件）$$

由此可知，中位数是 646.73 件。

五、众数

1. 众数的概念

众数是指变量数列中出现次数最多的变量值，用符号 M_0 表示。它也是根据变量值所处的位置来确定的，可以直观反映频数分布的集中趋势。

2. 众数的计算

单项式变量数列中次数最多的那个变量值即为众数。

组距式变量数列中次数最多的那个组即为众数组，然后利用上限公式或下限公式来推算具体的众数值。

下限公式：$M_0 = L + \dfrac{\Delta_1}{\Delta_1 + \Delta_2} \cdot i$

上限公式：$M_0 = U - \dfrac{\Delta_2}{\Delta_1 + \Delta_2} \cdot i$

式中：M_0 代表众数；L 代表众数组下限；U 代表众数组上限；Δ_1 代表众数组的频数与前一组的频数之差；Δ_2 代表众数组频数与后一组的频数之差；i 代表众数组的组距。

以表 3-8 资料为例说明众数的确定过程，变量值 600~700 件这一组出现的频数最多，为 1 070 户，证明众数所在组为变量数列的第三组。

$$M_0 = L + \frac{\Delta_1}{\Delta_1 + \Delta_2} \cdot i = 600 + \frac{1\,070 - 600}{(1\,070 - 600) + (1\,070 - 510)} \cdot 100$$
$$= 645.63（件）$$

$$M_0 = U - \frac{\Delta_2}{\Delta_1 + \Delta_2} \cdot i = 700 - \frac{1\,070 - 510}{(1\,070 - 600) + (1\,070 - 510)} \cdot 100$$
$$= 645.63（件）$$

由计算结果可知，$M_0 = 645.63$ 件。

在实际工作中,还可以利用直方图来确定众数的近似值。具体做法为:在直角坐标系上画出众数所在组与两个相邻组的直方图,然后如图 3-1 所示画交叉线,从其交叉点向横轴引垂线,垂线与横轴的交点就是众数的近似值。将表 3-8 的资料作图确定众数,如图 3-1 所示。

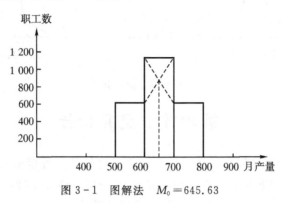

图 3-1　图解法　$M_0 = 645.63$

六、众数、中位数和算术平均数之间的关系

众数、中位数和算术平均数都是反映总体分布集中趋势的指标,它们之间的关系取决于总体内部的次数分布的状况。

当频数分布为对称分布时,众数、中位数和算术平均数三者相等,即:$\overline{X} = M_e = M_0$,此时,总体次数分布为正态分布,如图 3-2 所示。

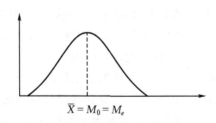

图 3-2　对称分布

当频数分布为非对称分布时,众数、中位数和算术平均数三者不相等。

当频数分布为偏态分布的右偏分布时,$\overline{X} > M_e > M_0$;当频数分布为偏态分布的左偏分布时,$\overline{X} < M_e < M_0$(见图 3-3)。

根据英国统计学家皮尔逊的经验,在偏态适度的情况下,不论右偏还是左偏,三种平均数的近似数量关系可用公式表示如下:

$$M_0 = 3M_e - 2\overline{X}$$

利用此经验公式,可以在其中已知两个数值时对第三个数值作出近似估计。

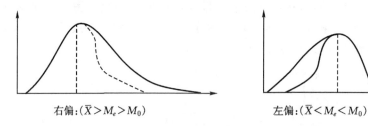

右偏:($\bar{X} > M_e > M_0$)　　　　　左偏:($\bar{X} < M_e < M_0$)

图 3-3　偏态分布

第四节　变异指标

变异指标是反映同质总体各单位标志值之间差异程度的指标,说明总体的离中趋势、稳定程度和平均指标的代表性,是分析总体分布特征的重要指标。常用的变异指标有极差、平均差、标准差、离散系数等。

一、极差

极差也称全距,是总体各单位的标志值中最大标志值与最小标志值之差,它说明各单位标志值变动的最大范围。其计算公式如下:

全距＝最大标志值－最小标志值

即：$R = X_{\max} - X_{\min}$

极差是测定标志变动的最简单的指标,计算方法简单,容易理解。全距越大,说明各单位标志值变动的范围越大,平均数的代表性越低;全距越小,各单位标志值变动的范围越小,平均数的代表性越高。

但是,全距的计算只考虑了两个极端值之间的大小,未考虑中间各项标志值变动程度如何。因此,用全距测定标志变异程度是粗略的,不能准确测量标志值之间差异程度的大小。特别是对于平均水平不同的数列,无法用全距进行对比。

二、平均差

1. 平均差的概念

平均差是总体中各单位标志值与其平均数离差的绝对值的算术平均数。

前面曾介绍过算术平均数的数学性质,我们已经知道各个变量值与算术平均数的离差总和等于零,即 $\sum(x - \bar{x}) = 0$。由于总体单位的标志值与其平均数离差有正负之分,各个标志值与平均数的离差总和恒等于0。为此,在计算平

均差时,采用离差绝对值($|x-\bar{x}|$)计算。

2. 平均差的计算

(1) 简单平均差。简单平均差用于未分组的变量资料,它是根据所有标志值计算的,其基本公式是:

$$AD = \frac{\sum|x-\bar{x}|}{n}$$

式中,AD 代表平均差;n 代表总体单位数。

平均差综合反映总体各单位标志值的差异程度。平均差越大,平均数代表性越小;平均差越小,平均数代表性越大。

【例3-15】 甲乙两组工人的平均日产量均为50件,根据表3-9的资料,分别计算其平均差,并说明其平均值的代表性。

表3-9 平均差计算表(简单式)

甲 组 ($\bar{x}=50$ 件)			乙 组 ($\bar{x}=50$ 件)		
日产量(件) x	离差 $(x-\bar{x})$	离差绝对值 $\|x-\bar{x}\|$	日产量(件) x	离差 $(x-\bar{x})$	离差绝对值 $\|x-\bar{x}\|$
15	-35	35	30	-20	20
35	-15	15	40	-10	10
50	0	0	50	0	0
65	15	15	60	10	10
85	35	35	70	20	20
合计	—	100	合计	—	60

甲组平均差:$AD = \dfrac{100}{5} = 20$(件)

乙组平均差:$AD = \dfrac{60}{5} = 12$(件)

以上计算说明,甲乙两组平均日产量相同,但平均差不同。甲组工人的日产量与平均日产量之间平均相差20件,乙组工人的日产量与平均日产量之间平均相差12件。甲组平均差大于乙组,因而甲组平均数代表性低于乙组。

(2) 加权平均差。加权平均差适用于已分组变量数列,其基本计算公式是:

$$AD = \frac{\sum|x-\bar{x}|f}{\sum f}$$

式中，f 代表各个组的次数；$\sum f$ 代表总次数。

对于组距式变量数列，则要以组中值代表各组变量值计算平均差。

【例 3-16】 以表 3-10 资料为依据，计算 60 名工人产量的平均差。

表 3-10 平均差计算表（加权式）

按工人日产量分组（件）	组中值	工人数（人）f	总产量 xf	离差 $(x-\bar{x})$	离差绝对值 $\|x-\bar{x}\|$	以工人数加权的离差绝对值 $\|x-\bar{x}\|f$
40 以下	35	3	105	−29	29	87
40～50	45	5	225	−19	19	95
50～60	55	12	660	−9	9	108
60～70	65	20	1 300	1	1	20
70～80	75	15	1 125	11	11	165
80 以上	85	5	425	21	21	105
合计	—	60	3 840	—	—	580

其算术平均数和平均差分别计算如下：

$$\bar{x} = \frac{\sum xf}{\sum f} = \frac{3\,840}{60} = 64(\text{件})$$

$$AD = \frac{\sum |x - \bar{x}| f}{\sum f} = \frac{580}{60} = 9.67(\text{件})$$

以上计算说明，每个工人的日产量与平均日产量之间平均相差 9.67 件。

三、标准差

1. 标准差的概念

标准差也称均方差，是总体各单位变量值与其算术平均数的离差平方的算术平均数的平方根，用符号 σ 表示。当两个同质总体的平均数相同时，标准差大的总体，其平均数代表性小；标准差小的总体，其平均数代表性大。

标准差的平方叫做方差，用符号 σ^2 表示。

标准差和方差都可以刻画总体各单位标志值的差异程度，在社会经济现象的统计中，由于方差的计量单位为平方单位不宜于直观比较，因此，标准差比方差应用更多。

2. 标准差的计算

根据资料掌握的程度不同，标准差有简单式和加权式两种。如果所掌握资料未经分组,标准差的计算采用简单式;如果为已分组资料,计算标准差则采用加权式。

简单式:$\sigma = \sqrt{\dfrac{\sum(x-\overline{x})^2}{n}}$

加权式:$\sigma = \sqrt{\dfrac{\sum(x-\overline{x})^2 f}{\sum f}}$

平均差是采用取绝对值的方法消除离差正负号的,这种方法虽然消除了正负号,也考虑了各单位变量值的水平,但是由于绝对值的运算相对繁琐,使得平均差指标的应用受到限制。标准差采取了先平方再开方的办法消除正负号,这样既充分考虑了各变量值的水平,又避免了代数运算的繁琐,因此标准差是最常用的变异指标。

【例 3-17】 已知甲乙两组工人人数均为 10 人,试以表 3-11 资料为依据,计算标准差。

表 3-11 标准差计算表(简单式)

甲组 $\overline{x}=60$ 件			乙组 $\overline{x}=60$ 件		
日产量(件) x	离差 $(x-\overline{x})$	离差平方 $(x-\overline{x})^2$	日产量(件) x	离差 $(x-\overline{x})$	离差平方 $(x-\overline{x})^2$
20	-40	1 600	50	-10	100
25	-35	1 225	51	-9	81
32	-28	784	52	-8	64
33	-27	729	54	-6	36
50	-10	100	55	-5	25
68	8	64	60	0	0
77	17	289	62	2	4
88	28	784	71	11	121
90	30	900	72	12	144
117	57	3 249	73	13	169
合计	—	9 724		—	744

计算结果如下:

$$\sigma_\text{甲} = \sqrt{\dfrac{\sum(x-\overline{x})^2}{n}} = \sqrt{\dfrac{9\,724}{10}} = 31.18(件)$$

$$\sigma_\text{乙} = \sqrt{\dfrac{\sum(x-\overline{x})^2}{n}} = \sqrt{\dfrac{744}{10}} = 8.63(件)$$

由于 $\sigma_甲 > \sigma_乙$，说明乙组工人平均日产量的代表性大于甲组。

同理，如果我们掌握已分组资料，则采用加权式计算标准差。

【例 3-18】 已知平均日产量为 64 件，试以表 3-12 资料为依据，计算 60 名工人产量的标准差。

表 3-12 标准差计算表（加权式）

按工人日产量分组（件）	组中值 x	工人数（人）f	离差 $(x-\bar{x})$	离差平方 $(x-\bar{x})^2$	以工人数加权的离差平方 $(x-\bar{x})^2 f$
40 以下	35	3	−29	841	2 523
40～50	45	5	−19	361	1 805
50～60	55	12	−9	81	972
60～70	65	20	1	1	20
70～80	75	15	11	121	1 815
80 以上	85	5	21	441	2 205
合计	—	60	—	—	9 340

采用加权式计算 60 名工人产量的标准差为：

$$\sigma = \sqrt{\frac{\sum (x-\bar{x})^2 f}{\sum f}} = \sqrt{\frac{9\,340}{60}} = \sqrt{155.666\,7} = 12.478(件)$$

四、标准差系数

1. 标准差系数的概念

标准差系数是标准差与其算术平均数之比，通常用 V_σ 来表示。标准差系数主要用于比较不同水平的变量数列的离散程度及平均数的代表性。离散系数小说明平均数的代表性大；反之，离散系数大，平均数的代表性就小。

前述的极差、平均差、标准差在计算中都与其变量数列的平均水平的高低有关，使用这些指标时要求两变量数列的平均数相同。实践中，有些变量数列平均水平或性质不同，这时只有计算标准差系数，才能比较变量数列差异程度的大小。

2. 标准差系数的计算

标准差系数的计算公式是：

$$V_\sigma = \frac{\sigma}{\bar{x}} \times 100\%$$

【例 3-19】 根据表 3-13 所示资料,计算标准差系数。

表 3-13 标准差系数计算表

组名	平均日产量(件) $\bar{x}$	标准差(件) σ	标准差系数(%) $\frac{\sigma}{\bar{x}}$
甲	35	15.81	45.17
乙	40	1.20	3.00

从上例可以看出:$V_甲 > V_乙$,所以乙小组的平均日产量指标更有代表性。

附录:Excel 在总量指标与相对指标计算中的应用

一、利用 Excel 计算总量指标

利用 Excel 计算总量指标一般有两种情况:

(1)计数,常用函数 COUNT 或 COUNTIF 来实现。COUNT 函数用来计算指定单元格区域中包含数字以及包含参数列表中的数字的单元格的个数;COUNTIF 函数用于计算指定单元格区域中满足给定条件的单元格的个数。

(2)求和,常用函数 SUM 或 SUMIF 来实现。SUM 函数用于计算指定单元格区域中所有数字的总和;SUMIF 函数用于根据指定条件对若干单元格求和。

【例 3-20】 已知某班学生的统计学成绩见表 3-14。

表 3-14 某班学生的统计学成绩

学生姓名	成绩	借书数量
张山	85	5
李嫣红	78	4
王平	不及格	2
周立	89	7
曲协中	75	4
尹虞姬		3
赵洪波	不及格	3
陈静		5
林林	79	4
崔夜	64	5

将上述资料输入 Excel 工作簿,分别占 A、B、C 列。根据表 3-15 中的第一列函数语法,可以计算的总量指标如第二列所示。在选定输出单元格后,在公式编辑栏中输入等号(=),再输入相应的函数语法(或单击函数快捷图标 f_x,选择所需函数后,再按函数对话框提示输入指定区域等参数),按 Enter 键后在事先选定的单元格中就会显示出相应的计算结果。

表 3-15 应用 Excel 计数与求和函数的示例

函数语法	指标含义	计算结果
COUNT(B2:B9)	B 列包含数字的单元格个数	6
COUNTIF(B2:B9,">=75")	B 列大于等于 75 的单元格个数	5
COUNTIF(B2:B9,"不及格")	B 列包含不及格的单元格个数	2
COUNTBLANK(B2:B9)	B 列空白单元格个数	2
SUM(B2:B9)	B 列包含数字的单元格的总和	470
SUMIF(B2:B9,">=75")	B 列大于等于 75 的单元格的总和	406
SUMIF(B2:B9,">=75"C2:C9)	B 列成绩 75 及以上者的借书数量总和	24
SUMIF(B2:B9,"不及格"C2:C9)	B 列成绩不及格者的借书数量总和	5

二、利用 Excel 计算相对指标

利用 Excel 计算相对指标,最常用的功能就是 Excel 的公式及公式复制。先在工作表中输入数据,然后按照下列步骤进行计算:

(1) 单击用于存放结果的单元格;
(2) 单击菜单栏上的"插入/函数";
(3) 单击函数类型和所要用的函数名;
(4) 按"确定"按钮,函数计算结果即显示在结果单元格中。

三、由分组资料计算分布特征的有关指标

对于分组资料,只能用 Excel 的公式及公式复制功能来实现。

现以表 3-10 资料为依据,计算 60 名工人产量的平均数、平均差、标准差。

(1) 输入数据,其中"按工人日产量分组"在 A 列、组中值在 B 列、工人数在 C 列。

(2) 算术平均数的计算:在单元格 D2 中输入公式"=C2*B2",按 Enter 键后将单元格 D2 的公式向下复制到 D7,在单元格 D8 中输入公式"=SUM(D2:

D7)"(或单击自动求和图标即可),按 Enter 键后计算算术平均数所需的分子的数值(本例中为 3 840)就显示在单元格 D8 中。在单元格 A9 中输入"算术平均数",在单元格 B9 中输入公式"=D8/C8",按 Enter 键后单元格 B9 中显示的数值(64)就是所求的算术平均数。

(3) 平均差的计算:在单元格 E1 中输入"加权的离差绝对值",在单元格 E2 中输入公式"=ABS(B2-B9)*C2",按 Enter 键后将单元格 E2 的公式向下复制到 E7,在单元格 E8 中输入公式"=SUM(E2:E7)",按 Enter 键后计算平均差所需的分子的数值(580)就显示在单元格 E8 中。在单元格 A10 中输入"平均差",在单元格 B10 中输入公式"=E8/C8",按 Enter 键单元格 B10 中显示的数值(9.66667)就是所求的平均差。

(4) 标准差的计算:在单元格 F1 中输入"加权的离差平方",在单元格 F2 中输入公式"=(C2-B9)^B2",按 Enter 键后将单元格 F2 的公式向下复制到 F7,在单元格 F8 中输入公式"=SUM(F2:F7)",按 Enter 键后计算方差所需的分子的数值(9340)就显示在单元格 F8 中。在单元格 A11 中输入"方差",在单元格 B11 中输入公式"=F8/B8",按 Enter 键单元格 B11 中显示的数值(155.6667)就是所求的方差。在单元格 B12 中输入公式"=B11^0.5",按 Enter 键单元格 B12 中显示的数值(12.47664)即为标准差。

对于众数、中位数和离散系数等统计指数的计算,同样只需要将相应的计算公式在 Excel 中实现即可。

思考与练习

一、简答题

1. 什么叫总量指标?其作用是什么?
2. 什么是时期指标与时点指标?各有什么特点?
3. 为什么要把相对指标和总量指标结合起来运用?
4. 相对指标有哪几类,它们各自应如何计算?
5. 什么是权数?权数对算术平均数有什么影响?
6. 什么是简单算术平均数和加权算术平均数?写出计算公式。
7. 在什么条件下适用几何平均法来计算平均指标?
8. 极差、平均差、标准差各有什么特点?
9. 写出众数和中位数、算术平均数之间的关系。
10. 既然有了标准差,为什么还要计算标准差系数?

二、计算题

1. 某公司下属三个企业,其实际产值和计划产值如表所示,计算表中空格数字。

企业名称	计划		实际		计划完成(%)
	产值(万元)	比重(%)	产值(万元)	比重(%)	
合计			445		
甲	100		116		
乙	135				100.0
丙			195		95.1

2. 某企业原定当年生产产品 10 000 件,实际生产了 12 000 件。问产量计划完成程度如何?

3. 某企业原计划产品单位成本比上年降低 8%,实际降低了 6%,问还差多少未完成计划?

4. 某加工企业工人某日加工零件分组资料如下:

按日加工零件分组(件)	工人人数(人)
90 以下	100
90~100	150
100~110	200
110~120	110
120 以上	90
合计	650

试根据表中资料计算算术平均数、中位数、众数,并说明属于何种分布。

5. 某管理局所属三个企业计划完成情况及一等品率资料如下:

企业名称	计划产量(件)	计划完成程度(%)	实际一等品率(%)
甲	380	102	98.00
乙	500	110	96.00
丙	470	105	93.00

试根据表中资料计算：

(1) 产量平均计划完成百分比。

(2) 平均一等品率。

6. 某汽车生产企业三个车间的废品率及产量资料如下：

车间	废品率(%)	产量(辆)
甲	0.25	700
乙	0.20	750
丙	0.37	880

根据表中资料计算：

(1) 如果三个车间各负责一辆汽车装配的全过程，平均废品率为多少？

(2) 如果三个车间各负责汽车装配的一道工序，平均废品率为多少？

7. 某公司所属 10 个企业，某种产品单位成本的分组资料如下：

按平均单位成本分组 （元/件）	企业数 （个）	各组产量占总产量的比重 （%）
11～13	2	23
13～15	5	40
15～17	3	37

根据表中资料计算 10 个企业的平均单位成本。

8. 某公司所属生产同类产品的工厂按日劳动生产率高低分组资料如下：

按劳动生产率分组 （件/人）	工厂数 （个）	各组产量 （件）
30～40	3	9 500
40～50	2	3 250
50～60	1	7 000

根据表中资料计算：

(1) 公司平均劳动生产率。

(2) 公司各企业平均人数。

9. 甲乙两个班的某门课程同时考试，甲班的成绩用百分制表示，乙班的成绩用五分制表示。有关资料如下：

甲班		乙班	
成绩（百分制）	学生数人（人）	成绩（五分制）	学生人数比重（%）
60 分以下	1	1	2
60～70	15	2	6
70～80	20	3	26
80～90	12	4	34
90～100	2	5	32
合 计	50	合 计	100

　　根据表中资料计算有关统计指标，以说明哪一班学生的学习成绩比较整齐。

10. 设某厂某月生产某种产品的甲、乙两个组，每人日产量（件）有如下资料：

甲组：10　20　30　35　40　50　60

乙组：38　39　40　40　40　41　42

要求计算：(1) 各组工人平均日产件数。

(2) 计算各组工人日产量变异指标：

①极差　②平均差　③标准差　④标准差系数

(3) 哪个组工人平均日产量代表性大？

第四章 时间数列分析

统计不仅要从静态上分析社会经济现象的规模、水平、结构和比例关系,而且要从动态上分析研究社会经济现象的发展变化及其规律性。时间数列就是研究社会经济现象发展变化及其规律性的重要方法。

第一节 时间数列的概念及编制原则

一、时间数列的概念

时间数列是指将某统计指标的数值按时间先后顺序排列而形成的数列,也称时间序列或动态数列。例如,把我国城镇就业人员平均劳动报酬按时间先后顺序排列可形成如表 4-1 所示的时间数列。

表 4-1 城镇就业人员平均劳动报酬表　　　单位:元

年份	2003	2004	2005	2006
城镇就业人员平均劳动报酬	13 969	15 920	18 200	20 856

资料来源:《中国统计年鉴 2007》

从表 4-1 可以看出,时间数列由两个基本要素构成:一是某一指标在不同时间上的指标数值,另一个是指标数值所属的不同时间。

时间数列通常具有以下三个特征:一是指标数值随着时间的推移而变化;二是这种变化往往存在某种周期性或趋势;三是前后时间的指标数值存在关联性。

时间数列的特征决定了它在统计分析中有着非常重要的作用。表现为:利用时间数列可以描述现象随时间发展的状态和结果,研究现象发展变化的方向、速度和趋势;可以探索现象发展变化的规律,从而对其未来的发展趋势进行预测;还可以对有关的不同时间数列进行对比或不同空间的同类时间数列进行对比,进而对社会经济现象进行深入的统计分析。

二、时间数列的分类

时间数列按其指标形式不同,可以分为总量指标时间数列、相对指标时间数列和平均指标时间数列三种。

1. 总量指标时间数列

总量指标在不同时间上的数值按其顺序排列形成的数列叫总量指标时间数列,又叫绝对数时间数列。它是基本数列、原始数列。总量指标时间数列又分为时期数列和时点数列两种。

(1)时期数列:由每一个指标数值都是现象在一定时期内发展的绝对数之和所形成的数列。它具有可累加性,指标数值与时期长短有直接关系,数列中指标数值一般用连续登记的办法获得。表4-2所示的我国国内生产总值表就是一个时期数列。

表4-2　国内生产总值表　　　　　单位:亿元

年份	1978	1990	2000	2005	2006
国内生产总值	3 645.2	18 667.8	99 214.6	183 867.9	210 871.0

资料来源:《中国统计年鉴2007》

(2)时点数列:由每个指标数值都是现象在某一时点上所达到的水平所形成的数列。它不具有可累加性,指标值与时点间隔没有直接关系,指标数值一般采用间断登记的方式取得。表4-3所示的我国人口总数表即时点数列。

表4-3　我国人口总数表　　　　　单位:万人

年份	1978	1990	2000	2005	2006
年末人口总数	96 259	114 333	126 743	130 756	131 448

资料来源:《中国统计年鉴2007》

2. 相对指标时间数列

同一个相对指标在不同时间上的数值按顺序排列而成的时间数列叫相对指标时间数列。表4-4所示的某厂某年各季度产品生产计划完成相对数表即是相对指标时间数列。

表4-4　某厂某年各季度产品生产计划完成相对数表　单位:%

季度	1	2	3	4
计划完成相对数	110	115	99	112

3. 平均指标时间数列

同一个平均指标在不同时间上的数值按其顺序排列而成的时间数列叫平均指标时间数列。表4-1所示的城镇就业人员平均劳动报酬表即是平均指标时间数列。

三、时间数列的编制原则

保证数列中各个指标数值的可比性,是编制时间数列的基本原则。具体应注意以下几点:

1. 时期长短应该相等

为了保证数列中各个指标数值在时间上的可比性,时期数列中的各个指标值所属的时期一般应该相等,时点数列中的各个指标值之间的间隔一般也应该相等。但是有时为了特殊的研究目的,如果各个历史阶段的发展变化不平衡,也可以将时间不等的指标数值编成时间数列,如表4-2、表4-3所示。时点数列不存在时期长短的问题。但是,为了便于分析,各个指标数值的间隔最好相等。

2. 总体范围应该一致

在时间数列中,各指标数值所属的总体范围必须一致,如果不一致,必须将资料进行适当调整,使总体范围前后一致,这样才能在动态分析中正确地反映所研究的问题。

3. 经济含义应该相同

时间数列中统计指标在各期的经济内容应该一致。有些统计指标随着时间的变化,虽然指标名称未变,但其经济内容却发生了不同程度的变化,这样必然影响前后不同时期指标数值的可比性,必须进行适当调整。

4. 计算方法应该一致

计算方法有时也可称为计算口径,包括计算公式、计算价格和计量单位。计算方法不一致,指标数值就不可比。例如,劳动生产率指标有两种计算口径,一种是按全体职工计算,一种是按生产工人计算,分别按这样两种口径计算的劳动生产率指标数值就不具备可比性。

第二节 时间数列分析中的水平指标

时间数列编制出来,就有了分析现象发展变化的基础资料。为了进一步进行动态分析,就需要计算水平及速度方面的分析指标,其中水平指标包括发展水平、增长水平、平均发展水平和平均增长水平等,它是计算速度指标的基础。

一、发展水平

发展水平是指时间数列中的每个指标数值,它是计算其他动态分析指标的基础,它可以是总量指标、相对指标,也可以是平均指标。

发展水平有两种分类。根据它在时间数列中的位置,发展水平可以分为最初水平、最末水平和中间水平三种。时间数列中第一个指标数值叫最初水平,最后一个指标数值叫最末水平,其余各个指标数值叫中间水平。

设有时间数列如下:$a_0, a_1, \cdots, a_{n-1}, a_n$

其中 a_0 为最初水平,a_n 为最末水平,$a_1, \cdots, a_{n-1}$ 叫中间水平。

根据在时间数列中的作用,发展水平分为基期水平和报告期水平。我们将用来比较的基础时间的指标数值叫基期水平,把所研究的与基期水平相对比的那个时间的指标数值叫报告期水平。比如 a_1 与 a_0 相比时,a_1 为报告期水平,a_0 为基期水平;若 a_2 与 a_1 相比时,a_2 为报告期水平,a_1 为基期水平。可见基期水平和报告期水平并不固定,需要根据它们在时间数列中对比的作用不同而定。

发展水平用"增加到"、"发展到"或"降低到"、"降低为"等来表示。

二、增长水平

增长水平是时间数列中发展水平在一定时期内增长的绝对数量,表现为报告期水平与基期水平之差,又叫增长量。即:

$$增长水平 = 报告期水平 - 基期水平$$

差数为正数,表示增加的绝对量;差数为负数,表示减少的绝对量。可见增长水平既能反映增加,又能反映减少,故又叫增减水平。

根据采用基期的不同,增长水平有逐期增长水平和累计增长水平之分。逐期增长水平是报告期水平与其前一期水平之差,说明本期比上期增长的绝对数量;累计增长水平是报告期水平与某一固定基期水平(通常为最初水平)之差,说明本期比某一固定时期增长的总数量。

设有如下时间数列:$a_0, a_1, \cdots, a_n$

则逐期增长水平可分别表示为:$a_1 - a_0, a_2 - a_1, \cdots, a_{n-1} - a_{n-2}, a_n - a_{n-1}$

累计增长水平可分别表示为:$a_1 - a_0, a_2 - a_0, \cdots, a_{n-1} - a_0, a_n - a_0$

二者的关系是:累计增长水平等于相应时期的各个逐期增长水平之和。

即:$a_n - a_0 = (a_1 - a_0) + (a_2 - a_1) + \cdots + (a_n - a_{n-1})$

在实际统计分析中,为了消除季节变动的影响,常常需要计算年距增长水平。年距增长水平是报告期水平与上年同期水平之差,表示现象在一年当中的变化。

$$\text{年距增长水平} = \text{报告期水平} - \text{上年同期水平}$$

三、平均发展水平

1. 平均发展水平的概念

平均发展水平又叫序时平均数或动态平均数,它是时间数列中各个发展水平的平均数。通过平均发展水平,我们可以概括地反映某种经济社会现象在一段时间内所达到的一般水平,便于不同单位、不同地区、不同部门乃至不同国家某一现象一般水平的比较,以揭示差距并观察现象的发展趋势。

平均发展水平与第三章介绍过的一般平均数既有联系又有区别。它们的联系表现为:二者都是平均指标,都具有代表性和抽象性的特点。区别则表现为:平均发展水平将经济社会现象在不同时间上的数量差异抽象化,从动态上说明现象总体在一段时间内发展的一般水平,是根据时间数列来计算的;而一般平均数是将总体各单位某一数量标志值在同一时间上的数量差异抽象化,从静态上说明总体各单位在一定时空条件下的一般水平,是根据变量数列计算的。

2. 平均发展水平的计算

根据时间数列中各期发展水平的性质不同,计算平均发展水平也有不同的方法。

(1) 根据总量指标时间数列计算平均发展水平。总量指标时间数列分为时期数列和时点数列两种,它们在计算平均发展水平时有很大的区别。

① 根据时期数列计算平均发展水平。时期数列中各项指标数值可以相加,可采用简单算术平均法,即以数列中各项指标数值之和除以时期数求得平均发展水平。用公式表示为:

$$\bar{a} = \frac{a_1 + a_2 + \cdots + a_{n-1} + a_n}{n} = \frac{\sum a_i}{n}$$

其中,$\bar{a}$ 代表序时平均数;a_i 代表各期发展水平$(i=1,2,\cdots,n)$;n 代表时期数。

【例 4 - 1】 我们根据表 4 - 5 资料计算平均产品产量。

表 4 - 5 某企业某年上半年产品产量表

月份	1	2	3	4	5	6
产品产量(件)	60	66	70	72	74	78

产品产量指标是时期指标,因此这是一个时期数列计算平均发展水平的问题。平均产品产量要用简单算术平均法,平均产品产量为:

$$\bar{a} = \frac{a_1 + a_2 + \cdots + a_{n-1} + a_n}{n} = \frac{\sum a_i}{n}$$

$$= \frac{60 + 66 + 70 + 72 + 74 + 78}{6} = 70(件)$$

② 根据时点数列计算平均发展水平。时点数列又可分为连续型和间断型。二者的区别在于每个指标值的间隔时间不同。连续型时点数列是每日都有登记的数列,间断型时点数列则是相邻两次的登记间隔在一日以上的数列。

第一,根据连续型时点数列求平均发展水平。根据连续型时点数列求平均发展水平时,又有间隔相等和间隔不等两种情况。

间隔相等的连续型时点数列求平均发展水平可用简单算术平均法,即用各时点指标之和除以各时点指标的项数。计算公式为:

$$\bar{a} = \frac{\sum a}{n}$$

例如,已知某企业一个月内每天的出勤人数,要计算该月内每天平均出勤人数,可将每天出勤人数相加,除以该月的日历日数。

间隔不等的连续型时点数列中,被研究现象不是逐日变动的,则可根据整个研究时间内每次变动的资料,以每次变动持续的间隔长度为权数,对各时点水平加权,应用加权算术平均法计算平均发展水平。计算公式为:

$$\bar{a} = \frac{\sum af}{\sum f}$$

【例 4-2】 某企业 8 月 1 日至 8 月 13 日职工人数为 1 200 人,8 月 14 日至 8 月 28 日职工人数为 1 208 人,8 月 29 日到月底职工人数为 1 211 人,则该企业 8 月份平均职工人数为

$$\bar{a} = \frac{\sum af}{\sum f} = \frac{1\,200 \times 13 + 1\,208 \times 15 + 1\,211 \times 3}{13 + 15 + 3} = 1\,205(人)$$

第二,根据间断型时点数列求平均发展水平。根据间断型时点数列求平均发展水平也有间隔相等和间隔不等两种情况。

在实际统计工作中,经济社会现象往往是每隔一定时间登记一次,如商业企业中职工人数和商品库存额只统计月末数字,这些数据就是间隔相等的间断时点数列。在这种情况下,计算平均发展水平要分两步。首先假定所研究的现象在相邻时点之间的变动是均匀的,将相邻两个时点的指标数值相加后除以2,即

可得到这两个时点之间的平均发展水平;然后再用简单算术平均法计算以上平均数的平均数,即可求得该时点数列的平均发展水平。

【例4-3】 根据表4-6所列资料,计算平均发展水平。

表4-6 某企业某年第二季度各月末职工人数　　　单位:人

时间	3月31日	4月30日	5月31日	6月30日
月末职工人数	120	140	144	150

4月份平均职工人数 $=\dfrac{120+140}{2}=130$(人)

5月份平均职工人数 $=\dfrac{140+144}{2}=142$(人)

6月份平均职工人数 $=\dfrac{144+150}{2}=147$(人)

第二季度月平均职工人数 $=\dfrac{130+142+147}{3}=139.67$(人)

上述计算步骤可合并为:

第二季度月平均职工人数 $=\dfrac{\dfrac{120+140}{2}+\dfrac{149+144}{2}+\dfrac{144+150}{2}}{3}$

$=\dfrac{\dfrac{120}{2}+140+144+\dfrac{150}{2}}{3}=139.67$(人)

由此可见,根据间隔相等的间断时点数列计算平均发展水平,可将首末两项数值的 $\dfrac{1}{2}$ 加上中间各项数值,然后除以"项数减一"即可求得,这种方法叫简单序时平均法,也叫"首末折半法"。用公式表示如下:

$$\bar{a}=\dfrac{\dfrac{a_1}{2}+a_2+a_3+\cdots+a_{n-1}+\dfrac{a_n}{2}}{n-1}$$

其中,n 代表时点项数。

在间隔不等的间断时点数列中,掌握了间隔不等的资料,则可以以各间隔长度为权数,对各相应的平均水平加权,即采用加权算术平均法来计算平均发展水平,这个方法叫加权序时平均法。其计算公式如下:

$$\bar{a}=\dfrac{\dfrac{a_1+a_2}{2}\times f_1+\dfrac{a_2+a_3}{2}\times f_2+\cdots+\dfrac{a_{n-1}+a_n}{2}\times f_{n-1}}{\sum_{i=1}^{n-1}f_i}$$

（2）根据相对指标时间数列计算平均发展水平。相对指标是由总量指标派生出来的,根据相对指标时间数列计算平均发展水平的方法同理是由总量指标时间数列计算平均发展水平的基本方法派生而来。

根据相对指标时间数列计算平均发展水平的具体方法是,先计算构成相对指标时间数列的分子数列与分母数列的平均发展水平,然后再将这两个平均发展水平对比。

设 $\bar{a}$ 代表分子数列的平均发展水平;$\bar{b}$ 代表分母数列的平均发展水平;$\bar{c}$ 代表相对指标时间数列的平均发展水平。则

$$\bar{c} = \frac{\bar{a}}{\bar{b}}$$

① 由两个时期数列相应项对比形成的相对数时间数列计算平均发展水平。

【例 4-4】 根据表 4-7 资料计算平均计划完成程度。

表 4-7 某工业企业产品计划完成情况表

	1月份	2月份	3月份
实际完成额(万元)	94	128	68
计划任务额(万元)	90	120	60
计划完成程度(%)	104.44	106.67	113.33

根据计算相对指标时间数列的平均发展水平的基本方法,该企业第一季度平均计划完成程度为：

$$\bar{c} = \frac{\bar{a}}{\bar{b}} = \frac{\sum a}{n} \div \frac{\sum b}{n} = \frac{\sum a}{\sum b} = \frac{94+128+68}{90+120+60} = 1.074 \text{ 或 } 107.4\%$$

在上述 a,b,c 三个数列中,给定任意两个时,则要根据资料情况选择如下公式：

当已知 b,c 时,由于 $c = \frac{a}{b}$,$a = bc$ 代入上式得：

$$\bar{c} = \frac{\sum cb}{\sum b}$$

当已知 a,c 时,由于 $c = \frac{a}{b}$,$b = \frac{a}{c}$ 代入上式得：

$$\bar{c} = \frac{\sum a}{\sum \frac{1}{c}a}$$

② 由两个时点数列相应项对比形成的相对数时间数列计算平均发展水平。如果分子数列和分母数列均为间隔相等的间断时点数列,计算公式为:

$$\bar{c} = \frac{\bar{a}}{\bar{b}} = \frac{\dfrac{a_1}{2} + a_2 + \cdots + a_{n-1} + \dfrac{a_n}{2}}{n-1} \div \frac{\dfrac{b_1}{2} + b_2 + \cdots + b_{n-1} + \dfrac{b_n}{2}}{n-1}$$

$$= \frac{\dfrac{a_1}{2} + a_2 + \cdots + a_{n-1} + \dfrac{a_n}{2}}{\dfrac{b_1}{2} + b_2 + \cdots + b_{n-1} + \dfrac{b_n}{2}}$$

【例 4-5】 某商业企业第四季度销售人员占全部职工人数的比重见表 4-8,计算平均比重。

表 4-8 某商业企业第四季度销售人员占全部职工人数的比重

	9月末	10月末	11月末	12月末
销售人员数(人)	800	820	830	860
全部职工人数(人)	1 000	1 030	1 040	1 100
销售人员占全部职工人数的比重(%)	80	79.6	79.8	78.2

由表 4-8 资料计算第四季度销售人员占全部职工人数的平均比重为:

$$\bar{c} = \frac{\bar{a}}{\bar{b}} = \frac{\dfrac{800}{2} + 820 + 830 + \dfrac{860}{2}}{\dfrac{1\,000}{2} + 1\,030 + 1\,040 + \dfrac{1\,100}{2}} = 0.795 \text{ 或 } 79.5\%$$

③ 由两个不同性质数列对比而形成的相对数时间数列计算平均发展水平。

【例 4-6】 以表 4-9 资料为例,计算平均商品流转次数。

表 4-9 某商业企业第一季度商品流转情况

	12月	1月	2月	3月
商品销售额(万元)		300	420	280
月末商品库存额(万元)	100	140	160	120
商品流转次数(次)		2.5	2.8	2

表 4-9 中,商品销售额是时期数列,月末商品库存额是时点数列,商品流转次数是相对指标时间数列。按照计算相对指标时间数列的平均发展水平的基本方法,得计算该商业企业第一季度各月平均商品流转次数的公式为:

$$\bar{c} = \frac{\bar{a}}{\bar{b}} = \frac{\sum a}{n} \div \frac{\frac{b_0}{2} + b_1 + \cdots + \frac{b_n}{2}}{n} \quad (b \text{ 数列有 } n+1 \text{ 项资料})$$

$$= \frac{\sum a}{\frac{b_0}{2} + b + \cdots + \frac{b_b}{2}} = \frac{300 + 420 + 280}{\frac{100}{2} + 140 + 160 + \frac{120}{2}} = 2.44(\text{次})$$

进而可计算出该商店第一季度商品流转次数为：
$2.44 \times 3 = 7.32$(次)

（3）根据平均指标时间数列计算平均发展水平。

由一般平均数所组成的平均指标时间数列，实质上也是两个总量指标时间数列相应项对比所形成的。其分子数列是总体标志总量数列，分母是总体单位总量数列。因此，与相对数时间数列一样，应先分别计算分子数列和分母数列的平均发展水平，然后进行对比，就可求得一般平均数时间数列的平均发展水平。

四、平均增长水平

平均增长水平是各个逐期增长水平的平均数，表示某种现象在一定时期内平均每期增长的数量。

由于逐期增长水平是时期数列，因而用简单算术平均数法计算平均增长水平。公式为：

$$\text{平均增长水平} = \frac{\text{逐期增长水平之和}}{\text{逐期增长水平个数}} = \frac{\text{累计增长水平}}{\text{时间数列项数} - 1}$$

第三节 时间数列分析中的速度指标

时间数列的分析指标除了水平指标，还有一系列反映经济社会现象发展快慢的速度指标。这些速度指标包括发展速度、增长速度、平均发展速度和平均增长速度四种。

一、发展速度

发展速度是由两个不同时期的发展水平对比而得，说明报告期水平已发展到基期水平的若干倍或百分之几，是表明经济社会现象发展程度的相对指标。

$$\text{发展速度} = \frac{\text{报告期水平}}{\text{基期水平}}$$

发展速度可分为环比发展速度和定基发展速度。环比发展速度是报告期水平与前一期水平之比，表明现象逐期发展变化的程度。定基发展速度是报告期水平与某一固定时期水平（通常为最初水平）之比，说明报告期水平相对某一固定时期水平已发展到若干倍或百分之几，表明该现象在较长时期内总的发展速度。定基发展速度也叫总速度。

环比发展速度和定基发展速度的计算公式为：

环比发展速度：$\dfrac{a_1}{a_0}, \dfrac{a_2}{a_1}, \cdots, \dfrac{a_{n-1}}{a_{n-2}}, \dfrac{a_n}{a_{n-1}}$

定基发展速度：$\dfrac{a_1}{a_0}, \dfrac{a_2}{a_0}, \cdots, \dfrac{a_{n-1}}{a_0}, \dfrac{a_n}{a_0}$

环比发展速度和定基发展速度的关系是：定基发展速度等于相应时期的各个环比发展速度的连乘积；相邻两个时期的定基发展速度之商等于相应时期的环比发展速度。即：

$$\dfrac{a_n}{a_0} = \dfrac{a_1}{a_0} \times \dfrac{a_2}{a_1} \times \cdots \times \dfrac{a_{n-1}}{a_{n-2}} \times \dfrac{a_n}{a_{n-1}}$$

$$\dfrac{a_n}{a_0} \div \dfrac{a_{n-1}}{a_0} = \dfrac{a_n}{a_{n-1}}$$

利用环比发展速度和定基发展速度的关系，我们可以进行指标之间的相互推算。即已知两个相邻的定基发展速度，将其相除，可求得相应的环比发展速度；已知两个相邻的环比发展速度，将其相乘，可求得相应的定基发展速度。

在实际工作中，也常常计算年距发展速度，以说明本期发展水平与去年同期发展水平对比而达到的相对发展程度。

$$年距发展速度 = \dfrac{本期发展水平}{去年同期发展水平}$$

二、增长速度

增长速度是增长量与基期水平的比值，说明报告期水平比基期水平增加了若干倍或百分之几，是表明经济社会现象增长程度的相对指标。

$$增长速度 = \dfrac{增长量}{基期水平}$$

增长速度与发展速度具有密切的关系，两者仅相差一个基数，所以：

$$增长速度 = \dfrac{增长量}{基期水平} = \dfrac{报告期水平 - 基期水平}{基期水平}$$
$$= 发展速度 - 1(或\ 100\%)$$

由于采用的基期不同，增长速度可分为环比增长速度和定基增长速度。环比增长速度表示某种经济社会现象逐期的增长程度，是逐期增长水平与前一期发展水平之比。定基增长速度表示经济社会现象在较长时期内总的增长程度，是累计增长水平与最初水平之比。

$$定基增长速度 = 定基发展速度 - 1 = \frac{累计增长量}{最初水平}$$

$$环比增长速度 = 环比发展速度 - 1 = \frac{逐期增长量}{前一时期水平}$$

$$年距增长速度 = 年距发展速度 - 1$$

值得注意的是,环比增长速度和定基增长速度是不能直接换算的。

【例4-7】 表4-10给出某地1999—2004年的人均国民生产总值资料,发展速度与增长速度的计算结果如表所示。

表4-10 某地1999—2004年人均国民生产总值

年份	人均国民生产总值(元)	发展速度(%)		增长速度(%)		增长1%的绝对值(元)
		定基	环比	定基	环比	
1999	488	100	—	—	—	—
2000	530	108.61	108.61	8.61	8.61	4.88
2001	607	124.39	114.53	24.39	14.53	5.30
2002	765	156.76	126.03	56.76	26.03	6.07
2003	859	176.02	112.29	76.02	12.29	7.65
2004	930	190.57	108.27	90.57	8.27	8.59

应用发展速度和增长速度指标时,应注意以下几个问题:

(1)发展速度与增长速度在涵义上有严格区别。"增加到"是指发展速度,"增加了"则是增长速度。后者指净增加的百分数或倍数,不包括基数。

(2)发展速度和增长速度不仅说明现象发展和增长的程度,同时也说明发展的方向。发展速度大于1,则增长速度为正值,说明现象的发展方向是上升的;反之则说明是下降的。

(3)在绝对数时间数列中,若中间水平有负数出现,则不宜和很难用速度指标进行分析,此时可用增长量指标。

(4)基期数值极小时,不宜用速度指标进行分析。

三、平均发展速度

1. 平均发展速度的概念

平均发展速度就是各环比发展速度的平均数,说明某种现象在一个较长时期内逐期平均发展变化的程度。平均发展速度对于预测未来,编制和检查长期规划以及不同地区、单位同一现象的对比分析起着很重要的作用。

2. 平均发展速度的计算

根据被平均现象的不同,在实际统计工作中,计算平均发展速度常用的方法有水平法和方程法两种。

(1) 水平法。水平法的实质是要求现象从最初水平 a_0 出发,各期均按平均发展速度 $\overline{X}$ 发展,经过 n 期后达到期末的理论水平等于实际的最末水平 a_n。水平法又叫几何平均法,水平法实质上是各期环比发展速度的序时平均数,而各期环比发展速度的连乘积又等于总速度(即定基发展速度),因而,计算各环比发展速度的序时平均数不能用算术平均法,而常用几何平均法。

设 X_i 代表各环比发展速度($i=1,2,\cdots,n$),$\overline{X}$ 代表平均发展速度,R 代表总发展速度,则用水平法计算平均发展速度的基本公式为:

$$\overline{X} = \sqrt[n]{X_1 \times X_2 \times \cdots \times X_n} \tag{4-1}$$

或

$$\overline{X} = \sqrt[n]{\frac{a_1}{a_0} \times \frac{a_2}{a_1} \times \cdots \times \frac{a_n}{a_{n-1}}}$$

因为

$$\frac{a_n}{a_0} = \frac{a_1}{a_0} \times \frac{a_2}{a_1} \times \cdots \times \frac{a_n}{a_{n-1}}$$

所以,计算平均发展速度的公式还可以表示为:

$$\overline{X} = \sqrt[n]{\frac{a_n}{a_0}} \tag{4-2}$$

或

$$\overline{X} = \sqrt[n]{R} \tag{4-3}$$

从公式(4-1)来看,应用水平法计算平均发展速度,是以整个时期中各个环比发展速度的大小为基础的。但从公式(4-2)及(4-3)来看,它是以最末水平 a_n 与最初水平 a_0 之比,即总发展速度 R 的高低为基础的。在最初水平 a_0 作为比较基础的情况下,平均发展速度的高低仅取决于最末水平 a_n 的大小。由于在水平法中,需要对根号下边的数字开 n 次方,而 n 往往又是一个较大的数字,可以应用电子计算器计算,也可应用对数方法进行计算。例如,根据表4-10中资料得 $a_0=488$ 元,$a_n=930$ 元,$n=5$,应用公式(4-2)得到某地人均国民生产总值平均发展速度:

$$\overline{X} = \sqrt[5]{\frac{930}{488}} = \sqrt[5]{1.9057} = 1.138 \text{ 或 } 113.8\%$$

用对数法计算为：

$$\lg \overline{X} = \frac{1}{5} \times (\lg 930 - \lg 488) = \frac{1}{5} \times (2.9685 - 2.6884) = 0.056$$

查反对数表得 $\overline{X}$=1.138 或 113.8%

（2）方程法。方程法又叫累计法，它是以各期发展水平的总和与基期水平之比为基础来计算的。用方程法计算平均发展速度的基本要求是，现象从最初水平 a_0 出发，各期均按平均发展速度 $\overline{X}$ 发展，则各期水平之和应等于各期实际发展水平之和 $\sum a$。据此有：

$$a_0 \overline{X} + a_0 \overline{X}^2 + a_0 \overline{X}^3 + \cdots + a_0 \overline{X}^n = a_1 + a_2 + \cdots + a_n = \sum a$$

则：

$$\overline{X} + \overline{X}^2 + \overline{X}^3 + \cdots + \overline{X}^n = \frac{\sum_{i=1}^{n} a_i}{a_0}$$

这个关于 $\overline{X}$ 的高次方程的正根就是所要求的平均发展速度。解这个高次方程可借助电子计算器。在实际统计工作中，可根据"平均增长速度查对表"，在已知总发展速度 R 和间隔期年数 n 的情况下，直接查出平均增长速度，进而计算出平均发展速度。

四、平均增长速度

平均增长速度是各环比增长速度的平均数，说明某种现象在一个较长时期内逐年平均增长变化的程度。平均增长速度与平均发展速度具有密切的联系，即：

平均增长速度＝平均发展速度－1(或 100%)

由于平均增长速度不能根据各个环比增长速度直接求得，所以，必须根据上述关系式先计算出平均发展速度，然后减 1(或 100%)求得平均增长速度。其差为正值，表示某种现象在一个较长时期中逐年平均递增的程度；其差为负值，表示某种现象在一个较长时期中逐年平均递减的程度。因此，平均增长速度也可以表现为"平均递减速度"或"平均递减率"。

平均增长速度是对经济社会现象进行动态分析的重要指标，可用来反映我国国民经济各个时期和社会发展各个阶段中的一般发展情况和增减情况，是编制和检查国民经济和社会发展计划的重要依据之一。

计算和应用平均速度指标时，应注意以下问题：

（1）正确选择计算平均速度的方法。应用几何平均法和方程式法求平均速度，它们的数理根据、计算方法、应用条件是不相同的。前者的侧重点是从最末水平出发进行研究，而后者则侧重从各期发展水平的累计总和出发进行研究。

因此,对同一资料,应用两种不同方法计算的结果是不相同的,有时可能会相差较大。应当根据时间数列的性质、研究的目的以及分析的要求来选择应用。例如,产品产量、工资额等,侧重于观察最末一年所达到的水平,用水平法计算平均速度较合适;而基建投资、植树造林的面积等侧重于观察累计数字,应当以方程式法计算平均速度为宜。

(2) 要结合具体研究的目的适当地选择基期,注意计算平均速度指标所依据的基本指标在整个研究时期的同质性。

(3) 用计算出的分段平均速度和突出的速度指标补充总平均速度。

第四节 时间数列的长期趋势测定

现象在时间上的发展变化是许多因素共同作用的结果。在这些因素中,有的是系统因素,对现象的发展起着决定性的作用;有的是偶然因素,对现象的发展起着临时性、非决定性的作用。认识这些因素对深入分析时间数列的数量特征十分重要。

一、时间数列的影响因素与构成模型

1. 时间数列的变动因素

影响时间数列的变动因素有长期趋势、季节变动、循环变动和不规则变动四种。

(1) 长期趋势。长期趋势是指现象由于受到某些决定性作用的影响,在一个较长时期内沿着某一方向所表现出的持续稳定发展变化的趋势,记为 T。这一方向可以是上升趋势,或下降趋势,也可以是一种水平趋势。例如,一国国民生产总值随时间变动呈增长的趋势,而产品单位成本由于劳动生产率提高或工艺水平的改进而呈下降的趋势。人口性别比例并不随时间变化而变化,基本保持在一个水平上。

(2) 季节变动。季节变动是指客观现象因受自然因素、社会习俗的影响,在一年内发生的较有规律的周期性变动,记为 S。例如,羽绒服的销售量在冬季上升,而在夏季下降;铁路、航空等客运量一般在节假日、春秋旅游旺季呈现高峰等。

(3) 循环变动。循环变动指现象在一年以上的时间内出现的有一定规律的周期性波动,记为 C。循环变动不同于长期趋势,它不是朝单一方向的持续发展,而是呈现出一种近乎规律性的循环交替波动。循环变动也不同于季节变动。季节变动通常以一年内季、月等为周期;循环变动的规律是一种自由规律,周期长短不一致。如长达 50~55 年的技术突破或技术革命引起的长周期波动;8~10 年因生产过剩或固定资产大规模更新引起的中周期波动;3~5 年的短期固

资产更新引起的短周期波动。

（4）不规则变动。不规律变动亦称剩余变动或随机变动，它是时间数列中除了上述三种变动之外剩余的一般变动，是各种偶然的（或突发性的）因素如战争、自然灾害以及无法预料和具体解释的随机性因素影响的结果，记为 I。不规则变动与时间无关。

2. 时间数列的构成模型

上述四种变动因素按一定的方式组合形成一种研究模式，称为时间数列构成模式或经典模式。时间数列的分析方法主要取决于对数列各构成部分是如何结合和相互作用所作的假设，目前有两种比较简单的假设，由此形成时间数列的两种构成模型。

（1）加法模式。加法模式是假设四种因素存在横向合成关系，即它们都是可计量的绝对数，以长期趋势为基础，将另外三种因素的影响一一叠加上去，也即数值偏离趋势部分的大小不随时间的改变而改变。其构成模型为：

$$Y = T + S + C + I$$

式中，Y 为总量指标时间数列；T 为长期趋势，也是总量指标，与 Y 同单位，S,C,I 为季节变动、循环变动和不规则变动对长期趋势所产生的偏差，或是正值，或是负值。在这种模式中，季节性影响在循环变动的各个阶段都是相同的。

（2）乘法模式。乘法模式是假设四种因素存在纵向加成关系，除长期趋势以绝对数计量外，其余三种因素都以相对数计量，也即数值偏离趋势部分的大小随时间的改变而改变。其构成模型为：

$$Y = T \times S \times C \times I$$

式中，Y,T 均为总量指标；S,C,I 不是正值或负值，而是在 1 上下波动的比率，或称为指数，表示季节变动、循环变动和不规则变动对长期趋势影响增加或减少的百分比。

实际应用中，无论哪种模式，并非四种变动俱在，往往在一个数列中仅包含其中部分因素。在社会经济统计中，主要采用乘法模式，从而形成以下几种不同组合方式：

$$Y = T \times I$$
$$Y = T \times S \times I$$
$$Y = T \times S \times C \times I$$

二、长期趋势的测定

在一个时间数列中，长期趋势是起决定作用的因素。研究长期趋势首先可以测定和分析过去一段相当长的时期内客观现象持续向上增长或向下降低的发展趋势,以此来认识和掌握现象发展变化的规律性。其次,通过分析现象发展的长期趋势,探求这种趋势的类型,可以对现象未来进行预测。

长期趋势的测定方法分两步:一是修匀数列,二是配合方程。为了反映现象发展变化的长期趋势,消除偶然因素对现象发展变化情况的影响,对时间数列进行的加工处理叫做数列的修匀。时间数列的修匀方法相当多,常用的方法有时距扩大法、移动平均法、最小平方法等。下面分别介绍这些方法。

(1) 时距扩大法。时距扩大法是将原时间数列资料适当合并,扩大时间间隔,得出一个较长时距的新数列,以此来消除偶然因素的影响,突出长期趋势的方法。

【例4-8】 表4-11给出了1992—2007年某村农民总收入的资料。

表4-11 1992—2007年某村农民总收入资料表　　单位:万元

年份	农民总收入	年份	农民总收入
1992	71.4	2000	84.5
1993	62.5	2001	93.2
1994	68.9	2002	88.3
1995	81.5	2003	93.2
1996	79.5	2004	94.7
1997	75.7	2005	90.0
1998	52.9	2006	99.0
1999	79.5	2007	100.4

资料显示1992—2007年该村农民总收入总体趋势是增加,但是有些年份下降。为了强化其长期趋势,用时距扩大法进行修匀,得到表4-12。

表4-12 1992—2007年某村农民总收入时距扩大表

单位:万元

年份	四年农民总收入
1992—1995	284.3
1996—1999	287.6
2000—2003	359.2
2004—2007	384.1

表4-12是我们用每四年合并为一期的方法得来的。从合并后的表可以一目了然地看出,该村农民总收入具有稳步增加的趋势。两表相比较,合并后的表比合并前的表更清晰地表现了时间数列的长期趋势。

(2)移动平均法。移动平均法采用对原有时间数列逐项递移的办法,分别计算一系列移动的序时平均数,由序时平均数形成一个新的时间数列。在这个新时间数列中,短期的偶然因素引起的变动被削弱,从而呈现出现象在较长时间的基本发展趋势。

【例4-9】 根据1992—2007年某村农民总收入资料计算的移动平均数列入表4-13中,各年农民总收入用 y_i 表示。

表4-13 1992—2007年某村农民总收入移动平均数计算表

单位:万元

年份	农民总收入	三年移动平均	五年移动平均	七年移动平均
1992	71.4	—	—	—
1993	62.5	67.60	—	—
1994	68.9	70.97	72.76	—
1995	81.5	76.63	73.62	70.34
1996	79.5	78.90	71.70	71.50
1997	75.7	69.37	73.82	74.64
1998	52.9	69.37	74.42	78.11
1999	79.5	72.30	77.16	79.09
2000	84.5	85.73	79.68	81.04
2001	93.2	88.67	87.74	83.76
2002	88.3	91.57	90.73	89.00
2003	93.2	92.07	91.88	91.84
2004	94.7	92.63	93.04	94.11
2005	90.0	94.57	95.46	—
2006	99.0	96.47	—	—
2007	100.4	—	—	—

表中按三年移动平均的和按五年移动平均的、按七年移动平均的各序时平

均数的计算过程是：

三年移动的第一个平均数为：
$$\bar{y}=\frac{y_1+y_2+y_3}{3}=\frac{71.4+62.5+68.9}{3}=67.60$$

三年移动的第二个平均数为：
$$\bar{y}=\frac{y_2+y_3+y_4}{3}=\frac{62.5+68.9+81.5}{3}=70.97$$

五年移动的第一个平均数为：
$$\bar{y}=\frac{y_1+y_2+y_3+y_4+y_5}{5}=\frac{71.4+62.5+68.9+81.5+79.5}{5}=72.76$$

五年移动的第二个平均数为：
$$\bar{y}=\frac{y_2+y_3+y_4+y_5+y_6}{5}=\frac{62.5+68.9+81.5+79.5+75.5}{5}=73.62$$

七年移动的第一个平均数为：
$$\bar{y}=\frac{y_1+y_2+y_3+y_4+y_5+y_6+y_7}{7}$$
$$=\frac{71.4+62.5+68.9+81.5+79.5+75.7+52.9}{7}=70.34$$

七年移动的第二个平均数为：
$$\bar{y}=\frac{y_2+y_3+y_4+y_5+y_6+y_7+y_8}{7}$$
$$=\frac{62.5+68.9+81.5+79.5+75.7+52.9+79.5}{7}=71.50$$

其余以此类推。

经过移动平均后所得的新数列显示产量上升的趋势更加明显。

移动平均法分析现象长期趋势时，应当注意以下几个问题：

①凡采用奇数项移动，求得的平均值都对正各时期的原数列值，一次平均即得修匀值。但若采用偶数项移动平均，则所得的平均值均对着原数列相邻两个数值的中间。因此，还须将移动平均值再两两移动平均，以使其平均值能与原数列数值对正。

②在确定移动平均的项数即时间长度时，如果现象有周期性变化，应以周期内的时期数为移动平均的项数。例如，所根据的是各年的季度资料，应取四项资料移动平均；根据的是各年每月资料，应取十二项资料移动平均。否则，趋势变动中所包含的周期变动就未能消除。

③移动平均后所得的修匀数列的项数较原数列的项数少。按奇数项移动平均所形成的新数列较原数列首尾各少 $\frac{N-1}{2}$ 项数值（N 为移动平均的项数）；按偶数项移动平均所形成的新数列较原数列首尾各少 $\frac{N}{2}$ 项数值。

④用移动平均法求出的新数列，一般不宜直接用来预测未来。

（3）最小平方法。最小平方法的数理根据是：通过数学模型，为时间数列所反映的现象长期发展趋势配合一条较为理想的趋势线。这条趋势线必须满足下述两点要求：

①原数列与趋势线离差总和为零；

②原数列（即各散点）与趋势线的离差平方和为最小值。

设 Y_i 代表原数列的实际值；Y_c 代表趋势值。则：

$$\sum (Y_i - Y_c) = 0$$

$$\sum (Y_i - Y_c)^2 = 最小值$$

现象的长期趋势无非表现为直线趋势和曲线趋势两种。最小平方法既可用于配合直线方程，也可用于配合曲线方程。在应用过程中，必须根据被研究现象发展变化情况，即可根据原有时间数列经过修匀后所反映出来的现象变动的特点，确定应配合的趋势线的类型。也可以根据原时间数列的数值，在直角坐标上绘制散点图，根据散点图的特点来确定应配合直线方程还是曲线方程。

三、直线趋势的测定

当时间数列各逐期增长水平大致相等时，我们可以利用最小平方法配合直线方程来描述其发展变化的趋势。具体做法是：

设直线趋势方程为：$Y_c = a + bt_i$ $(i = 1, 2, 3, \cdots, n)$

式中，Y_c 代表时间数列的长期趋势值；t_i 代表时间，通常以时间序号来表示；a 代表当 $t = 0$ 时，Y 的数值；b 代表当 t 每变动一个单位时，Y_c 平均增加（或减少）的数量。

根据最小平方法的基本要求：$Q = \sum (Y_i - Y_c)^2 = \sum (Y_i - a - bt_i)^2$

为使 Q 达到最小值，则对直线趋势方程中的两个待定参数 a 和 b 求偏导数并令其等于 0。由此可得关于 a 和 b 的二元一次标准方程组：

$$\begin{cases} \sum Y_i = na + b \sum t_i \\ \sum t_i Y_i = a \sum t_i + b \sum t_i^2 \end{cases}$$

式中 n 为原时间数列的项数。

解方程组可得:

$$a = \overline{Y} - b\overline{t}$$

$$b = \frac{n\sum t_i Y_i - \sum Y_i \times \sum t_i}{n\sum t_i^2 - (\sum t_i)^2}$$

得到趋势方程后，将 t_i 分别代入该直线趋势方程，就可计算出各期的趋势值。

【例 4-10】 某企业 1997—2007 年增加值资料如表 4-14 所示，试用最小平方法配合趋势直线。

表 4-14 某企业 1997—2007 年增加值直线趋势方程计算表

年份	时间序号 t_i	企业增加值 Y_i（万元）	$t_i Y_i$	t_i^2	Y_c（万元）
1997	1	581	581	1	568.70
1998	2	626	1 252	4	613.16
1999	3	665	1 995	9	657.62
2000	4	650	2 600	16	702.08
2001	5	716	3 580	25	746.54
2002	6	803	4 818	36	791.00
2003	7	892	6 244	49	835.46
2004	8	888	7 104	64	879.92
2005	9	900	8 100	81	924.38
2006	10	957	9 570	100	968.84
2007	11	1 023	11 253	121	1 013.30
合计	66	8 701	57 097	506	8 701.00

将表 4-14 中各栏资料的合计数代入标准方程：

$$\begin{cases} \sum Y_i = na + b\sum t_i \\ \sum t_i Y_i = a\sum t_i + b\sum t_i^2 \end{cases}$$

得

$$b = \frac{n\sum t_i Y_i - \sum Y_i \times \sum t_i}{n\sum t_i^2 - (\sum t_i)^2} = \frac{11 \times 57\,097 - 8\,701 \times 66}{11 \times 506 - 66^2} = 44.46$$

$$a = \bar{Y} - b\bar{t} = \frac{\sum Y_i}{n} - b \times \frac{\sum t_i}{n} = \frac{8\,701}{11} - 44.46 \times \frac{66}{11} = 524.24$$

则直线趋势方程为：$Y_c = a + bt = 524.24 + 44.46t$

将 t_i 分别代入该直线趋势方程，可以计算出表 4-14 最右边一栏的各期趋势值。

在实践中，有时为了计算方便，也可以采用原点法即使 $\sum t_i = 0$ 的方法来设定时间的序号。用原点法设定时间的序号时，要根据原数列的项数的奇偶性来选用不同方法。

如果原数列的项数是奇数，则令中间年份的时间序号为零，原点之后各年的 t 取正值 $(1, 2, 3, \cdots, \frac{n}{2})$，原点之前各年的 t 取负值 $(-1, -2, -3, \cdots, -\frac{n}{2})$，使 $\sum t_i = 0$。

若数列项数为偶数时，要使 $\sum t_i = 0$，则中间相邻两项的时间序号应分别是 -1 和 1，此时，时间数列各期序号为：$-\frac{n-1}{2}, \cdots, -3, -1, 1, 3, \cdots, \frac{n-1}{2}$，使 $\sum t_i = 0$。

则标准方程组可简化为：

$$\begin{cases} \sum Y_i = na \\ \sum t_i Y_i = b \sum t_i^2 \end{cases}$$

解之，求得：$a = \dfrac{\sum Y_i}{n}, \quad b = \dfrac{\sum t_i Y_i}{\sum t_i^2}$

现仍以某企业 1997—2007 年增加值资料（表 4-14）为例，用原点法设定时间序号，用最小平方方法配合趋势直线，得到表 4-15 的计算资料，将各栏合计数代入上述公式得：

$$a = \frac{\sum Y_i}{n} = \frac{8\,701}{11} = 791$$

$$b = \frac{\sum t_i Y_i}{\sum t_i^2} = \frac{4\,891}{110} = 44.46$$

所求直线趋势方程为：$Y = a + bt = 791 + 44.46t$

表4-15 某企业1997—2007年增加值直线趋势方程计算表（原点法）

年份	时间序号 t_i	企业增加值 Y_i（万元）	t_iY_i	t_i^2	Y_c（万元）
1997	－5	581	－2 905	25	568.70
1998	－4	626	－2 504	16	613.16
1999	－3	665	－1 995	9	657.62
2000	－2	650	－1 300	4	702.08
2001	－1	716	－716	1	746.54
2002	0	803	0	0	791.00
2003	1	892	892	1	835.46
2004	2	888	1 776	4	879.92
2005	3	900	2 700	9	924.38
2006	4	957	3 828	16	968.84
2007	5	1 023	5 115	25	1 013.30
合计	0	8 701	4 891	110	8 701.00

同样，将 t 值代入趋势方程，也可求出各年趋势值。

从这个例子中，我们可以看出用一般方法设定时间序号与用原点法设定时间序号所得到的趋势方程是不同的，但是它们的预测值一定是相同的。

四、曲线趋势的测定

当时间数列逐期增长水平大致相同时，我们配合了直线趋势方程。实践中，有些现象的长期趋势是曲线的，如抛物线、指数曲线等。对于这一类趋势的测定，一般有两种方法：一是将曲线模型通过数学手段转化为直线模型，同时对数据也作相应转化，用转化后的数据配合直线趋势方程，最后再还原为曲线模型；二是仍然利用最小平方法直接配合曲线模型。

一般来说，如果时间数列的二次逐期增长水平大体相同，可拟合抛物线趋势方程；如果时间数列的各期环比速度大体相同，可配合指数曲线趋势方程。

1. 抛物线趋势方程的配合

设抛物线趋势方程为 $Y_c = a + bt + ct^2$，方程中有三个待定参数 a, b, c。

按最小平方法得出由下列三个标准方程联立的关于 a, b, c 的三元一次标准方程组：

$$\begin{cases} \sum Y_i = na + b\sum t_i + c\sum t_i^2 \\ \sum t_i Y_i = a\sum t_i + b\sum t_i^2 + c\sum t_i^3 \\ \sum t_i^2 Y_i = a\sum t_i^2 + b\sum t_i^3 + c\sum t_i^4 \end{cases}$$

同样,当 $\sum t_i = 0$ 时,可简化为:

$$\begin{cases} \sum Y_i = na + c\sum t_i^2 \\ \sum t_i Y_i = b\sum t_i^2 \\ \sum t_i^2 Y_i = a\sum t_i^2 + c\sum t_i^4 \end{cases}$$

【例 4-11】 根据表 4-16 所示的某地区手机的销售额资料,配合抛物线趋势方程。

表 4-16 某地区手机销售额趋势计算表

年份	销售额 Y_i(万元)	时间序号 t_i	t_i^2	t_i^4	$t_i Y_i$	$t_i^2 Y_i$	Y_c(万元)
1998	35	−9	81	6 561	−315	2 835	37.069
1999	35	−7	49	2 401	−245	1 715	35.563
2000	37	−5	25	625	−185	925	35.841
2001	38	−3	9	81	−144	342	37.903
2002	43	−1	1	1	−43	43	41.749
2003	46	1	1	1	46	46	47.379
2004	55	3	9	81	165	495	54.793
2005	63	5	25	625	315	1 575	63.991
2006	75	7	49	2 401	525	3 675	74.973
2007	90	9	81	6 561	810	7 290	87.739
合计	517	0	330	19 338	929	18 941	517.000

将表 4-16 各栏合计数代入标准方程($n=10$)得:

$$\begin{cases} 517 = 10a + 330c \\ 929 = 330b \\ 18\,941 = 330a + 19\,338c \end{cases}$$

解方程组得:

$$a = 44.341, \quad b = 2.815, \quad c = 0.223$$

则某地区手机销售额的抛物线趋势方程为:

$$Y_c = 44.341 + 2.815t + 0.223t^2$$

2. 指数曲线的配合

设指数曲线方程为 $Y_c = ab^t$。式中，a, b 是待定参数。两边取对数，有：
$$\lg Y_c = \lg a + t \lg b$$
令 $Y' = \lg Y_c, A = \lg a, B = \lg b$，则有
$$Y' = A + Bt$$

这样，指数曲线方程就转化为直线方程了。当 $\sum t = 0$ 时，用最小平方方法求出 A, B 值为：

$$A = \frac{\sum Y'}{n} = \frac{\sum \lg Y}{n}$$

$$B = \frac{\sum tY'}{\sum t^2} = \frac{\sum t \lg Y}{t^2}$$

根据计算出的 A, B 值查反对数表，就可求得参数 a, b 的值。

第五节 季节变动分析和循环变动分析

一、季节变动的含义与测定

1. 季节变动的含义

季节变动是指客观现象因受自然因素、社会习俗的影响，在一年内发生的较有规律的周期性变动。季节变动比较典型的例子是农业生产中淡季与旺季某种农产品的供给与需求的变动。农业生产的季节性又影响到农产品加工工业生产的季节性以及农产品购销、运输等活动的季节性。又如，城市公共交通客运量在每日内随着上下班时间发生的变动，等等。

季节变动有时会给社会生产和人们生活带来某些不良影响。研究季节变动的主要目的在于认识和掌握季节变动的规律性，从而克服由于季节变动引起的不良影响，以便更好地为组织生产、安排人民生活提供资料。

2. 季节变动的测定

测定季节变动的方法很多，大体上可以分为两类：一是不考虑长期趋势的方法，如按月(季)平均法；二是考虑长期趋势的方法，如移动平均趋势剔除法。

移动平均趋势剔除法实际上是移动平均法和按月(季)平均法的结合应用。它首先用移动平均法测定现象的长期趋势，求出各月(季)的趋势值；然后计算各月(季)实际值与趋势值的比率，以剔除长期趋势对各月(季)数据的影响；最后计

算各月(季)的季节比率。移动平均趋势剔除法相对准确,但是其运算过程相对复杂。与此相比,按月(季)平均法简便易行,故这里仅介绍按月(季)平均法。

【例 4-12】 已知某禽蛋加工厂五年按月生产量资料,见表 4-17,以此资料测定季节变动。

表 4-17 某禽蛋加工厂生产量季节比率计算表(按月平均法)   单位:吨

年份 月份	第一年 a_{i1}	第二年 a_{i2}	第三年 a_{i3}	第四年 a_{i4}	第五年 a_{i5}	五年合计 $\sum_{j=1}^{5} a_{ij}$	月平均 $\overline{a_i}$	季节比率 $\dfrac{\overline{a_i}}{a}\%$
1 月 a_{1j}	10	15	22	23	25	95	19.0	42.66
2 月 a_{2j}	50	54	60	64	70	293	59.6	133.84
3 月 a_{3j}	80	85	88	90	93	436	87.2	195.81
4 月 a_{4j}	90	93	95	99	98	475	95.0	213.32
5 月 a_{5j}	50	51	56	60	62	279	55.8	125.30
6 月 a_{6j}	20	22	23	30	32	127	25.4	57.04
7 月 a_{7j}	8	9	9	11	13	50	10.0	22.46
8 月 a_{8j}	9	9	10	12	14	54	10.8	24.25
9 月 a_{9j}	10	11	14	15	19	69	13.8	30.99
10 月 a_{10j}	60	75	81	85	90	391	78.2	175.60
11 月 a_{11j}	50	54	56	59	61	280	56.0	125.75
12 月 a_{12j}	20	22	23	25	28	118	23.6	52.99
合计 $\sum_{i=1}^{12} a_{ij}$	457	500	537	573	605	2 672	534.4	1 200.00
年平均 $\overline{a_j}$	38.08	41.67	44.75	47.75	50.42	—	44.53	—

用按月(季)平均法分析季节变动的步骤是:

① 分别将每年各月(季)数字加总,求各该年的月(季)平均数。计算公式如下:

$$\overline{a_j} = \frac{\sum_{i=1}^{n} a_{ij}}{n}$$

其中:i 代表月(季)数,$i=1,2,\cdots,n$;j 代表周期数(年数),$j=1,2,\cdots,k$。在按月编制的时间数列中 $n=12$,在按季编制的时间数列中 $n=4$。

② 将各年相同月(季)数字加总,求各年相同月(季)平均数。计算公式如下:

$$\overline{a} = \frac{\sum_{j=1}^{k} a_{ij}}{k}$$

式中:k 为年数(周期数)。

③计算整个时间数列总的月(季)平均数。计算公式为:

$$\overline{a} = \frac{\sum_{j=1}^{k} \overline{a_j}}{k} \quad \text{或} \quad \overline{a} = \frac{\sum_{i=1}^{n} \overline{a_i}}{n}$$

④分别计算各月(季)的季节比率。季节比率又称为季节指数,其计算公式为:

第 i 月(季)的季节比率 $= \dfrac{\overline{a_i}}{\overline{a}} \times 100\%$

例如:1 月份季节比率 $= \dfrac{19}{44.53} \times 100\% = 42.66\%$

2 月份季节比率 $= \dfrac{59.6}{44.53} \times 100\% = 133.84\%$

其余各月依次类推。

各月份季节比率之和应该等于 1 200%。(若是按季度编制的时间数列,各季度的季节比率之和等于 400%)。若有误差,系由计算过程中小数四舍五入所致,应进行调整。

从本例的计算过程可以看出:由于受气候变化影响,该厂的产量存在明显的季节变动。春秋两季为生产旺季,尤以 3 月份和 4 月份为最高;夏冬两季,进入淡季,尤以 7,8,9 三个月为最低。

二、循环变动的含义与测定

1. 循环变动的含义

循环变动指现象在一年以上的时间内出现的有一定规律的周期性波动。循环变动不同于季节变动的最大之处是其变动周期在一年以上,且其周期长短不一。循环变动存在于很多经济和社会现象中。例如,一种产品的寿命一般要经历由试制、成长、成熟和衰退直至被其他新产品所替代这样一种循环过程。认识和掌握事物循环变动的规律,可以预见下一个循环周期可能出现的各种影响,充分利用有利的时机,防止其不利因素的影响,对一个国家把握经济波动,进行宏观调控以及制定经济政策都有着重要的现实意义。

2. 循环变动的测定

测定循环变动的方法主要有直接法和剩余法两种。

(1)直接法。直接法是每年各月(季)数值与上一年同月(季)数值相比,求得循环变动相对数,来反映现象循环变动的一种方法。该方法与实际工作中计算年距发展速度是等同的。其作用在于消除现象受季节变动的影响,使现象发展变动程度和趋势明显地表现出来。

其计算公式是：

$$CI_{t,i} = \frac{Y_{t,i}}{Y_{t-1,i}} \quad (i=1,2,3,\cdots,12 \text{ 月，或 } i=1,2,3,4 \text{ 季度})$$

式中：$CI_{t,i}$ 是第 t 年 i 月的循环变动相对数；

$Y_{t,i}$ 是第 t 年 i 月的时间数列数值；

$Y_{t-1,i}$ 是第 $t-1$ 年 i 月的时间数列数值。

直接法计算简便，但准确性差，受原有数列中的长期趋势和不规则变动影响大。

（2）剩余法。剩余法是先从原数列中分解出长期趋势和季节变动，再以原数列除以趋势分量和季节分量，剩余的就是循环分量和不规则分量，再通过平均的方法消除不规则分量，最后得到只剩循环变动的新数列。

附录：Excel 在动态数列分析中的应用

一、利用 Excel 的函数功能计算平均发展水平

平均发展水平的计算可利用 AVERAGE 函数来完成。

1. 用表 4-18 来说明时期数列的平均发展水平的计算

表 4-18　我国国内生产总值表

年份	国内生产总值（亿元）
1991	21 781
1992	26 923
1993	35 334
1994	48 198
1995	60 794
1996	71 177
1997	78 973
1998	84 402
1999	98 677
2000	99 215
2001	109 655
2002	120 333
2003	135 823
2004	159 878
2005	183 085

(1) 数据输入。在单元格 A1 中输入"年份",在单元格 A2 至 A16 中分别输入 1991—2005(可用自动填充功能);在单元格 B1 中输入"国内生产总值(亿元)",在单元格 B2 至 B16 中分别输入对应的国内生产总值数值。

(2) 在单元格 A17 中输入"国内生产总值的年平均水平"字样,在单元格 B17 中输入计算公式"=AVERAGE(B2:B16)",按 Enter 键后即在单元格 B17 中显示计算结果"88 349.87"。

2. 用表 4–19 来说明间隔不等的时间数列的平均发展水平的计算

表 4–19　某公司某年职工人数表

时间	1月初	4月初	9月初	12月末
职工人数(人)	1 300	1 280	1 450	1 530

(1) 数据输入。在单元格 A1 中输入"职工人数",在单元格 A2 至 A5 中分别输入各时点的数值;在单元格 B1 中输入"间隔长度(月)",在单元格 B3 至 B5 中分别输入"3,5,4",在单元格 B6 中单击自动求和图标Σ,或输入公式"=SUM(B3:B5)"得到分母的数值"12"。

(2) 在单元格 C1 中输入"两时点间的平均",在单元格 C3 中输入公式"=(A2+A3)/2",在单元格 D3 中输入公式"=C3*B3",按 Enter 键后用鼠标选定单元格 C3 和 D3,将它们的公式向下复制到单元格 C5 至 D5;在单元格 D6 中单击自动求和图标Σ,或输入公式"=SUM(D3:D5)"得到分子的数值"16 655"。

(3) 在任一空白单元格中输入公式"=D6/B6",按 Enter 键后即显示平均职工人数的计算结果"1 387.917"。

二、利用 Excel 计算速度指标

下面仍以表 4–18 的计算过程来说明。

(1) 数据输入。在单元格 A1 中输入"年份",在单元格 A2 至 A16 中分别输入 1991—2005(可用自动填充功能);在单元格 B1 中输入"国内生产总值(亿元)",在单元格 B2 至 B16 中分别输入对应的国内生产总值数值。

(2) 在单元格 C1 中输入"逐期增长量"字样,在单元格 C3 中输入公式"=B3-B2",按 Enter 键后单元格 C3 的公式向下复制到 C16,即可得到各年逐期增长量。

(3) 在单元格 D1 中输入"累计增长量"字样,在单元格 D3 中输入公式"=B3-B2",按 Enter 键后单元格 D3 的公式向下复制到 D16,即可得到各年累计增长量。

(4) 在 E1 中输入"环比发展速度(%)"字样,在单元格 E3 中输入公式"＝B3/B2*100",按 Enter 键后单元格 E3 的公式向下复制到 E16,即可得到各年环比发展速度。

(5) 在 F1 中输入"定基发展速度(%)"字样,在单元格 F3 中输入公式"＝B3/\$B\$2*100",按 Enter 键后单元格 F3 的公式向下复制到 F16,即可得到定基发展速度。

(6) 在单元格 G1 和 H1 中分别输入"环比增长速度(%)"和"定基增长速度(%)"字样,在单元格 G3 中输入公式"＝E3－100",按 Enter 键后将单元格 G3 的公式向右复制到 H3,按 Enter 键后再用鼠标选定单元格 G3 和 H3,将它们的公式向下复制到单元格 G16 和 H16,即可得到环比增长速度和定基增长速度。

(7) 在单元格 A17(或任一空白单元格)中输入"平均发展速度(%)"字样,在其后的单元格 B17 中输入公式"＝(B16/B2)^(1/15)*100";或者在单元格 F17 中输入公式"＝(F16/100)^(1/15)*100",按 Enter 键后都显示计算结果。

思考与练习

一、简答题

1. 什么是时间数列？怎样编制时间数列？
2. 时间数列有几种？它们之间有什么关系？
3. 动态平均数(序时平均数)与静态平均数(一般平均数)有什么区别？
4. 什么是平均发展水平？计算平均发展水平有哪些方法？
5. 如何由相对数时间数列或平均数时间数列计算序时平均数？
6. 如何根据定基增长速度推算环比增长速度？如何根据环比增长速度推算定基增长速度？
7. 计算平均发展速度的水平法与方程法有什么不同？
8. 翻番指标应当如何计算？根据水平法的计算原理,你能列出翻番指标的计算公式吗？
9. 什么是长期趋势？测定长期趋势的常用方法有哪几种？各自具有什么特点？
10. 什么是季节变动,如何测定？
11. 如何测定循环变动？

二、计算题

1. 根据以下资料计算该地区 2007 年平均人口数。

时间	2006 年 12 月 31 日	2007 年 3 月 31 日	2007 年 6 月 30 日	2007 年 8 月 31 日	2007 年 12 月 31 日
人口数（万人）	140	144	143	145	147

2. 某企业 2008 年 4 月份几次工人数变动登记如下，试计算 4 月份平均人数。

时间	4 月 1 日	4 月 11 日	4 月 16 日	5 月 1 日
工人数（人）	1 210	1 240	1 300	1 270

3. 某企业 2008 年各季度计划产值和产值计划完成程度的资料如下：

季度	计划产值（万元）	产值计划完成（%）
第一季度	860	130
第二季度	887	115
第三季度	875	98
第四季度	898	105

试计算该企业年度产值计划平均完成百分比。

4. 2002—2007 年各年底某企业职工人数和工程技术人员数资料如下：

年份	职工人数（人）	工程技术人员数（人）
2002	1 000	50
2003	1 020	50
2004	1 080	52
2005	1 120	60
2006	1 218	78
2007	1 425	82

试计算工程技术人员占全部职工人数的平均比重。

5. 某工厂 2007 年上半年工人数和工业总产值资料如下。另外，7 月初工人数为 2 250 人。

月份	月初工人数(人)	总产值(万元)
1	1 850	250
2	2 050	272
3	1 950	271
4	2 150	323
5	2 216	374
6	2 190	373

根据上述资料计算：
(1) 上半年平均工人数及上半年月平均总产值。
(2) 上半年月平均劳动生产率。
(3) 上半年劳动生产率。
(4) 比较第一季度与第二季度月平均劳动生产率情况。

6. 根据下表已有的数字资料，运用动态指标的相互关系，确定时间数列的发展水平和表中所缺的定基动态指标。

	增加值（万元）	定基动态指标		
		增长量（万元）	发展速度（％）	增长速度（％）
1998	741	—	100	—
1999		59		
2000			115.6	
2001				23.9
2002			131.7	
2003		298		
2004			149.9	
2005				55.2
2006		461		
2007			167.2	

7. 某地区粮食产量 2000—2002 年平均发展速度是 103％，2003—2004 年平均发展速度是 105％，2005 年比 2004 年增长 6％，试求 2000—2005 年六年的平均发展速度。

8. 甲、乙两国 2002—2007 年某产品产量资料如下：

年份	产量(万吨)	
	甲国	乙国
2002	3 190	4 820
2003	3 290	4 940
2004	3 400	5 040
2005	3 620	5 140
2006	3 800	5 242
2007	4 000	5 346

试计算：

(1) 甲、乙两国产量的年平均增长速度(以2002年为基期)。

(2) 2007年后按此速度，两国同时增长，甲国产量要在哪年才能赶上乙国？

(3) 如果甲国要在2010年赶上乙国产量，则2007年后每年应增长百分之几？

9. 1995年我国国民生产总值5.76万亿元。"九五"的奋斗目标是，到2000年增加到9.5万亿元；远景目标是，2010年比2000年翻一番。试问：

(1) "九五"期间将有多大的平均增长速度。

(2) 1996—2010年(以1995年为基期)平均每年发展速度多大才能实现远景目标？

(3) 如果2010年人口控制在14亿内，那时人均国民生产总值达到多少元？

10. 某地区各年粮食总产量如下表所示：

年份序号	产量(万吨)	年份序号	产量(万吨)
1	230	6	257
2	236	7	262
3	241	8	276
4	246	9	281
5	252	10	286

要求：

(1) 试检查该地区的粮食生产发展趋势是否接近直线？

(2) 如果是直线型的，请用最小平方法配合直线趋势方程。

(3) 预测第12年的粮食生产水平。

11. 某地区2005—2007年社会商品零售总额资料如下：

单位:万元

年份	一季度	二季度	三季度	四季度
2005	497.0	444.6	446.8	534.7
2006	537.0	488.9	471.0	573.8
2007	600.4	533.9	516.1	642.7

(1) 试用移动平均法计算四季移动平均数。

(2) 利用最小平方法配合直线趋势方程,并计算 2005—2007 年各季度的社会商品零售总额趋势值。

(3) 用简单平均法计算该地区社会商品零售总额的季节指数。

第五章 统计指数

统计指数是社会经济统计中历史最悠久,应用最广泛,与经济社会生活最密切的一种重要的统计方法。随着指数理论的发展,统计指数已经不再是艰深的专业术语。它不但是人们进行投资、观察社会经济发展变化的晴雨表,同时也是人们分析经济社会形势和进行景气预测的工具,而且还被广泛应用于经济效益、生活质量、综合国力、企业竞争力、社会发展水平的综合评价研究。

第一节 统计指数的概念及分类

指数最初产生于对物价变动的测定。从 1650 年英国学者赖斯沃汉(Rice Voughan)为了计算货币交换价值的变动而编制了人类历史上第一个统计指数至今,在 300 多年的历史中,统计指数从物价指数扩展到了工业、进出口、运输、工资、成本、生活费用、股票证券等各个方面。它不但能够反映物价的变动,也能反映物量的变动;不但能够反映现象在不同时间上的变动,也能反映现象在不同地区之间的比较。

一、统计指数的概念

指数的概念有广义和狭义之分。从广义讲,凡是说明经济社会现象在时间、空间上的变化以及计划完成的相对数都称为指数。前面有关章节所讲的相对数都可以归纳为统计指数。

从狭义讲,指数是一种特殊的相对数,它是用来表明复杂社会经济现象总体综合变动的动态相对数。复杂经济社会现象是指由许多不能直接相加或不能直接对比的各因素所构成的经济社会现象。例如,在统计研究中,要综合地说明某一个百货店的总销售量的变化时,由于各种商品的使用价值不同,其销售量是不能直接加总的,该百货店的商品就构成一个复杂社会经济现象。再如,要综合地说明全部工业产品产量的增长程度时,产品的产量不能直接加总,全部的工业产品也是个复杂社会经济现象。此时,我们就要用统计指数来解决诸如此类的问

题。在统计实践中,指数具有很重要的作用,表现为:

（1）指数能综合反映复杂经济社会现象在总体上综合变动的方向、程度和绝对效果。例如某百货店的商品销售量在不同时期有的增加,有的减少,变动方向不一致,有的增加多,有的增加少,变动程度也不一致,通过计算销售量总指数可以反映这个百货商店所有商品在销售量上的综合变动方向、程度和绝对效果。

（2）指数能分析经济社会现象总变动中,各个因素的变动对总变动的影响方向和影响程度。许多经济社会现象总变动是由构成它们的诸因素变动综合影响的结果。例如,产值的变动受产量和价格两个因素的影响。指数分析法可以研究产值的变动中,由于产量的变动对产值的影响方向和影响程度,由于价格的变动对产值的影响方向和影响程度。

（3）指数能反映现象的长期变动趋势。按时间顺序将不同时期的某种指数排列起来所形成的指数数列,可以用来说明现象综合变动的趋势。同时,将几个有联系而性质不同的现象的指数数列结合起来对比分析,可以表明这些现象之间的变化差异和相互联系的情况。

二、统计指数的分类

1. 个体指数和总指数

统计指数按其反映对象范围的不同,可以分为个体指数和总指数。个体指数是反映个别现象变动的相对数。例如:某种商品的价格变动或产量的变动等。个体指数用 K 表示,例如:

个体物价指数　　$K_p = \dfrac{p_1}{p_0}$

个体产量指数　　$K_q = \dfrac{q_1}{q_0}$

式中,p 代表商品或产品的单价,q 代表产量。

在指数编制中,通常用 p 代表质量指标,用 q 代表数量指标。下标 1 代表报告期,下标 0 代表基期。总指数是说明现象总体数量综合变动的相对数。例如:工业总产量指数、零售物价总指数、成本总指数等。在统计分组的情况下,还可以计算各组的总指数,称为组指数或类指数。类指数实际上也是总指数。总指数一般用 $\overline{K}$ 表示,本章主要介绍总指数的编制方法。

2. 数量指标指数和质量指标指数

统计指数按其所反映的经济社会现象特征的不同,分为数量指标指数和质量指标指数。数量指标指数简称数量指数,是反映数量指标在动态上变动的相对数,如销售量指数、工业产品产量指数、职工人数指数等。质量指标指数简称质量指数,是反映质量指标在动态上变动的相对数,如物价指数、成本指数、劳动生产率指数等。

3. 定基指数和环比指数

统计指数按其所采用的基期不同,可分为定基指数和环比指数。定基指数是指在指数数列中,各个指数都是以某一固定时期水平为基期计算的指数。环比指数是指在指数数列中,各个指数都是以前一期水平为基期计算的指数。

4. 总量指标指数和平均指标指数

指数按编制方法不同,可分为总量指标指数和平均指标指数。

总量指标指数是通过同度量因素,把不能直接加总的因素转化为可以同度量的总量指标后加以对比而形成的指数,它反映总量指标在动态上的综合变动情况。总量指标指数的编制方法有两种,一是先综合后对比的综合指数;另一种是以个体指数作为变量,采用加权平均数的形式编制的平均式指数。平均式指数又包括加权算术平均式指数和加权调和平均式指数。

平均指标指数也称总平均式指数,是通过两个平均指标的对比而形成的指数,它反映平均指标在动态上的综合变动情况。平均指标指数包括可变构成指数、固定构成指数和结构影响指数。

第二节 总量指标指数的编制及应用

总量指标指数是总指数中最为重要的组成部分,它是由两个总量指标对比形成的指数。根据编制方法的不同,总量指标指数又可以分为综合指数和平均式指数。下面分别说明它们的编制方法。

一、综合指数

综合指数是由两个总量指标对比形成的指数,它通过先综合后对比的方法计算。其计算原理是通过同度量因素将不能直接相加的复杂现象变为两个能够相加的总量指标,然后进行对比求得的动态相对数。

综合指数编制的关键是确定同度量因素和选择同度量因素时期。

同度量因素是指把不能直接加总的现象转化成能够加总的现象总量的媒介因素。它有两个作用,一是媒介作用,另一是权数作用。作为媒介,同度量因素将不能直接相加的指标数值过渡到在经济意义上可以相加的数值。通常,我们要根据指标之间的经济意义,特别是要借助于指标体系来确定同度量因素。如研究销售量变化时,通过价格将销售量变为销售额,此时的价格即为同度量因素；同理，在研究价格动态变化时，通过销售量将价格变为销售额，此时的销售量即为同度量因素。作为权数，同度量因素起到了权衡各种事物相对重要地位的作用。如要研究销售量变化时，通过价格将销售量变为销售额，而各种商品的价格不同，这种差异实际上是给不同商品的销售量赋予了不同的权重，从而把各种商品的重要性考虑进去了。

同度量因素固定的时期有多种选择，由此形成拉氏指数、派氏指数等不同方法。

拉氏指数是将同度量因素固定在基期编制的指数，它是由德国经济学家埃蒂恩·拉斯贝尔(Etienne Laspeyres,1834—1913)于1864年提出的，指数公式被称作拉氏公式。其价格指数和物量指数的公式如下：

价格指数 $\overline{K}_p = \dfrac{\sum p_1 q_0}{\sum p_0 q_0} = \dfrac{\sum \dfrac{p_1}{p_0} p_0 q_0}{\sum p_0 q_0}$

物量指数 $\overline{K}_q = \dfrac{\sum q_1 p_0}{\sum q_0 p_0} = \dfrac{\sum \dfrac{q_1}{q_0} q_0 p_0}{\sum q_0 p_0}$

派氏指数是将同度量因素固定在报告期编制的指数，它是由德国经济学家哈曼·派许(Hermann Paasche,1851—1925)于1874年提出的，指数公式被称作派氏公式。其价格指数和物量指数的公式如下：

价格指数 $\overline{K}_p = \dfrac{\sum p_1 q_1}{\sum p_0 q_1} = \dfrac{\sum p_1 q_1}{\sum \dfrac{p_0}{p_1} p_1 q_1}$

物量指数 $\overline{K}_q = \dfrac{\sum q_1 p_1}{\sum q_0 p_1} = \dfrac{\sum q_1 p_1}{\sum \dfrac{q_0}{q_1} q_1 p_1}$

拉氏指数和派氏指数都有其特点和一定的适用条件。由于经济社会现象极其复杂，任何一种指数形式都不可能一应俱全地满足多方面需要。因此，当我们强调按编制指数的经济意义选择指数的权数或同度量因素时，还要注意根据具体的研究对象和条件选择指数公式。

在我国的统计实践中，往往数量指标指数选用拉氏公式，质量指标指数选用派氏公式。下面举例说明数量指标指数和质量指标指数的编制方法。

1. 数量指标指数的编制

数量指标指数简称数量指数，是反映数量指标在动态上变动的指数，通常用来反映总体规模和总水平在动态上的变动情况。现以商品销售量指数为例，说明数量指标综合指数的计算方法。

【例 5-1】 假定某商业企业经营的三种商品的数量及相应的商品价格资料如表 5-1 所示,计算三种商品的销售量个体指数和销售量总指数。

表 5-1 某年某商业企业商品销售情况

商品名称	计量单位	销售量		价格(元)		销售额(元)		按基期价格计算的报告期销售额(元) p_0q_1
		基期 q_0	报告期 q_1	基期 p_0	报告期 p_1	基期 p_0q_0	报告期 p_1q_1	
甲	吨	200	250	150	150	30 000	37 500	37 500
乙	件	250	255	60	65	15 000	16 575	15 300
丙	台	20	22	4 000	4 200	80 000	92 400	88 000
合计	—	—	—	—	—	125 000	146 475	140 800

首先,计算三种商品的销售量个体指数:

$$K_\text{甲} = \frac{q_1}{q_0} = \frac{250}{200} = 1.25 \text{ 或 } 125\%$$

$$K_\text{乙} = \frac{q_1}{q_0} = \frac{255}{250} = 1.02 \text{ 或 } 102\%$$

$$K_\text{丙} = \frac{q_1}{q_0} = \frac{22}{20} = 1.10 \text{ 或 } 110\%$$

计算结果表明:甲商品的销售量增长了 25%,乙商品的销售量增长了 2%,丙商品的销售量增长了 10%。

那么三种商品销售的综合变动情况如何呢?这就要计算销售量总指数。计算销售量总指数时,由于这三种商品的使用价值不同、计量单位不同,因而它们的销售量不能直接加总,要加总就必须借助一个媒介因素即价格,将不能加总的销售量乘以价格就转化为销售额,而各种商品的销售额可以加总。但是,为了仅仅分析销售量这一因素的变动,必须假定价格因素没有变动,即固定在某一时期。在我国统计工作实践中,对于数量指数常用拉氏指数即基期的质量指标作为同度量因素。按照这一原则,三种商品销售量总指数的计算如下:

$$\text{商品销售量总指数 } \overline{K}_q = \frac{\sum q_1 p_0}{\sum q_0 p_0} = \frac{140\ 800}{125\ 000} = 1.126\ 4 \text{ 或 } 112.64\%$$

计算结果表明,在价格水平不变的条件下,三种商品的销售量报告期比基期增长了 12.64%,由于销售量的增长而增加的销售额为:

$$\sum q_1 p_0 - \sum q_0 p_0 = 140\ 800 - 125\ 000 = 15\ 800(\text{元})$$

在上述公式中,以基期价格作为同度量因素,可以看出价格仍维持原来水平,所反映的仅仅是销售量的变动情况。如果以报告期价格作为同度量因素,从公式本身看,价格没有变,但由于使用的是报告期价格,它相对于基期来说,其实已发生了变化,所以不宜用报告期价格作为同度量因素。这就是在我国的统计实践中,数量指标指数选用拉氏公式的原因。

2. 质量指标指数的编制

质量指标指数是反映质量指标在动态上变化的指数,通常指现象相对水平或工作质量变动的指数,例如商品价格指数、产品成本指数等。

【例 5-2】 现仍以表 5-1 所示的资料为例,说明质量指标综合指数的计算方法。

根据表 5-1 所示的资料,可分别计算三种商品的个体价格指数:

$$K_{甲}=\frac{p_1}{p_0}=\frac{150}{150}=1.00 \text{ 或 } 100\%$$

$$K_{乙}=\frac{p_1}{p_0}=\frac{65}{60}=1.083 \text{ 或 } 108.3\%$$

$$K_{丙}=\frac{p_1}{p_0}=\frac{4\,200}{4\,000}=1.05 \text{ 或 } 105\%$$

计算结果表明:甲商品的价格报告期没有变化,乙商品价格报告期比基期上涨了 8.3%,丙商品的价格上涨了 5%。

那么三种商品价格总变动情况如何呢?这就要计算价格总指数。

由于各种商品的价格反映不同使用价值的实物量,彼此直接相加和对比是没有实际意义的,所以需要借助商品销售量为同度量因素,使之转化为能够直接加总的销售额指标。在我国的统计实际工作中,在编制质量指标指数时,用报告期数量指标作为同度量因素,即采用派式公式。则三种商品销售价格总指数计算如下:

$$销售价格总指数 \overline{K}_p = \frac{\sum p_1 q_1}{\sum p_0 q_1} = \frac{146\,475}{140\,800} = 1.040\,3 \text{ 或 } 104.03\%$$

计算结果表明,在销售量水平不变的条件下,三种商品的销售价格报告期比基期上涨了 4.03%,由于价格上涨而增加的销售额为:

$$\sum p_1 q_1 - \sum p_0 q_1 = 146\,475 - 140\,800 = 5\,675(元)$$

上述公式中采用报告期销售量作为同度量因素,是因为我们编制物价指数的目的不仅是反映物价总变动的方向和程度,还要考察价格变动的实际经济效果。以报告期销售量作为同度量因素来计算物价指数,可以反映当前现实生活中全部商品价格的变动,以及这种变动对人民经济生活和企业收支的影响,它具有现实的经济意义。因此一般来说,计算质量指数时,应当采用报告期的数量指标作为同度量因素。

3. 综合指数的应用——股票价格指数

综合指数的应用十分广泛,股票价格指数是其中最典型的一种。

股票价格指数是用来表示多种股票价格的综合变动趋势,又称为股价指数。股票价格指数一般以"点"表示,"点"是衡量股价升降的计量标准,每上升或下降一个单位称为"1 点"。

各个股票市场都有自己的股票价格指数。世界四大知名股价指数系列是道琼斯(Dow Jones)指数、标准普尔(Standard & Poor's)指数、摩根斯坦利资本国际(MSCI)指数、富时(FTSE)指数。除此之外还有其他著名股价指数:香港恒生指数、纽约证券交易所综合指数、价值线综合指数、日经平均数指数、东京证券交易所股价指数、DAX-30 指数、CAC40 指数等。

不同的股票价格指数,计算的对象和基期不同,计算的方法也有所不同,但多数还是采用拉氏价格指数或派氏价格指数公式。以我国上海证券交易所编制的综合指数为例,其股价指数是以在上海证券交易所挂牌上市的全部股票作为编制对象,以发行量作为权数,指数基期为 100 点,采用派氏价格指数,以正式开业日 1990 年 3 月 19 日为基期,于 1991 年 7 月 15 日开始正式公布的指数。

其基本计算公式是:

$$今日股价指数 = \frac{今日市价总值}{基日市价总值} \times 100$$

其调整公式为:

$$本日股价指数 = \frac{本日市价总值}{新基准市价总值} \times 100$$

$$新基准市价总值 = \frac{修正前市价总值 + 市价总值变动额总值}{修正前市价总值} \times 修正前基准市价总值$$

我国深圳证券交易所股价指数是以在深圳证券交易所挂牌上市的全部股票作为编制对象,以发行量作为权数,于 1991 年 4 月 4 日起编,并以 4 月 3 日为基期,采用递推方法计算的指数。其基本计算公式为:

$$报告期指数 = \frac{报告期市价总值}{基日市价总值} \times 100$$

其调整公式为:

$$今日即时指数 = 上日收市股价指数 \times \frac{今日现时总市值}{上日收市总市值}$$

二、平均式指数

平均式指数也称平均指数,是总量指标指数的另一种形式。它是先计算出质量指标或数量指标的个体指数,然后用总变动指标的基期或报告期的实际值作为同度量指标,进行加权平均计算的总指数。

平均式指数与综合指数都是计算总指数的方法,它们之间既有联系又有区别。平均式指数与综合指数的联系在于,平均式指数在作为综合指数的变形使用的条件下,两种指数计算公式可以互变,而且它们的分子分母均是两个总量指标。

两者的区别在于出发点不同。综合指数是从经济社会现象的总量出发,找出同度量因素后,再加总对比,以观察总量的变动;而平均式指数从个体指数出发,将它们加权后再平均,以观察个体指数的平均变化。两者的区别还表现在对资料的要求不同,综合指数要求掌握数量指标和质量指标的基期和报告期的全面资料,而平均式指数要求掌握数量指标或质量指标的个体资料和基期或报告期的总变动资料,相对而言,平均式指数的资料更容易取得。

平均式指数分为加权算术平均式指数和加权调和平均式指数两种。下面分别说明它们的编制方法。

1. 加权算术平均式指数

加权算术平均式指数也称加权算术平均指数,是对个体指数运用加权算术平均数方法编制的指数。在我国统计工作中,加权算术平均数多用于数量指标指数的编制。

设个体数量指标指数为:

$$K_q = \frac{q_1}{q_0} \quad \text{则} \quad q_1 = K_q q_0$$

代入数量指标综合指数的公式,则得到以个体数量指标指数为变量,以基期总变动额为权数的加权算术平均式指数:

$$\overline{K}_q = \frac{\sum q_1 p_0}{\sum q_0 p_0} = \frac{\sum K_q p_0 q_0}{\sum p_0 q_0}$$

【例 5-3】 设某商店三种商品销售量及销售额资料如表 5-2 所示,用加权算术平均式指数计算三种商品销售量指数。

表 5-2 某年某商店商品销售情况

商品名称	销售量 基期 q_0	销售量 报告期 q_1	销售额 基期(元) $p_0 q_0$	个体销售量指数 K_q	$K_q p_0 q_0$
甲	200	250	30 000	1.25	37 500
乙	250	255	15 000	1.02	15 300
丙	20	22	80 000	1.10	88 000
合计	—	—	125 000	—	140 800

根据表 5-2 所示的资料,销售量总指数为:

$$\overline{K}_q = \frac{\sum K_q q_0 p_0}{\sum q_0 p_0} = \frac{140\ 800}{125\ 000} = 1.126\ 4 \text{ 或 } 112.64\%$$

由于三种商品销售量的增加而增加的销售额为:

$$\sum K_q q_0 p_0 - \sum q_0 p_0 = 140\ 800 - 125\ 000 = 15\ 800 \text{(元)}$$

计算结果表明,三种商品的销售量比基期增长 12.64%,增长的绝对金额为 15 800 元,可见与前面按综合指数公式计算的结果是完全相同的。

2. 加权调和平均式指数

加权调和平均式指数也称加权调和平均指数,是对个体指数运用加权调和平均数的方法编制的指数,这种指数通常用来编制质量指标指数。

设个体质量指标指数为:

$$K_p = \frac{p_1}{p_0} \quad \text{则} \quad p_0 = \frac{p_1}{K_p}$$

将其代入质量指标综合指数公式,得到以个体质量指标指数为变量,以报告期总变动额为权数计算的加权调和平均式指数:

$$\overline{K}_p = \frac{\sum p_1 q_1}{\sum p_0 q_1} = \frac{\sum p_1 q_1}{\sum \frac{1}{K_p} p_1 q_1}$$

【例 5-4】 设某商店报告期三种商品的销售额及价格资料如表 5-3 所示,试计算价格总指数。

表 5-3　某年某商店商品销售情况

商品名称	价格（元）		报告期销售额	个体价格指数	$\frac{1}{K_p}p_1q_1$
	基期	报告期			
	p_0	p_1	p_1q_1	K_p	
甲	150	150	37 500	1.00	37 500
乙	60	65	16 575	1.083	15 300
丙	4 000	4 200	92 400	1.05	88 000
合计	—	—	146 475	—	140 800

根据表 5-3 所示的资料，应用加权调和平均式指数公式计算价格总指数：

$$价格总指数\ \overline{K}_p = \frac{\sum p_1q_1}{\sum \frac{1}{K_p}p_1q_1} = \frac{146\ 475}{140\ 800} = 1.040\ 3\ 或\ 104.03\%$$

这个指数表明三种商品价格比基期增长 4.03%，由于价格的增长而增长的销售额为：

$$\sum p_1q_1 - \sum \frac{1}{K_p}p_1q_1 = 146\ 475 - 140\ 800 = 5\ 675(元)$$

这与前面按综合指数公式计算出来的结果完全相同。

由上述的例题可以看出，计算加权算术平均指数时，要以综合指数的分母作为权数；计算加权调和平均式指数时，要以综合指数的分子作为权数。

3. 平均式指数的应用——居民消费价格指数

居民消费价格指数(Consumer Price Index，简称 CPI)是度量一组代表性消费商品及服务项目价格水平随着时间变动的相对数，反映居民家庭购买的消费品及服务价格水平的变动情况。其基本公式是：

$$\overline{K}_p = \frac{\sum K_p W}{\sum W}$$

K_p 表示个体价格指数，W_i 表示固定权数。

【例 5-5】 以表 5-4 的资料，说明居民消费价格指数的计算步骤。

表 5-4　某市某月居民消费价格指数计算表

类别及品名	规格等级	计量单位	权数%	本月环比指数%	上月定基指数%	本月定基指数%
居民消费价格指数			1 000	102.96	99.2	102.14
一、食品			561	106.05	98.0	103.93
1 粮食			79	102.07	97.2	99.21
大米			414	103.1	96.5	99.49
	特粳散装大米	千克		105.1		
	乐惠牌(10千克袋装)	千克		101.14		
面粉			393	103.79	97.3	100.99
粮食制品			31	100.8	97.4	98.18
其他			162	95.5	98.1	93.69
2 淀粉及薯类			13	101.2	98.2	99.4
3 干豆类及豆制品			19	100.3	98.9	99.2
……	……	……	……	……	……	……
16 其他食品及加工服务费			142	103.0	97.1	100.0
二、烟酒及用品			132	98.9	100.6	99.4
三、衣着			84	98.4	98.2	96.6
四、家庭设备用品及维修服务费			22	97.6	99.6	97.2
五、医疗保健及个人用品			13	98.6	99.2	97.8
六、交通和通讯			44	98.0	100.0	98.0
七、娱乐教育文化用品及服务			66	98.5	101.8	100.3
八、居住			78	101.3	99.1	100.4

第一步,首先由各代表规格品的单项指数计算基本分类环比指数,然后根据基本分类环比指数和基本分类上月定基指数计算基本分类本月定基指数。

例如,大米包括两种代表规格品,这一基本分类的环比指数为:

$$K^{(大米)} = \sqrt{G_1 \times G_2} \times 100\% = \sqrt{1.051 \times 1.011\ 4} \times 100\% = 103.1\%$$

大米(基本分类)的定基指数为:

$$I_{基}^{(大米)} = 1.031 \times 0.965 = 99.49\%$$

第二步,根据基本分类的环比指数计算中类环比指数和中类定基指数。

例如,粮食中类环比指数为:

$$L_{环比}^{(粮食)} = \sum W_{t-1} \frac{P_t}{P_{t-1}}$$

$$= 1.031 \times \frac{414}{1\ 000} + 1.037\ 9 \times \frac{393}{1\ 000} + 1.008 \times \frac{31}{1\ 000} + 0.955 \times \frac{162}{1\ 000}$$

$$= 102.07\%$$

粮食中类定基指数为:

$$L_t^{(粮食)} = \left(\sum W_{t-1} \frac{P_t}{P_{t-1}}\right) \times L_{t-1}^{(粮食)}$$

$$= 1.020\ 7 \times 0.972 = 99.21\%$$

第三步,根据中类环比指数计算大类环比指数和定基指数。

例如食品大类的环比指数为:

$$L_{环比}^{(食品)} = 1.020\ 7 \times \frac{79}{1\ 000} + 1.012 \times \frac{13}{1\ 000} + 1.003 \times \frac{19}{1\ 000} + \cdots +$$

$$1.03 \times \frac{142}{1\ 000}$$

$$= 106.05\%$$

食品大类的定基指数为:

$$L_t^{(食品)} = 1.060\ 5 \times 0.98$$

$$= 103.93\%$$

第四步,根据八个大类的环比指数计算居民消费价格环比指数和定基指数。

该市某月居民消费价格环比指数为:

$$L_{环比} = 1.060\ 5 \times \frac{561}{1\ 000} + 0.989 \times \frac{132}{1\ 000} + \cdots + 1.013 \times \frac{78}{1\ 000}$$

$$= 102.96\%$$

该市某月居民消费价格定基指数为:

$$L_t = 1.029\ 6 \times 0.992$$

$$= 102.14\%$$

第三节 指数体系与因素分析

指数体系与因素分析是本章最为重要的内容。因素分析必须借助于指数体系,首先要了解的内容是指数体系及因素分析的概念和作用。

一、指数体系及因素分析的概念和作用

1. 指数体系的概念和作用

指数体系是指在经济上有联系,在数量上保持一定关系的各种指数所构成的体系。指数体系建立在指标体系的基础上,是客观事物之间内在联系的反映。一般讲,静态指标之间存在的数量上的关系,在动态上也存在。就是说,有什么样的指标体系,也就有什么样的指数体系。

例如:商品销售额指数=销售量指数×价格指数
　　　产品产量指数=工人人数指数×劳动生产率指数
　　　工业总产值指数=产品产量指数×出厂价格指数

在指数体系中,等号左边的指数是总变动指数,等号右边的为因素指数,这些因素指数中既有数量指标指数,又有质量指标指数。

指数体系从相对量上看,总变动指数是各因素指数的连乘积。从绝对量上看,总变动指数的变动差额是各因素指数变动差额的和。

指数体系在经济分析中有着重要作用,主要表现在以下两个方面:

第一,利用指数体系进行因素分析。利用指数体系可以从相对数和绝对数两方面分析现象的总变动中各因素指数的变动对总变动的影响。

第二,根据指数体系中各个指数之间的联系,可以进行指数之间的相互推算。在上述指数体系中,若已知其中任何两个指数数值,就可以求出第三个指数数值。例如,已知销售量指数和销售额指数,就可以推算出价格指数。

2. 因素分析法及其种类

因素分析法是借助于指数体系研究现象总变动中各因素影响程度的常用方法之一。其具体分析方法是:先将总指数分解为各构成因素连乘积的指数体系;然后假定其他因素不变,测定某一因素影响程度和影响方向;最后分别进行相对数分析与绝对数分析,表现为若干因素指数乘积等于总量指标变动的总指数,若干因素影响值之和等于总量指标变化值之差。

因素分析法按照分析时包含的因素多少可以分为两因素分析和多因素分析。按照分析指标的种类不同,因素分析法可以分为总量指标的因素分析和平均指标的因素分析。

二、总量指标的两因素分析

总量指标两因素分析的对象是由两个因素构成的总量指标的变动,就是要分析两个因素指标的变动对总量变动的影响方向和影响程度。

【例 5-6】 我们仍以表 5-1 资料为例,对该商业企业商品销售额进行因素分析。

(1)销售量指数:
$$\overline{K}_q = \frac{\sum q_1 p_0}{\sum q_0 p_0} = \frac{140\,800}{125\,000} = 1.126\,4 \text{ 或 } 112.64\%$$

变动差额:$\sum q_1 p_0 - \sum q_0 p_0 = 140\,800 - 12\,500 = 15\,800$(元)

(2)销售价格指数:
$$\overline{K}_p = \frac{\sum p_1 q_1}{\sum p_0 q_1} = \frac{146\,475}{140\,800} = 1.040\,3 \text{ 或 } 104.03\%$$

变动差额:$\sum p_1 q_1 - \sum p_0 q_1 = 146\,475 - 140\,800 = 5\,675$(元)

(3)销售额指数的编制十分简单,因为销售额指数的分子是报告期销售额,分母是基期销售额,二者均为价值指标,各商品的销售额可以直接相加,故容易得到如下销售额指数:
$$\overline{K}_{pq} = \frac{\sum q_1 p_1}{\sum q_0 p_0} = \frac{146\,475}{125\,000} = 1.171\,8 \text{ 或 } 117.18\%$$

变动差额:$\sum q_1 p_1 - \sum q_0 p_0 = 146\,475 - 125\,000 = 21\,475$(元)

(4)由此建立的指数体系相对数关系为:

销售额指数=销售量指数×销售价格指数

$$\frac{\sum q_1 p_1}{\sum q_0 p_0} = \frac{\sum q_1 p_0}{\sum q_0 p_0} \times \frac{\sum p_1 q_1}{\sum p_0 q_1}$$

即:117.18%=112.64%×104.03%

绝对差额关系为:

$$\sum q_1 p_1 - \sum q_0 p_0 = \left(\sum q_1 p_0 - \sum q_0 p_0\right) + \left(\sum p_1 q_1 - \sum p_0 q_1\right)$$

即:21 475=15 800+5 675

(5)用文字说明如下:三种商品销售额报告期比基期增长 17.18%,是由于销售量增长 12.64%以及销售价格增长 4.03%两个因素共同影响的结果。三种商品的销售额报告期比基期增加 21 475 元,是由于销售量增长而增加 15 800 元,以及销售价格增长而增加 5 675 元两个因素共同影响的结果。

由此例我们可以总结出指数的因素分析法的步骤是:先分别计算总变动指数、各因素指数及其分子分母的绝对差额,然后利用指数体系进行相对数与绝对数分析,最后进行文字分析说明。

三、总量指标的多因素分析

总量指标的变动有时由多个因素共同起作用,这样指数体系就要求由更多的反映因素变动的指数来构成。影响总量指标变动的因素越多,分析过程就越复杂。但是总量指标多因素分析的基本原理与两因素分析法是一致的。只是在假定其他因素不变,测定某一因素影响程度和影响方向时,要注意因素指标的排列顺序。因素排列顺序一般遵循先数量指标后质量指标,且相邻指标之积有意义的原则。同度量因素的固定方法用"连锁替代法",即将尚未分析过的因素固定在基期,将分析过的因素固定在报告期。

【例 5-7】 设某企业的产品总产值、平均职工人数、期内开工天数、工人日劳动生产率、产品出厂价格等资料如表 5-5 所示,对总产值的变动作因素分析。

表 5-5 某企业的产品总产值的多因素分析计算表

车间	平均职工人数(人)		期内开工天数(日)		工人日劳动生产率(件/人)		产品出厂价格(元)		产品总产值(元)	
	基期 f_0	报告期 f_1	基期 t_0	报告期 t_1	基期 h_0	报告期 h_1	基期 p_0	报告期 p_1	基期 $f_0 t_0 h_0 p_0$	报告期 $f_1 t_1 h_1 p_1$
一	100	95	27	25.5	15	12	3.2	4.0	129 600	116 280
二	70	78	26	26.5	8	10	3.8	2.8	55 328	57 876
三	65	72	25	26.0	14	17	5.0	5.5	113 750	175 032
合计	—	—	—	—	—	—	—	—	298 678	349 188

按照先数量指标后质量指标,而且相邻指标之积有意义的原则,我们得到的指数体系是:

产品总产值指数＝平均职工人数指数×期内开工天数指数×劳动生产率指数×出厂价格指数

(1) 相对数体系:

$$\frac{\sum f_1 t_1 h_1 p_1}{\sum f_0 t_0 h_0 p_0} = \frac{\sum f_1 t_0 h_0 p_0}{\sum f_0 t_0 h_0 p_0} \times \frac{\sum f_1 t_1 h_0 p_0}{\sum f_1 t_0 h_0 p_0} \times \frac{\sum f_1 t_1 h_1 p_0}{\sum f_1 t_1 h_0 p_0} \times \frac{\sum f_1 t_1 h_1 p_1}{\sum f_1 t_1 h_1 p_0}$$

$$\frac{349\ 188}{298\ 678} = \frac{310\ 771.2}{298\ 678} \times \frac{310\ 156.8}{310\ 771.2} \times \frac{330\ 690}{310\ 156.8} \times \frac{349\ 188}{330\ 690}$$

$$116.91\% = 104.05\% \times 99.80\% \times 106.62\% \times 105.59\%$$

(2) 绝对数体系:

$$\sum f_1 t_1 h_1 p_1 - \sum f_0 t_0 h_0 p_0 = \left(\sum f_1 t_0 h_0 p_0 - \sum f_0 t_0 h_0 p_0\right) +$$

$$(\sum f_1 t_1 h_0 p_0 - \sum f_1 t_0 h_0 p_0) +$$
$$(\sum f_1 t_1 h_1 p_0 - \sum f_1 t_1 h_0 p_0) +$$
$$(\sum f_1 t_1 h_1 p_1 - \sum f_1 t_1 h_1 p_0)$$

$349\ 188 - 298\ 678 = (310\ 771.2 - 298\ 678) + (310\ 156.8 - 310\ 771.2) +$
$\qquad (330\ 690 - 310\ 156.8) + (349\ 188 - 330\ 690)$
$50\ 510 = 12\ 093.2 - 614.4 + 20\ 533.2 + 18\ 498$

计算表明:产品总产值报告期比基期增加 6.91%,共增加了 50 510 元。其中平均职工人数的增加使总产值增长 4.05%,增加的绝对额是 12 093.2 元;期内开工天数的减少使总产值下降 0.2%,减少了 614.4 元;工人日劳动生产率的提高使总产值增加 6.62%,增加 20 533.2 元;产品出厂价格的增加使总产值增加 5.59%,增加 18 498 元。

四、平均指标指数的两因素分析

平均指标是表明社会经济总体一般水平的指标。平均指标的因素分析就是要分析在总平均指标的动态变动中,各因素的变动对总平均指标变动的影响方向和影响程度。根据加权算术平均数的计算公式,我们不难发现,平均指标受两个因素的影响:其一是各组变量值(x),其二是各组次数(f)多少,特别是次数比重的影响,即:

$$\bar{x} = x_1 \cdot \frac{f_1}{\sum f} + x_2 \cdot \frac{f_2}{\sum f} + x_3 \cdot \frac{f_3}{\sum f} + \cdots + x_n \cdot \frac{f_n}{\sum f} = \sum x \cdot \frac{f}{\sum f}$$

这样,我们就可以将平均指标的因素分析看作是总量指标的两因素分析,利用总量指标的两因素分析方法就可以解决问题。应该注意的是,在总平均指标的变动中,我们将各组变量值(x)看作是质量指标,因为各组变量值(x)往往是组中值,是个平均数。我们将各组次数(f)看作是数量指标。这样我们就需要计算三种指数,即总平均数指数和两个因素指数,我们把它们分别叫做可变构成指数、固定构成指数和结构影响指数,然后利用指数体系进行相对数和绝对数的分析。

1. 可变构成指数

可变构成指数也称总平均数指数,它是不同时期同一经济内容的平均指标数值对比形成的指数,用来反映总平均指标的动态变动。可变构成指数不但反映了总平均指标的对比中各组标志值水平的变动,还反映了总体内部结构的变动。

可变构成指数一般计算公式为:

$$\bar{K}_{可变} = \frac{\bar{x_1}}{\bar{x_0}} = \frac{\sum x_1 f_1}{\sum f_1} \div \frac{\sum x_0 f_0}{\sum f_0}$$

式中：$\overline{K}_{可变}$ 为可变构成指数；$\overline{x_1}$ 为报告期总平均指标；$\overline{x_0}$ 为基期总平均指标；x 为各组的标志值水平；f 为各组的单位数。

可变构成指数的分子与分母之差，表示报告期总平均指标与基期总平均指标的差额，即：

$$\overline{x_1} - \overline{x_0} = \frac{\sum x_1 f_1}{\sum f_1} - \frac{\sum x_0 f_0}{\sum f_0}$$

2. 固定构成指数

固定构成指数就是将各组结构视为数量指标固定在报告期，反映各组标志值变动对总平均指标影响程度的指数。其计算公式为：

$$\overline{K}_{固定} = \frac{\sum x_1 f_1}{\sum f_1} \div \frac{\sum x_0 f_1}{\sum f_1}$$

固定构成指数的分子与分母之差，表明由于各组标志值的变动，报告期总平均指标与基期总平均指标的差额，即：

$$\frac{\sum x_1 f_1}{\sum f_1} - \frac{\sum x_0 f_1}{\sum f_1}$$

3. 结构影响指数

结构影响指数是将各组标志值视为质量指标固定在基期，反映各组结构变动对总平均指标影响程度的指数。其计算公式为：

$$\overline{K}_{结构} = \frac{\sum x_0 f_1}{\sum f_1} \div \frac{\sum x_0 f_0}{\sum f_0}$$

结构影响指数的分子与分母之差，表明由于各组结构变动，报告期总平均指标与基期的总平均指标的差额。即：

$$\frac{\sum x_0 f_1}{\sum f_1} - \frac{\sum x_0 f_0}{\sum f_0}$$

由此我们得到的指数体系为：

可变构成指数＝固定构成指数×结构影响指数

$$\frac{\dfrac{\sum x_1 f_1}{\sum f_1}}{\dfrac{\sum x_0 f_0}{\sum f_0}} = \frac{\dfrac{\sum x_1 f_1}{\sum f_1}}{\dfrac{\sum x_0 f_1}{\sum f_1}} \times \frac{\dfrac{\sum x_0 f_1}{\sum f_1}}{\dfrac{\sum x_0 f_0}{\sum f_0}}$$

从绝对量上看：

$$\left(\frac{\sum x_1 f_1}{\sum f_1} - \frac{\sum x_0 f_0}{\sum f_0}\right) = \left(\frac{\sum x_1 f_1}{\sum f_1} - \frac{\sum x_0 f_1}{\sum f_1}\right) + \left(\frac{\sum x_0 f_1}{\sum f_1} - \frac{\sum x_0 f_0}{\sum f_0}\right)$$

【例 5-8】 某企业职工工资资料如表 5-6 所示，利用平均指标因素分析法分析其总平均工资水平变动的原因。

表 5-6 平均指标因素分析法计算表

工人类别	工人人数（人）		月平均工资（元）		月工资总额（元）		$x_0 f_1$	$x_1 f_0$
	基期 f_0	报告期 f_1	基期 x_0	报告期 x_1	基期 $x_0 f_0$	报告期 $x_1 f_1$		
老工人	600	350	1 000	1 050	600 000	367 500	350 000	630 000
新工人	300	850	890	920	267 000	782 000	756 500	276 000
合计	900	1 200	1 890	1 970	867 000	1 149 500	1 106 500	906 000

（1）可变构成指数：

$$\overline{K}_{可变} = \frac{\overline{x_1}}{\overline{x_0}} = \frac{\sum x_1 f_1}{\sum f_1} \div \frac{\sum x_0 f_0}{\sum f_0}$$

$$= \frac{1\ 149\ 500}{1\ 200} \div \frac{867\ 000}{900}$$

$$= 957.92 \div 963.33 = 0.994\ 4 \text{ 或 } 99.44\%$$

分子与分母之差：

$$\overline{x_1} - \overline{x_0} = \frac{\sum x_1 f_1}{\sum f_1} - \frac{\sum x_0 f_0}{\sum f_0} = 957.92 - 963.33 = -5.41(\text{元})$$

（2）固定构成指数：

$$\overline{K}_{固定} = \frac{\sum x_1 f_1}{\sum f_1} \div \frac{\sum x_0 f_1}{\sum f_1} = \frac{1\ 149\ 500}{1\ 200} \div \frac{1\ 106\ 500}{1\ 200}$$

$$= 957.92 \div 922.08 = 1.038\ 9 \text{ 或 } 103.89\%$$

分子与分母之差：$\frac{\sum x_1 f_1}{\sum f_1} - \frac{\sum x_0 f_1}{\sum f_1} = 957.92 - 922.08 = 35.84(\text{元})$

（3）结构影响指数：

$$\overline{K}_{结构} = \frac{\sum x_0 f_1}{\sum f_1} \div \frac{\sum x_0 f_0}{\sum f_0} = \frac{1\ 106\ 500}{1\ 200} \div \frac{867\ 000}{900}$$

$$= 922.08 \div 963.33 = 0.9572 \text{ 或 } 95.72\%$$

分子与分母之差：$\dfrac{\sum x_0 f_1}{\sum f_1} - \dfrac{\sum x_0 f_0}{\sum f_0} = 922.08 - 963.33 = -41.25(元)$

(4) 相对数体系：

可变构成指数＝固定构成指数×结构影响指数

$$\frac{\dfrac{\sum x_1 f_1}{\sum f_1}}{\dfrac{\sum x_0 f_0}{\sum f_0}} = \frac{\dfrac{\sum x_1 f_1}{\sum f_1}}{\dfrac{\sum x_0 f_1}{\sum f_1}} \times \frac{\dfrac{\sum x_0 f_1}{\sum f_1}}{\dfrac{\sum x_0 f_0}{\sum f_0}}$$

$$\frac{957.92}{963.33} = \frac{957.92}{922.08} \times \frac{922.08}{963.33}$$

$$99.44\% = 103.89\% \times 95.72\%$$

(5) 绝对数体系：

$$\left[\dfrac{\sum x_1 f_1}{\sum f_1} - \dfrac{\sum x_0 f_0}{\sum f_0}\right] = \left[\dfrac{\sum x_1 f_1}{\sum f_1} - \dfrac{\sum x_0 f_1}{\sum f_1}\right] + \left[\dfrac{\sum x_0 f_1}{\sum f_1} - \dfrac{\sum x_0 f_0}{\sum f_0}\right]$$

$$957.92 - 963.33 = (957.92 - 922.08) + (922.08 - 963.33)$$

$$-5.41 = 35.84 - 41.25$$

(6) 以上计算结果表明：该单位老工人和新工人的月平均工资报告期比基期均提高了，但全部人员的总平均工资却降低了 0.56%，减少了 5.41 元。这是由两方面原因造成的。从全部人员每人月工资水平来看，并没有降低，而是报告期比基期提高了 3.89%，平均每人增加 35.84 元；但由于老工人和新工人人数结构发生了变化，使全部人员总平均工资报告期比基期降低 4.28%，平均每人减少 41.25 元。也就是说固定构成指数使总平均工资增长，结构影响指数使总平均工资降低，在这两个因素共同影响下使全部人员平均工资下降了 0.56%，减少了 5.41 元。

思考与练习

一、简答题

1. 什么是统计指数？指数的作用是什么？
2. 什么是同度量因素？它有何作用？
3. 编制质量指标综合指数和数量指标综合指数的一般原则是什么？

4. 什么是综合指数？它有何特点？
5. 拉氏指数与派氏指数的区别何在？
6. 试举例说明平均指标指数受哪两个因素的影响？如何进行因素分析？
7. 说明平均式指数与平均指标指数的区别是什么？
8. 综合指数与平均式指数有何联系和区别？
9. 什么是指数体系？它有何作用？
10. 总量指标的两因素、多因素分析如何进行？

二、计算题

1. 设某商店有如下资料：

商品名称	单位	销售量		单价(元)	
		基期	报告期	基期	报告期
甲	件	100	120	20	25
乙	千克	300	380	15	10
丙	米	100	150	30	40

要求计算反映三种商品综合变动的销售量指数、销售价格指数、销售额指数。

2. 设某厂有如下资料：

产品名称	产值(万元)		产量增长幅度(％)
	基期	报告期	
甲	200	220	2
乙	100	130	1
丙	250	300	6

要求计算该厂三种产品产量总指数。

3. 设某厂有如下资料：

产品名称	产值(万元)		个体价格指数(％)
	基期	报告期	
甲	100	150	104
乙	200	210	93
丙	200	240	106

要求计算该厂三种产品综合价格指数。

4. 设某厂报告期有如下资料：

产品名称	生产费用		单位成本实际比计划降低%
	计划	实际	
甲	80	83	4
乙	50	54	2

要求对该厂报告期甲乙两种产品生产费用总额变动情况进行因素分析。

5. 设某地有如下资料：

商品类别及名称	代表品的规格或等级牌号	单位	平均价格(元)		权数(%)W	类指数(%)
			上年 P_0	本年 P_1		
食品类						
1. 粮食					25	
(1) 细粮					80	
面粉	标准粉	千克	2.4	2.7	60	
大米	标二米	千克	2.5	2.8	40	
(2) 粗粮					20	107.45
2. 副食					45	102.34
3. 烟酒					20	97.83
4. 其他					10	101.72

要求计算该地区食品类消费价格总指数。

6. 据调查,某地甲、乙、丙、丁四种代表商品的个体价格指数分别为110%、95%、100%及105%,各类代表商品的固定权数(W)分别为 10%、30%、40%和 20%,试求这四种商品的物价总指数。

7. 某厂生产的三种产品有关资料为：

产品名称	产量			单位产品成本		
	计量单位	基期	报告期	计量单位	基期	报告期
甲	万件	1 000	1 200	元/件	10	9
乙	万只	5 000	5 000	元/只	4	4.5
丙	万个	1 500	2 000	元/个	8	7

要求:(1)计算三种产品单位成本总指数以及由于单位产品成本变动使总成本变动的绝对额;

(2)计算三种产品产量总指数以及由于产量变动而使总成本变动的绝对额;

(3)利用指数体系分析说明总成本(相对程度和绝对额)变动情况。

8. 已知某商业企业三种商品的价格和销售量资料如下:

商品名称	计量单位	价格(元)		销售量	
		2007 年	2006 年	2007 年	2006 年
甲	双	25	28	5 000	5 500
乙	件	140	160	800	1 000
丙	只	0.6	0.6	1 000	600

根据上表资料:

(1)计算各种商品价格和销售量个体指数;

(2)计算三种商品的销售额指数以及销售额变动的绝对额;

(3)计算三种商品的价格总指数以及由于价格变动而影响销售额变动的绝对额;

(4)计算三种商品的销售量指数以及由于销售量的变动而影响销售额变动的绝对额;

(5)用销售额、价格和销售量三者之间的关系编制其指数体系。

9. 某工业企业有如下资料:

工人类别	工人人数(人)		月工资总额(元)	
	基期 f_0	报告期 f_1	基期 $x_0 f_0$	报告期 $x_1 f_1$
技术工	300	400	2 100 000	3 000 000
普通工	200	600	800 000	2 700 000
合计	500	1 000	2 900 000	5 700 000

根据上表资料:

(1)计算可变构成指数、固定构成指数和结构影响指数及其绝对数的变动额;

(2)编制指数体系;

(3)说明总平均工资变动的原因。

10. 根据所学知识,回答下列问题:

(1) 如果报告期商品价格计划下降 5%,销售额计划增加 10%,问销售量应增加多少?

(2) 某工厂报告期职工的总平均工资比基期提高 3.2%,职工人数增加 2%,问该厂工资总额的变动情况如何?

(3) 某地区 2004 年与 2003 年相比,用同样数量的人民币只能购买 2003 年商品的 95%,求物价指数?如果用同样数量的人民币,2004 年比 2003 年可多购买商品 5%,物价指数是多少?

第六章 概率与概率分布

前面几章介绍了统计学的一些基本概念及其对数据的描述。如果获得的数据是所研究总体全部单位的数据,通过对数据的描述就可以直接得到表示总体数量规律性的参数及其分布。然而在实际研究中,由于种种原因,往往无法得到全部总体单位的数据,只能抽取部分单位作为样本,由样本所提供的信息对总体数量规律性作出推断,这种推断的理论基础是概率论与数理统计的估计理论。这一章简要介绍概率论的基本内容,以便为后面的统计推断打下基础。

第一节 概率基础

在经济管理工作中,经常要在不确定的情况下作出决策。对于这种不确定的事件要作出决策,首先要知道这个事件发生的可能性有多大,而概率就是表达这种可能性大小的量。本节首先介绍组成概率的一些基本概念,然后给出概率的三种定义,最后阐述概率的性质及运算法则。

一、随机事件及其概率

1. 样本空间、随机事件

(1)随机试验。随机试验是指在相同条件下可以重复进行,至少有两个可能结果,并且能事先明确所有可能结果,但不能事先确定哪一个结果会出现的试验。

【例6-1】 抛一枚硬币或掷一颗骰子,都是随机试验的例子。抛一枚硬币可能出现正面朝上或正面朝下;掷一颗骰子,朝上的一面可能是1,2,3,4,5,6中的某一个。试验之前并不能确定哪一个结果会出现,但试验之前就知道所有可能结果,而且这些试验都是可以反复进行的。

(2)样本空间。随机试验所有可能结果组成的集合称为样本空间或总体,记为S。样本空间(或总体)的每一元素,即每一种结果称为样本点。

【例6-2】 考虑这样一个试验,抛两枚同样的硬币,观察正面反面出现的情况,H代表正面朝上,T代表正面朝下。则有四种结果:HH,HT,TH,TT。其中,HH代表第一枚硬币和第二枚硬币都正面朝上,HT代表第一枚硬币正面朝上,第二枚硬币正面朝下,如此类推。在这个例子中,全部的结果,或样本空间(总体)为S_1:$\{HH,HT,TH,TT\}$,没有其他合乎逻辑的可能的结果。

要注意的是,样本空间的样本点是由试验目的所确定的,例如同样是掷硬币的试验,如果观察正面出现的次数,则样本空间(总体)为S_2:$\{0,1,2\}$。

(3)随机事件。在给定样本空间S中,满足规定性质的结果的子集为随机事件,简称事件,用大写字母$A,B,C,\cdots$表示。

样本空间中每一个样本点都是一个随机事件,并且是该试验的最简单的随机事件,也称为基本事件。HH,HT,TH,TT都是基本事件。然而,在试验中人们通常只关心全部可能的结果中满足某些规定性质的结果,例如一枚硬币正面朝上,一枚硬币正面朝下的结果$A=\{HT,TH\}$就表示这样一个随机事件,它是S_1的子集。

若一个事件在每次试验中都必定发生,则称为必然事件。显然,只有样本空间S(即全集)才是必然事件。与必然事件相对应的是不可能事件,也就是空集,用ϕ表示。如果一个事件发生的可能性与另一事件发生的可能性相同,则两个事件称为等可能事件。例如,抛一枚硬币时,正面朝上和正面朝下是等可能事件。如果两个事件不能同时发生,则两个事件称为互不相容事件。基本事件都是两两互不相容的。

2. 概率

事件A的概率即事件A在样本空间S条件下发生的可能性的大小,记为$P(A)$。概率是针对事件而言的。显然,必然事件发生的可能性是百分之百,所以它的概率是1,而不可能事件发生的可能性是零,所以它的概率是0,即$P(S)=1,P(\phi)=0$。

对概率的研究起源于欧洲中世纪的赌博或机会游戏,在数百年的发展中,许多数学家、统计学家对概率及其计算作出了巨大的贡献,出现了三种从不同的角度对概率下的定义,即概率的古典定义、频率定义和主观定义。

(1)概率的古典定义。

样本空间S有n个基本事件且每个基本事件等可能发生,并且事件A包含m个基本事件,则事件A发生的概率$P(A)$就是:

$$P(A)=\frac{m}{n}=\frac{事件A中包含的基本事件数}{样本空间中基本事件总数}$$

这个定义有两个特征:①样本空间S的基本事件只有有限个;②每个基本

事件都是等可能事件。

【例6-3】 掷一颗骰子有六种可能的结果:1,2,3,4,5,6。这些结果互斥,不可能同时出现两个或更多个数字同时朝上的结果,而且这六种结果等可能发生,出现任何一个数字的机会均等。因此,根据概率的古典定义,任何一个数字朝上的概率为 $P(A)=\dfrac{m}{n}=\dfrac{1}{6}$。

在多数实际问题中,要将全部结果列举出来往往是不可能的,同时试验结果等可能性的假定也很难成立。此时,人们只有利用实际频数数据来估计概率,这就引出概率的频率定义。

(2)概率的频率定义。

在相同的条件下重复进行 n 次试验,在这 n 次试验中,事件 A 发生了 m 次,则 m 为事件 A 发生的频数,比值 $f(A)=\dfrac{m}{n}$ 为事件 A 发生的频率。当试验次数 n 充分大时,如果频率 $f(A)$ 趋向于某一数值 p 或稳定地在 p 值附近波动($0 \leqslant p \leqslant 1$),则定义 p 为事件 A 发生的概率,记作 $P(A)=p$。

【例6-4】 历史上许多学者都曾做过掷硬币试验,研究正面朝上这一事件的概率,结果如表6-1所示:

表6-1 掷硬币试验的数据

试验者	试验次数 n	正面朝上次数 m	正面朝上的频率 $f(A)=m/n$
德·摩根	2 048	1 061	0.518 1
蒲丰	4 040	2 048	0.506 9
K·皮尔逊	12 000	6 019	0.501 6
K·皮尔逊	24 000	12 012	0.500 5

由表6-1可知,频率是大量试验的结果,它是一个随着试验次数变化而变化的数值。而概率是一个确定的数值。随着试验次数不断增加,频率呈现出稳定性,如果试验的次数足够多,频率就很好地测度了事件发生的概率。

(3)概率的主观定义。

主观概率是指观察者凭个人经验对某一事件发生的可能性大小作出的估计。

在许多实际问题中,特别是在充满不确定性因素的经济问题中,不存在大量重复性过程,而是仅发生一次的事件或者在不相同条件下重复发生的事件,在这种情况下要对某事件发生的可能性进行估计,就需要应用主观概率。例如,一只股票在未来一周内上涨的可能性有多大;未来十年内某省在全国经济中的地位能否上升。

由于主观概率需要在前人经验、观察者自身知识及其对事件分析的基础上作出判断,依赖于观察者个人经验积累,因此对所研究事物缺乏经验者不宜滥用。

二、概率的性质及运算法则

1. 概率的性质

概率具有如下若干性质:

(1)对于任一随机事件,有 $0 \leqslant P(A) \leqslant 1$。

(2)必然事件的概率为1,不可能事件的概率为0,即:$P(S)=1, P(\phi)=0$。

(3)设 A 和 B 是任意两个互不相容事件,则 $P(A \cup B)=P(A)+P(B)$,该式称为加法定理。[①] 若 $A_1, A_2, \cdots, A_n$ 是两两互不相容事件,则 $P(A_1 \cup A_2 \cup \cdots \cup A_n)=P(A_1)+P(A_2)+\cdots+P(A_n)$,该式称为概率的有限可加性。

(4)对于任意两事件 A 和 B,有 $P(A \cup B)=P(A)+P(B)-P(AB)$。

(5)对于任一事件 $A, P(\overline{A})=1-P(A)$,即对立事件概率的和为1。

(6)设 A 和 B 是两个事件,若事件 A 包含事件 B,则 $P(A-B)=P(A)-P(B)$。

【例 6-5】 从一副扑克中抽一张牌,是红心或黑桃的概率是多少?是红心或是 Q 的概率是多少?不是红心的概率是多少?是红心不是 Q 的概率是多少?

很显然,抽红心和抽黑桃是互不相容事件;而抽红心和抽 Q 不是互不相容事件,因为四张 Q 中有一张是红心;抽一张牌不是红心是抽红心的对立事件;红心包括既是红心又是 Q 的情况。

$$P(红心或黑桃)=P(红心)+P(黑桃)=\frac{13}{54}+\frac{13}{54}=\frac{13}{27}$$

$$P(红心或 Q)=P(红心)+P(Q)-P(既是红心又是 Q)=\frac{13}{54}+\frac{4}{54}-\frac{1}{54}=\frac{8}{27}$$

$$P(不是红心)=1-P(红心)=1-\frac{13}{54}=\frac{41}{54}$$

$$P(是红心不是 Q)=P(红心)-P(既是红心又是 Q)=\frac{13}{54}-\frac{1}{54}=\frac{6}{27}$$

[①] "$\cup$"表示并集,$A \cup B$ 表示事件 A 与事件 B 的和事件,即事件 A 与事件 B 中至少有一个发生。下文中"$\overline{A}$"表示事件 A 的对立事件。

2. 概率的运算法则

(1)条件概率。

条件概率是指在事件 A 已经发生的条件下,事件 B 发生的概率,记为 $P(B|A)$。设 A 和 B 是两个事件,且 $P(A)>0$,称 $P(B|A)=\dfrac{P(AB)}{P(A)}$ 为事件 A 发生的条件下事件 B 发生的条件概率。如图 6-1 所示,由于事件 A 已经出现是已知事实,它就成为事件 B 发生的新的样本空间,代替原来的 S。

相应的,如果在计算事件 B 的概率时,不考虑事件 A 是否发生,叫做事件 B 的非条件概率,仍为 $P(B)$。

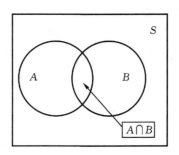

图 6-1 条件概率

【例 6-6】 现有学生 500 人,其中男生 200 人,女生 300 人。在这些学生中,60 个男生和 100 个女生计划主修会计学。现在随机抽取一个学生,发现这个学生计划主修会计学。那么,这个学生是女生的概率是多少?

用事件 A 代表学生主修会计学,事件 B 代表学生是女生,因此我们所求的是 $P(B|A)$。从条件概率公式可得 $P(B|A)=\dfrac{P(AB)}{P(A)}=\dfrac{100/500}{160/500}=0.625$。

从给出的数据我们很容易得到 $P(B)=300/500=0.6$,即抽取一个学生是女生的非条件概率为 0.6,显然这与求得的条件概率 0.625 不同,这说明在事件 A,B 不是相互独立事件时,条件概率一般不等于非条件概率。

(2)乘法定理。

由条件概率的定义,可以得到乘法定理。设 A 和 B 是两个事件,且 $P(A)>0$,则有 $P(AB)=P(B|A)P(A)$。

【例 6-7】 有一批产品,其中甲厂生产的占 70%,乙厂生产的占 30%;甲厂产品的合格率为 95%,乙厂产品的合格率为 80%。现随机抽取一件,是甲厂生产的产品且为合格品的概率为多少?是乙厂生产的产品且为合格品的概率为多少?

用 $A,\overline{A}$ 分别表示甲、乙两厂的产品,$B,\overline{B}$ 分别表示产品为合格品或不合格品。则甲厂产品被抽到的概率是 $P(A)=70\%$,乙厂产品被抽到的概率 $P(\overline{A})=30\%$,甲厂产品中合格品的概率是 $P(B|A)=95\%$,乙厂产品中合格品的概率是 $P(B|\overline{A})=80\%$。由乘法定理可得

$$P(AB)=P(A)P(B|A)=70\%\times95\%=66.5\%$$
$$P(\overline{A}B)=P(\overline{A})P(B|\overline{A})=30\%\times80\%=24\%$$

【例 6-8】 从一副扑克牌中任取三张,取后不放回,不考虑顺序,取得黑桃 J、红心 Q、方块 K 三张的概率是多少?

我们用 C_1 表示第一次抽时抽中所要三张牌中的一张,C_2 表示第二次又抽中一张,C_3 表示第三次又抽中一张,显然 $P(C_1)=\dfrac{3}{54}$,$P(C_2|C_1)=\dfrac{2}{53}$,$P(C_3|C_2C_1)=\dfrac{1}{52}$。由乘法定理可得

$$P(C_1C_2C_3)=P(C_1)P(C_2|C_1)P(C_3|C_2C_1)=\dfrac{3}{54}\times\dfrac{2}{53}\times\dfrac{1}{52}=0.000\,04$$

(3)独立性。

设 A 和 B 是两个事件,如果 $P(AB)=P(A)P(B)$,则称 A,B 为相互独立事件或 A,B 独立。对照乘法定理,显然 $P(B|A)=P(B)$,这说明当两个事件相互独立时,A 发生后对 B 发生的概率没有影响。

【例 6-9】 在例 6-2 抛两枚硬币的试验中,设事件 A 为第一枚出现 H,事件 B 为第二枚出现 H,则 A 和 B 同时发生的概率是多少?

样本空间为 $S:\{HH,HT,TH,TT\}$,由概率的古典定义可知

$$P(A)=\dfrac{2}{4}=\dfrac{1}{2},\ P(B)=\dfrac{2}{4}=\dfrac{1}{2}$$

$$P(B|A)=\dfrac{1}{2},\ P(AB)=\dfrac{1}{4}$$

但事实上,第一枚是否出现正面和第二枚是否出现正面是互不影响的,由独立性可知

$$P(AB)=P(A)P(B)=\dfrac{1}{2}\times\dfrac{1}{2}=\dfrac{1}{4}$$

第二节 概率分布

虽然随机试验的结果可以用文字来描述,比如正面朝上或正面朝下,或是红心 Q 等,但是如果将试验的结果数量化,即将试验结果和数量对应起来,则更为

简单并且可以作为进一步研究推断的基础,这就引出了随机变量。随机变量是变量,它可以取不同的值,并且取每一个值的概率小于等于1。我们可以通过研究随机变量生成各个取值的过程来描述一个随机变量,这个过程称做概率分布。概率分布列出所有可能出现的结果及每个结果发生的概率。

一、随机变量的概念及分类

1. 随机变量的概念

随机变量是按一定的概率取值的变量,通常用大写字母 X,Y,Z 或 X_1,X_2,X_3 等表示。随机变量有以下两个特征:① 取值的不确定性;② 随机变量的取值虽是不确定的,但由于随机变量出现的可能性大小是遵循一定规律的,因此随机变量的取值也是有规律的。我们可以把随机变量看作一个函数,它对样本空间 S 的每一个元素都赋予一个实际值,它的定义域就是这个样本空间,值域则是一个实数集合。

【例 6-10】 在例 6-2 抛两枚硬币的试验中样本空间为 $S:\{HH, HT, TH, TT\}$,现在不用 HH,HT,TH,TT 描述试验结果,改用变量 X 表示可能发生正面朝上的次数,如表 6-2 所示。

表 6-2 用变量 X 表示掷硬币试验

样本点	HH	HT	TH	TT
X	2	1	1	0

对于 HH 两次正面朝上,$X=2$;对于 HT 或 TH 一次正面朝上,$X=1$;对于 TT 没有正面朝上,$X=0$。X 就是一个随机变量,它的定义域为样本空间 $S:\{HH,HT,TH,TT\}$,对应法则为对每个样本点统计正面出现的次数,值域为 $\{0,1,2\}$。

由于随机变量 X 的取值随试验结果而定,而试验各个结果的出现有一定的概率,所以 X 取各个值也有一定的概率。在例 6-10 中,$P(X=2)=\frac{1}{4}$,$P(X=1)=\frac{1}{2}$,$P(X=0)=\frac{1}{4}$。这显示了随机变量与一般函数的区别。

2. 随机变量的分类

随机变量可分为连续随机变量和离散随机变量。离散型随机变量只能取到有限多个(或是可列有限多个)数值。例如,抛两枚硬币正面朝上的次数仅能取 0,1,2,所以它是一个离散型随机变量。连续型随机变量可以取某一区间范围内的任意值。例如，人的身高就是一个连续型随机变量，它可以取在正常身高范围内的任一值。类似的，体重、降雨量、温度等都可看作是连续型随机变量。

二、离散型随机变量的概率分布

1. 离散型随机变量概率分布的概念

设离散型变量 X 的所有取值分别为 $x_k(k=1,2,\cdots,n)$，X 取各个可能值的概率为

$$P(X=x_k)=p_k,\ k=1,2,\cdots,n$$

则称函数

$$f(x)=\begin{cases}p_k & k=1,2,\cdots,n \\ 0 & X\neq x_k\end{cases}$$

为离散型随机变量 X 的概率分布或概率密度函数。

离散型随机变量的概率分布有如下性质：

(1) $f(x)\geqslant 0$，即 $p_k\geqslant 0$。

(2) $\sum\limits_{k=1}^{\infty}f(x_k)=\sum\limits_{k=1}^{\infty}p_k=1$。

【例 6-11】 在抛两枚硬币的试验中，已知正面朝上的次数为 0,1,2，且 $P(X=2)=\dfrac{1}{4}$，$P(X=1)=\dfrac{1}{2}$，$P(X=0)=\dfrac{1}{4}$，则概率分布如表 6-3 所示。

表 6-3 掷硬币试验的概率分布

X	2	1	0	
$P(X=x_k)$	$\dfrac{1}{4}$	$\dfrac{1}{2}$	$\dfrac{1}{4}$	$\sum p_k=1$

2. (0-1)分布

设随机变量 X 只可能取 0 与 1 两个值，它的概率分布为

$$P(X=k)=p^k(1-p)^{1-k},\ k=0,1\ (0<p<1)$$

则称 X 服从(0-1)分布。

(0-1)分布也可以如表 6-4 所示。

表 6-4 (0-1)分布

X	0	1
$P(X=k)$	$q=1-p$	p

对于一个随机试验,如果它的样本空间只包含两个元素,即 $S=\{e_1,e_2\}$,我们总能在 S 上定义一个(0-1)分布的随机变量

$$X = X(e) = \begin{cases} 0 & e = e_1 \\ 1 & e = e_2 \end{cases}$$

来描述这个随机试验的结果。例如,对新生儿的性别进行登记,检查产品质量是否合格,某宿舍的电力消耗是否超过负荷,以及前面多次讨论过的抛硬币试验都可以用(0-1)分布的随机变量来描述。

【例 6-12】 已知一批产品的废品率为 $p=0.05$,合格品率为 $q=1-p=1-0.05=0.95$,指定废品用 1 代表,合格品用 0 代表,则任意抽取一件产品,其概率分布如表 6-5 所示。

表 6-5 产品废品率的概率分布

X	0	1
$P(X=k)$	0.95	0.05

3. 二项分布

实际问题中,有许多试验与抛硬币试验有共同的性质,它们只包含两个结果。例如调查消费者对某种产品的喜好,则调查一个人就相当于抛一次硬币,这个人喜欢该产品就相当于出现正面,不喜欢该产品就相当于出现反面。针对每一个人而言,调查结果服从(0-1)分布,但针对所有被调查者,回答喜欢的人数是一个随机变量。这个试验有如下特点:

(1)试验中包含了 n 个相同的试验,每次试验都是相互独立的。

(2)每次试验只有两个可能的结果:"成功"或"失败"。这里"成功"和"失败"是广义的。如在某商品的喜好调查中,"成功"表示喜欢这种商品,"失败"表示不喜欢这种商品。

(3)出现"成功"的概率 p 和"失败"的概率 q 对每一次试验都是相同的,且 $p+q=1$。

(4)每次试验结果"成功"或"失败"可以计数,即试验结果对应于一个离散型随机变量。

符合上述特征的 n 次重复独立试验就是 n 重贝努利试验,简称贝努利试验。由贝努利试验产生的随机变量所服从的概率分布就是二项分布。

下面通过抛硬币试验来说明二项分布的计算方法。如果将 1 枚硬币连续抛 4 次,因为每次抛的结果都不受前一次抛的影响,所以每次抛的结果都满足独立的要求,现在来计算出现正面的次数的概率。在 4 次抛掷中,出现正面的次数可

能有 5 种情况:0 次,1 次,2 次,3 次,4 次。用 1 表示出现正面,0 表示出现反面,每次试验都可以写成如下的(0-1)分布:
$$P(X = 0) = 1 - p = q$$
$$P(X = 1) = p$$

(1)正面出现 0 次的概率。正面出现 0 次可能发生的情况只有 1 种,就是 4 次抛掷全部出现反面,用○表示正面,用●表示反面,可以表示为:

●●●● $qqqq = C_4^0 p^0 q^4$

由于反面出现的概率是 q,而且 4 次抛掷是相互独立的,因此总的概率就是 q^4。$C_4^0 p^0$ 是前面的系数,$C_4^0 = 1$ 表示 4 次抛掷正面出现 0 次的情况只有一种,p^0 表示正面出现 0 次,虽然 $C_4^0 p^0 = 1$,但这样写可以和出现其他正面次数的情况进行比较。

(2)正面出现 1 次的概率。正面出现 1 次可能发生的情况有 4 种:

$$\left.\begin{array}{l}○●●● \quad pqqq = p^1 q^{4-1} \\ ●○●● \quad qpqq = p^1 q^{4-1} \\ ●●○● \quad qqpq = p^1 q^{4-1} \\ ●●●○ \quad qqqp = p^1 q^{4-1}\end{array}\right\} = C_4^1 p^1 q^{4-1}$$

对每一种可能的情况,都是由 4 次独立试验所构成,因此概率为 $p^1 q^{4-1}$。而这 4 种情况为互不相容事件,因此总的概率为 4 种情况之和,所以写成 $C_4^1 p^1 q^{4-1}$。

(3)正面出现 2 次的概率。正面出现 2 次可能发生的情况有 6 种:

$$\left.\begin{array}{l}○○●● \quad ppqq = p^2 q^{4-2} \\ ●●○○ \quad qqpp = p^2 q^{4-2} \\ ○●●○ \quad pqqp = p^2 q^{4-2} \\ ●○○● \quad qppq = p^2 q^{4-2} \\ ○●○● \quad pqpq = p^2 q^{4-2} \\ ●○●○ \quad qpqp = p^2 q^{4-2}\end{array}\right\} = C_4^2 p^2 q^{4-2}$$

总的概率为 6 种情况之和,写成 $C_4^2 p^2 q^{4-2}$。

(4)正面出现 3 次的概率。正面出现 3 次可能发生的情况有 4 种:

$$\left.\begin{array}{l}○○○● \quad pppq = p^3 q^{4-3} \\ ○○●○ \quad ppqp = p^3 q^{4-3} \\ ○●○○ \quad pqpp = p^3 q^{4-3} \\ ●○○○ \quad qppp = p^3 q^{4-3}\end{array}\right\} = C_4^3 p^3 q^{4-3}$$

总的概率为 4 种情况之和,写成 $C_4^3 p^3 q^{4-3}$。

(5)正面出现 4 次的概率。正面出现 4 次可能发生的情况有 1 种：

○○○○　　$pppp = C_4^4 p^4 q^{4-4}$

综合以上 5 种情况，设随机变量 X 为"4 次独立试验中正面出现的次数"，可以得到表 6-6。

表 6-6　4 次独立试验中正面出现次数的概率分布

X	0	1	2	3	4
$P(X=x)$	$C_4^0 p^0 q^{4-0}$	$C_4^1 p^1 q^{4-1}$	$C_4^2 p^2 q^{4-2}$	$C_4^3 p^3 q^{4-3}$	$C_4^4 p^4 q^{4-4}$

如果把独立试验的次数推广到 n 次，X 的可能值就有 $n+1$ 个，相应的概率公式也有 $n+1$ 个，不能再用表 6-6 来表达，但如果注意到概率公式之间的内在联系，我们可以采用如下的形式：

$$P(X=x) = C_n^x p^x q^{n-x}$$

显然

$$P(X=x) \geqslant 0, x = 0, 1, 2, \cdots, n$$

$$\sum_{x=0}^{n} C_n^x p^x q^{n-x} = (p+q)^n = 1$$

注意到 $C_n^x p^x q^{n-x}$ 正好是二项式 $(p+q)^n$ 的展开式中的第 $n+1$ 项，因此我们称随机变量 X 服从二项分布，参数为 n, p，并记作 $X \sim B(n, p)$。[①] 当 $n=1$ 时，二项分布就是 (0-1) 分布。

二项分布的期望值和方差分别为：

$$E(X) = np$$
$$D(X) = npq$$

从理论上讲，二项分布只能应用于当样本取自无限总体的情况，但在实际工作中，样本往往来自有限总体，在这种情况下，只有当 n 相对于总体容量 N 很小时，使用二项分布才是合理的，此时"成功"的概率 p 或"失败"的概率 $q=1-p$ 作为常数这一要求不会受到严重影响。经验的做法是，只要 N 至少是 n 的 10 倍，就可以认为 n 相对于 N 很小了。

根据二项分布的概率密度函数，我们不仅可以知道随机变量整个概率分布的全貌，而且可以推算出变量取值在某一区间的概率：

(1) "成功"至多出现 m 次的概率为：

[①] 式中的 C_n^x 表示从 n 个元素中抽取 x 个元素的组合，计算公式为：$C_n^x = \dfrac{n!}{x!(n-x)!}$

$$P(0 \leqslant X \leqslant m) = \sum_{x=0}^{m} C_n^x p^x q^{n-x}$$

(2)"成功"至少出现 m 次的概率为：

$$P(m \leqslant X \leqslant n) = \sum_{x=m}^{n} C_n^x p^x q^{n-x}$$

(3)"成功"出现不少于 a 次不多于 b 次的概率为：

$$P(a \leqslant X \leqslant b) = \sum_{x=a}^{b} C_n^x p^x q^{n-x}$$

【例 6-13】 已知一批产品的废品率为 5%，重复抽取 10 件产品进行检验。试求：(1)2 件产品为废品的概率；(2)至多 2 件产品为废品的概率；(3)废品件数多于 2 件的概率。

用"成功"表示产品为废品，由题意可知 $p=0.05$。

$$\begin{aligned}
P(X = 2) &= C_{10}^2 p^2 q^{10-2} \\
&= \frac{10 \times 9}{2 \times 1} \times (0.05)^2 \times (0.95)^8 \\
&= 45 \times 0.0025 \times 0.6634 \\
&= 0.0746
\end{aligned}$$

$$\begin{aligned}
P(0 \leqslant X \leqslant 2) &= \sum_{x=0}^{2} C_{10}^x p^x q^{10-x} \\
&= C_{10}^0 p^0 q^{10-0} + C_{10}^1 p^1 q^{10-1} + C_{10}^2 p^2 q^{10-2} \\
&= 1 \times (0.05)^0 \times (0.95)^{10} + 10 \times (0.05)^1 \times (0.95)^9 + \\
&\quad \frac{10 \times 9}{2 \times 1} \times (0.05)^2 \times (0.95)^8 \\
&= 0.5987 + 0.3151 + 0.0746 \\
&= 0.9884
\end{aligned}$$

$$P(X > 2) = \sum_{x=3}^{10} C_{10}^x p^x q^{10-x} = 1 - \sum_{x=0}^{2} C_{10}^x p^x q^{10-x} = 1 - 0.9884 = 0.0116$$

【例 6-14】 某证券公司对 8 支股票进行分析，认为在未来一段时间内每一支股票价格下跌的概率为 0.35，并且每一支股票的价格变动是相互独立的。试求：(1)正好 4 支股票价格下跌的概率；(2)4 支或更多股票价格下跌的概率；(3)股票价格变动相互独立的假定是否符合现实，如果不符合，能否应用二项分布。

用"成功"表示股票价格下跌，由题意可知 $p=0.35$。

$$\begin{aligned}
P(X = 4) &= C_8^4 p^4 q^{8-4} \\
&= C_8^4 \times (0.35)^4 \times (0.65)^4
\end{aligned}$$

$$= 0.1875$$

$$P(4 \leqslant X \leqslant 8) = \sum_{x=4}^{8} C_8^x p^x q^{8-x} = 1 - \sum_{x=0}^{3} C_8^x p^x q^{8-x} = 1 - 0.7064 = 0.2936$$

显然股票价格变动相互独立的假定不符合现实,因此二项分布不是适当的概率分布。

三、连续型随机变量的概率分布

1. 连续型随机变量概率分布的概念

设连续型随机变量 X 在 $(-\infty, +\infty)$ 内取值,如果存在非负可积函数 $f(x)$,对任意 $x_1, x_2 (x_1 < x_2)$,有

$$P(x_1 \leqslant X \leqslant x_2) = \int_{x_1}^{x_2} f(x) \mathrm{d}x, \quad x_1, x_2 \in (-\infty, +\infty)$$

则称函数 $f(x)$ 为连续型随机变量 X 的概率密度函数。称函数

$$F(x) = P(X \leqslant x) = \int_{-\infty}^{x} f(t) \mathrm{d}t$$

为连续型随机变量 X 的累积分布函数。上述概率密度函数和累积分布函数统称为连续型随机变量的概率分布。

连续型随机变量的概率分布有如下性质:

(1) $f(x) \geqslant 0$。

(2) $\int_{-\infty}^{+\infty} f(x) \mathrm{d}x = 1$。

(3) $P(a \leqslant X \leqslant b) = F(b) - F(a) = \int_{a}^{b} f(x) \mathrm{d}x$。

和离散型随机变量不同,连续型随机变量的概率分布度量的是随机变量在某一特定范围或区间内的概率。由于连续型随机变量取某一特定值的概率为 0,其概率分布也就不能像离散型随机变量那样用各个可能值的概率表示,只能用函数形式或图形来描述。

如图 6-2 所示,概率密度函数曲线都在 x 轴的上方,曲线和 x 轴所围成的面积为 1,随机变量 X 在 a 和 b 之间的概率 $P(a \leqslant X \leqslant b)$ 是曲线下 a 和 b 之间的面积。

2. 正态分布

在连续型随机变量中,最重要的一种随机变量是具有"钟型"概率分布的随机变量,这就是正态分布。

(1) 正态分布的定义和性质。

如果连续型随机变量 X 的概率密度函数为

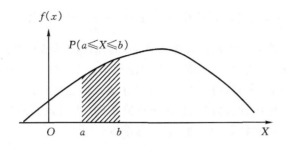

图 6-2 连续型随机变量概率分布

$$f(x) = \frac{1}{\sqrt{2\pi}\sigma} e^{-\frac{1}{2\sigma^2}(x-\mu)^2}, \quad -\infty < x < +\infty$$

则称 X 服从正态分布,记作 $X \sim N(\mu, \sigma^2)$,其中 $-\infty < \mu < +\infty$,$\sigma > 0$,μ 为随机变量 X 的均值,σ 为随机变量 X 的标准差,它们是正态分布的两个参数。

$X \sim N(\mu, \sigma^2)$ 通常读作随机变量 X 服从均值为 μ,方差为 σ^2 的正态分布。

根据概率密度函数的定义,可以求得正态分布的分布函数为:

$$F(x) = \int_{-\infty}^{x} f(t) dt = \frac{1}{\sqrt{2\pi}\sigma} \int_{-\infty}^{x} e^{-\frac{1}{2\sigma^2}(t-\mu)^2} dt$$

正态分布的概率密度函数如图 6-3 所示。

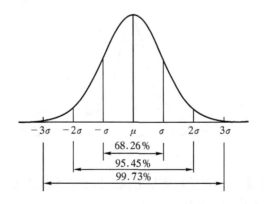

图 6-3 正态分布

正态分布的概率密度函数具有如下性质:

① 随机变量取值区域是整个 x 轴,曲线无论向左或向右延伸均以 x 轴为渐近线。

② 曲线都在 x 轴的上方,它和 x 轴所围成的区域总面积为 1。

③在 $x=\mu$ 处,曲线达到最高点 $f(\mu)=\dfrac{1}{\sqrt{2\pi}\sigma}$,向两边逐渐降低,即正态分布随机变量在远离均值处取值的概率逐渐变小,曲线的形状呈"钟型"。

④曲线以 $x=\mu$ 为对称轴,曲线下的面积约有 68.26% 位于 $\mu\pm\sigma$ 之间,约有 95.45% 位于 $\mu\pm 2\sigma$ 之间,约有 99.73% 位于 $\mu\pm 3\sigma$ 之间。

⑤均值 μ 是曲线的位置参数,μ 的数值不同,曲线最高点的横坐标也不同。当 $\mu=0$ 时,曲线的对称轴与 y 轴重合,如图 6-4 所示。

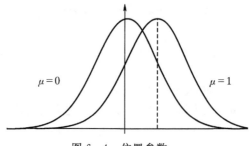

图 6-4　位置参数 μ

⑥标准差 σ 是曲线的形状参数,它的数值大小反映了曲线胖瘦程度。σ 越大,曲线越矮越胖,随机变量在均值 μ 附近出现的概率越小;σ 越小,曲线越高越瘦,随机变量在均值 μ 附近出现的概率越大,如图 6-5 所示。

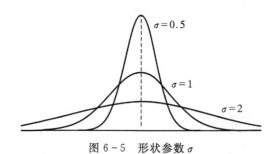

图 6-5　形状参数 σ

⑦两个或多个正态分布随机变量的线性组合仍服从正态分布。

设 X,Y 为两个正态分布随机变量

$$X \sim N(\mu_X, \sigma_X^2),\ Y \sim N(\mu_Y, \sigma_Y^2)$$

则它们的线性组合 $W=aX+bY$ 仍服从正态分布

$$W \sim N(\mu_W, \sigma_W^2)\ ①$$

---

①　其中 $\mu_W=(a\mu_X+b\mu_Y)$,$\sigma_W^2=(a^2\sigma_X^2+b^2\sigma_Y^2+2ab\,\text{cov}(X,Y))$。

(2)标准正态分布。

当 $\mu=0, \sigma=1$ 时,相应的正态分布 $X \sim N(0,1)$ 称为标准正态分布。通常用 $\varphi(x)$ 表示标准正态分布的概率密度函数,用 $\Phi(x)$ 表示标准正态分布的分布函数:

$$\varphi(x) = \frac{1}{\sqrt{2\pi}} e^{-\frac{1}{2}x^2}, \quad -\infty < x < +\infty$$

$$\Phi(x) = \int_{-\infty}^{x} \varphi(t) \mathrm{d}t = \frac{1}{\sqrt{2\pi}} \int_{-\infty}^{x} e^{-\frac{1}{2}t^2} \mathrm{d}t$$

标准正态分布的概率密度函数如图 6-6 所示。

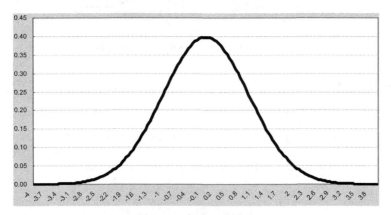

图 6-6 标准正态分布

尽管正态分布有非常好的性质,只需要两个数字特征均值 μ 和标准差 σ 就可以描述,但正如我们在图 6-4、图 6-5 中所看到的,两个正态分布的随机变量可能因为它们的均值 μ 或标准差 σ 的不同,或是均值 μ 和标准差 σ 均不同而有很大差别。为了研究这些不同的随机变量,我们不妨定义一个新变量 Z:

$$Z = \frac{X - \mu}{\sigma}$$

根据前面介绍的正态分布第 7 条性质,如果随机变量 X 的均值为 μ,标准差为 σ,则变量 Z 也是正态分布随机变量,而且它的均值为 0,标准差为 1,这就是标准正态分布。经过这样的标准化将一般正态分布转化为标准正态分布之后,通过查表就可以解决正态分布的计算问题,计算大为简便。

通常,正态分布的分布函数表给出的是 $(-\infty, x)$ 时 $\Phi(x)$ 的函数值,如图 6-7 所示。在图 6-7 的情况下,我们有:

$$P(X \leqslant a) = \Phi(a)$$
$$P(a \leqslant X \leqslant b) = \Phi(b) - \Phi(a)$$

$$\Phi(-x) = 1 - \Phi(x)$$
$$P(|X| \leqslant a) = 2\Phi(a) - 1$$

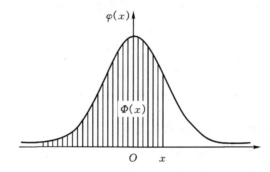

图 6-7 从 $-\infty$ 到 x 的阴影部分的面积

【例 6-15】 设 $X \sim N(0,1)$，求以下概率：(1)$P(X \leqslant 1.5)$；(2)$P(X \geqslant 2)$；(3)$P(-1 \leqslant X \leqslant 3)$；(4)$P(|X| \leqslant 2)$。

$$P(X \leqslant 1.5) = \int_{-\infty}^{1.5} \varphi(t)\mathrm{d}t = \Phi(1.5) = 0.9332$$

$$P(X \geqslant 2) = 1 - \Phi(2) = 1 - 0.9772 = 0.0228$$

$$\begin{aligned}P(-1 \leqslant X \leqslant 3) &= \Phi(3) - \Phi(-1)\\ &= \Phi(3) - (1 - \Phi(1))\\ &= 0.9987 - (1 - 0.8413)\\ &= 0.84\end{aligned}$$

$$P(|X| \leqslant 2) = 2\Phi(2) - 1 = 0.9545$$

【例 6-16】 设 $X \sim N(5, 3^2)$，求以下概率：(1)$P(X \leqslant 10)$；(2)$P(2 \leqslant X \leqslant 10)$。

$$\begin{aligned}P(X \leqslant 10) &= P\left(\frac{X-5}{3} \leqslant \frac{10-5}{3}\right)\\ &= P\left(\frac{X-5}{3} \leqslant 1.67\right)\\ &= \int_{-\infty}^{1.67} \varphi(t)\mathrm{d}t = \Phi(1.67) = 0.9525\end{aligned}$$

$$\begin{aligned}P(2 \leqslant X \leqslant 10) &= P\left(\frac{2-5}{3} \leqslant \frac{X-5}{3} \leqslant \frac{10-5}{3}\right)\\ &= P\left(-1 \leqslant \frac{X-5}{3} \leqslant 1.67\right)\\ &= \Phi(1.67) - \Phi(-1)\\ &= 0.9525 - (1 - 0.8413) = 0.7938\end{aligned}$$

(3) 正态分布的应用。

现实中有许多随机现象都服从或近似服从正态分布。例如,人的身高和体重、测量某一零件时的误差、各类设备的使用寿命、植物的生长以及其他随机变量,都服从或近似服从正态分布。因此正态分布在统计中具有极其重要的实践意义,下面举几个实例说明其应用过程。

【例6-17】 某企业生产的节能灯使用寿命呈正态分布,其均值为1 000小时,标准差为200小时,试求使用寿命在下列范围的概率:(1)800~1 200小时之间;(2)1 150~1 450小时之间;(3)920~1 450小时之间;(4)小于920小时。

已知 $X \sim N(1\,000, 200^2)$,则 $Z = \dfrac{X-1\,000}{200} \sim N(0,1)$

$$\begin{aligned}
P(800 \leqslant X \leqslant 1\,200) &= P\left(\dfrac{800-1\,000}{200} \leqslant \dfrac{X-1\,000}{200} \leqslant \dfrac{1\,200-1\,000}{200}\right) \\
&= P(-1 \leqslant Z \leqslant 1) \\
&= 2\Phi(1) - 1 \\
&= 2 \times 0.841\,3 - 1 \\
&= 0.682\,6
\end{aligned}$$

$$\begin{aligned}
P(1\,150 \leqslant X \leqslant 1\,450) &= P\left(\dfrac{1\,150-1\,000}{200} \leqslant \dfrac{X-1\,000}{200} \leqslant \dfrac{1\,450-1\,000}{200}\right) \\
&= P(0.75 \leqslant Z \leqslant 2.25) \\
&= \Phi(2.25) - \Phi(0.75) \\
&= 0.987\,8 - 0.773\,4 \\
&= 0.214\,4
\end{aligned}$$

$$\begin{aligned}
P(920 \leqslant X \leqslant 1\,450) &= P\left(\dfrac{920-1\,000}{200} \leqslant \dfrac{X-1\,000}{200} \leqslant \dfrac{1\,450-1\,000}{200}\right) \\
&= P(-0.40 \leqslant Z \leqslant 2.25) \\
&= \Phi(2.25) - (1 - \Phi(0.40)) \\
&= 0.987\,8 - (1 - 0.655\,4) \\
&= 0.643\,2
\end{aligned}$$

$$\begin{aligned}
P(X \leqslant 920) &= P\left(\dfrac{X-1\,000}{200} \leqslant \dfrac{920-1\,000}{200}\right) \\
&= P(Z \leqslant -0.40) \\
&= 1 - \Phi(0.40) \\
&= 1 - 0.655\,4 \\
&= 0.344\,6
\end{aligned}$$

【例 6-18】 某种零件的长度服从正态分布,平均长度为 10 mm,标准差为 0.2 mm,从该种零件中随机抽取一件,试求长度在下列范围的概率:(1)9.6~10.4 mm;(2)9.4~10.6 mm(3)小于 9.4 mm。

已知 $X \sim N(10, 0.2^2)$,则 $Z = \dfrac{X-10}{0.2} \sim N(0,1)$

$$P(9.6 \leqslant X \leqslant 10.4) = P\left(\dfrac{9.6-10}{0.2} \leqslant \dfrac{X-10}{0.2} \leqslant \dfrac{10.4-10}{0.2}\right)$$
$$= P(-2 \leqslant Z \leqslant 2)$$
$$= 2\Phi(2) - 1$$
$$= 0.954\ 5$$

$$P(9.4 \leqslant X \leqslant 10.6) = P\left(\dfrac{9.4-10}{0.2} \leqslant \dfrac{X-10}{0.2} \leqslant \dfrac{10.6-10}{0.2}\right)$$
$$= P(-3 \leqslant Z \leqslant 3)$$
$$= 2\Phi(3) - 1$$
$$= 0.997\ 3$$

$$P(X \leqslant 9.4) = P\left(\dfrac{X-10}{0.2} \leqslant \dfrac{9.4-10}{0.2}\right)$$
$$= P(Z \leqslant -3)$$
$$= 1 - \Phi(3)$$
$$= 0.001\ 3$$

由上面的实例可以看到,当 $X \sim N(0,1)$ 时,有

$$P(|X| \leqslant 1) = 2\Phi(1) - 1 = 0.682\ 6$$
$$P(|X| \leqslant 2) = 2\Phi(2) - 1 = 0.954\ 5$$
$$P(|X| \leqslant 3) = 2\Phi(3) - 1 = 0.997\ 3$$

这说明,X 的取值几乎全部集中在 $[-3,3]$ 区间内,超出这个范围的概率不到 0.3%。

将这些结论推广到一般正态分布,当 $X \sim N(\mu, \sigma^2)$ 时,有

$$P(|X - \mu| \leqslant \sigma) = 0.682\ 6$$
$$P(|X - \mu| \leqslant 2\sigma) = 0.954\ 5$$
$$P(|X - \mu| \leqslant 3\sigma) = 0.997\ 3$$

显然 $|X-\mu| > 3\sigma$ 的概率是很小的,因此可以认为 X 的取值几乎一定落在区间 $(\mu-3\sigma, \mu+3\sigma)$ 内。这被称为"3σ 准则",3σ 准则在质量控制中有着重要的应用。

思考与练习

1. 什么是正态分布？它有哪些基本特征？
2. 利率上升的概率估计为 0.8，如果利率上升，股票价格指数下跌的概率估计为 0.9。如果利率不上升，股票指数仍然下跌的概率为 0.4。求股票指数下跌的概率是多少？
3. 某风险投资公司对 10 个项目投资，假设任何一项投资成功的概率为 0.1，求以下概率：(1)正好有 1 项投资成功；(2)至少有 1 项投资成功；(3)10 项投资全部失败。
4. 某次经济学考试的成绩服从正态分布，均值为 70 分，标准差为 10 分，求以下概率：(1)得分少于 60 分的概率；(2)得分在 70~90 分的概率；(3)得分在 80 分以上的概率。

第七章 参数估计与假设检验

统计推断是现代统计学的主要内容,由参数估计和假设检验两部分组成。参数估计研究如何由样本指标推断总体参数,而假设检验则是先对我们关心的而又未知的总体参数提出某种假设,然后利用样本信息判断假设是否成立的过程。其中抽样是进行统计推断的基础性工作。本章主要介绍统计推断的基本原理、抽样及抽样分布的概念、参数估计的方法,以及假设检验的基本方法和应用等。

第一节 参数估计的一般问题

为了系统地学习参数估计的基本理论和方法,需要先熟悉和掌握与之有关的几组概念和抽样的组织形式。这些内容是我们学习参数估计和假设检验的基础。

一、参数估计的概念

参数估计也称抽样推断,是指从所研究的总体中随机抽取一部分单位(元素)进行调查,并根据抽中的单位(样本)所提供的信息来推断总体的数量特征(参数)。

在统计分析中,运用全面调查收集整理的数据可以得到有关总体的数量特征,如总体均值、方差、比例等。但是,在现实的经济生活中,有些现象的范围较广,不可能对总体中的每个单位都进行观测,而面对无限总体我们更是不可能也没有必要进行一一测定。这就需要采用抽样调查的方法收集数据,进而利用这些数据来推断总体的数量特征。比如,要检验一批灯泡的使用寿命,由于测试是破坏性的,不可能对每只灯泡都进行测试,只能抽取一部分灯泡作测试,据此推断该批灯泡的平均寿命(总体数量特征)能否达到质量标准。类似的例子还可以举很多:电视台对节目收视率的调查,企业对产品满意度的调查,以及有关的民意测验,等等,最终都是要用样本数据来推断总体参数。

参数估计和假设检验都是利用样本对总体进行某种推断,但推断的角度不同。参数估计讨论的是用样本统计量估计总体参数的方法。而在假设检验中,需要先对参数值提出一个假设,然后利用样本信息去检验这个假设是否成立。如果成立,就接受这个假设;如果不成立,就放弃它(我们将在第四节讨论假设检验的内容)。

二、有关参数估计的几组概念

1. 总体和样本

(1)总体。总体就是统计研究对象的全体,也就是抽样推断的对象,又称全及总体。总体按照各单位标志的性质不同,可以分为属性总体和变量总体。属性总体所研究的单位的标志是品质标志。比如,研究性别差异的出生婴儿总体,考察产品质量好坏的产品总体,都属于属性总体。变量总体所研究的单位的标志是数量标志。比如,反映职工工资水平高低的职工总体,反映学生年龄大小的学生总体,都属于变量总体。在抽样推断中,根据需要既可以对属性总体的数量特征进行推断,也可以对变量总体的数量特征进行推断。

总体中所包含的全部单位数称为总体容量,或总体单位数,一般用"N"表示。

(2)样本。样本也称样本总体,或随机样本,是指按照预先规定的概率从总体中按随机原则抽取若干单位所组成的集合。其中,被抽中的每个单位称为样本单位。例如,要研究某一城市商业网点的经营状况,从2 185个商业网点中随机抽取了60个进行观察,这60个商业网点就构成了一个随机样本,其中每个被抽中的商业网点即为样本单位。

样本中所包含的全部单位数称为样本容量,或样本单位数,一般用"n"表示。如上例中的样本容量 $n=60$,而总体容量 $N=2\ 185$。在抽样推断中,样本又有大样本和小样本之分。$n<30$ 称作小样本,$n \geqslant 30$ 称作大样本。值得注意的是,样本容量与样本个数是两个不同的概念。样本个数是指从一个总体中可能抽取到的所有随机样本的数量,即理论上可以从中抽出的全部样本配合数,用"M"表示。而样本容量则指实际抽样中某一随机样本内部所包含的样本单位的个数。样本个数可以根据抽样方式的不同和是否考虑顺序进行计算。

2. 总体指标和样本指标

(1)总体指标,也称总体参数。它是根据总体各单位的标志值或属性特征计算的。在抽样推断中,总体指标既是唯一的,也是未知的,是需要通过推断确定的总体数量特征。它包括总体平均数 μ(或称总体均值)、总体成数 π(或称总体比例)、总体方差 σ^2 和总体标准差 σ(或称总体均方差)。

(2) 样本指标,也称样本统计量。它是根据样本各单位的标志值或属性特征计算的,是用来估计总体参数的指标。在抽样调查中,由于样本是随机确定的,所以根据随机样本计算的样本统计量是一个随机变量。换言之,抽取的样本不同,样本统计量的数值就可能不同。当然,在抽定以后,它就是一个确定值。样本统计量包括样本平均数 $\bar{x}$(或称样本均值)、样本成数 p(或称样本比例)、样本方差 s^2 和样本标准差 s。

抽样推断就是研究如何由样本指标推算总体指标的科学方法。

3. 抽样方式

(1) 重复抽样,又称重置抽样,或有放回抽取法。重复抽样是每次随机抽取一个单元(或单位,下同),记录有关标志表现之后放回总体中,再从总体中抽取下一个样本单元,记录有关标志表现之后再放回总体中,如此抽取 n 次,构成一个容量为 n 的样本。这种抽样方法的特点是:同一总体单位可能被重复抽中且每次抽取是独立的,都是在 N 个总体单位中抽一个。例如,从 20 个总体单位中抽 2 个单位构成样本,若第一次抽中 5 号单位,第二次也有抽中 5 号单位的可能。第一次抽取的结果并不影响第二次抽取的结果,每次抽取中各总体单位被抽中的概率都是 $1/N$。

(2) 不重复抽样,也称不重置抽样,或不放回抽取法。它是从总体中每次随机抽取一个单元,记录有关标志表现之后不再放回总体,在余下的总体中随机抽取下一个单元,如此抽取 n 次;或者从总体中一次随机抽取 n 个单元构成样本。不重复抽样方法的特点是:同一总体单位不可能被再次抽中,并且每次抽取不是独立的,上次抽取的结果会影响下次抽取的结果,每次抽取是在不同数目的总体单位中进行的。例如,从 10 个总体单位中抽 3 个单位构成样本,若第一次抽中 6 号单位,第二次只能在其余 9 个单位中抽选,不可能再抽到 6 号单位,同理第三次只能在余下的 8 个单位中抽取。因此,每个总体单位被抽中的概率是不相等的。

三、抽样的组织形式

抽样的组织形式是指随机抽取样本的组织形式,主要有简单随机抽样、类型抽样、等距抽样、整群抽样和多阶段抽样等五种基本形式。

1. 简单随机抽样

简单随机抽样也称纯随机抽样,它是按照随机原则,直接从总体 N 个单位中抽取 n 个单位的抽样方法。在抽样调查中,特别是对社会经济现象的抽样调查中,简单随机抽样一般是指不重复抽样。简单随机抽样是其他抽样方法的基础,因为它在理论上最容易处理,而且当总体单位数 N 不太大时,实施起来也不困难。

常用的简单随机抽样方法有两种:抽签法和随机数字表法。

(1)抽签法。按照抽签法抽样的程序是:首先将总体单位编号,通常是按照自然顺序对总体单位进行编号,然后将特制的对应号签充分混合,从中随机抽取若干号签,找到与之对应的总体单位即组成样本。例如,某保险公司在北京、上海、广州三地共有 3 000 家客户,为了全面提高公司的服务质量,在年底拟对客户进行服务满意度抽样调查。按照抽签法的抽样过程:在抽样之前将 3 000 家客户依次编号,分别为 0001,0002,0003,…,3000。若计划从中抽取 60 家客户作为样本,就可以将 3 000 个号签摇匀,然后随机抽取 60 个编号,继而确定最终所抽取的样本。如果抽取的样本数量较少,使用这种方法较为适宜。但如果样本数量较大(如抽取数量超过 100 以上的样本),就应该采用随机数字表进行抽样。

(2)随机数字表法。随机数字表是利用电子计算机电子脉冲随机产生的数字系列,并且是经过随机性检验确定下来的。Excel 有产生随机数字的功能(具体操作见后)。

使用这种方法抽样的程序是:首先将总体单位编号,在表中确定随机数的起始位置,然后按行或列取得随机数字,找到与之对应的总体单位即组成样本。如上例中将 3 000 家客户依次编号,分别为 0001,0002,0003,…,3000,然后利用随机数字表抽取 60 家客户。

由于客户的最大编号是 3000,是 4 位数,所以可在随机数字表中任意取 4 列。凡是 4 位数字小于或等于我们的编号的,就作为样本的一个客户选出,大于编号的就跳过,遇到随机数字表的列尾时就折返回去,再连续选 4 列,直到选够 60 家客户为止。

随机数表的使用十分简单,但当样本数量过大时,应用起来还是比较困难的。随着计算机的普及和应用,随机数字的产生成为一件容易的事情。例如,本例用 Excel 产生的 60 个随机数字如下:

1146	0302	1789	2697	2654	2875	0043	1222	2590	0416
0735	0136	0097	0492	0659	0051	0855	1029	1661	1072
1116	1067	2731	1398	1278	0912	2927	2420	2974	0769
2855	0160	2115	2450	2918	1399	0901	2251	1054	2327
0223	0595	0192	1075	1461	1534	1120	2958	0122	0692
0015	2778	0301	0770	2327	2039	2427	2173	0255	0397

2. 类型抽样

类型抽样又称分层抽样,它是在抽样之前先将总体中的所有单位按照某种特征或标志(如性别、年龄等)划分成若干类型或层次,然后在各个类型或层次中采用简单随机抽样方法抽取一个子样本,最后,将这些子样本合起来构成总体的样本。

在分层的过程中要保证各层内部差异性较小,各层之间差异性较大。各层的划分可根据研究者的判断或研究的需要进行,以便使所抽取的样本能够充分地代表总体的特征。比如,研究的对象为人时,可按性别、年龄等分层;研究收入的差异时,可按城乡分层,等等。

按照各层之间的抽样比例是否相同,分层抽样可分为等比例分层抽样与非等比例分层抽样两种。按等比例分层抽样即根据各种类型或层次中的单位数目占总体单位数目的比重来抽取子样本。例如,假定某大学的商学院想对今年的毕业生进行一次调查,以便了解他们的就业倾向。该学院有 5 个专业:会计、金融、市场营销、营销管理、信息系统。今年共有 1 500 名毕业生,其中会计专业 500 名,金融专业 350 名,市场营销专业 300 名,营销管理专业 150 名,信息系统专业 200 名。假定要选取 180 人作为样本,各专业应抽取的人数分别为:会计专业 60 人,金融专业 42 人,市场营销专业 36 人,营销管理专业 18 人,信息系统专业 24 人。但是,如果有的层在总体中的比重太小,其样本量就会非常少,此时就可以采用非等比例分层抽样。

分层抽样是一种常用的抽样方式。它具有以下优点:

(1)分层抽样除了可以对总体进行估计外,还可以对各层的子总体进行估计。

(2)分层抽样可以按自然区域或行政区域进行分层,使抽样的组织和实施都比较方便。

(3)分层抽样的样本分布在各个层内,从而使样本在总体中的分布比较均匀。

(4)分层抽样可以提高估计的精度。

因此,分层抽样一般比其他抽样方法更为精确,能够通过对较少的样本进行调查,得到比较准确的推断结果,特别是当总体数目较大、内部结构复杂时,常能取得令人满意的效果。

3. 等距抽样

等距抽样也称系统抽样或机械抽样。它是首先将总体中各单位按一定顺序(或按某种标志)排列,根据样本容量要求确定抽选间隔,然后随机确定起点,每隔一定的间隔抽取一个单位而组成样本的一种抽样方式。上面提到的保险公司对客户的抽样若按照系统抽样程序则是：抽样之前将 3 000 家客户依次编号，分别为 0001，0002，0003，…，3000，若计划从中抽取 100 家客户作为样本，则抽取的间隔是 3 000÷100＝30，也就是说每隔 30 个客户抽出一个客户。抽取单位的起点可以由随机数字表确定，也可以由计算机生成一个随机数字。例如，我们使用计算机生成的随机数字 67 作为随机起点，即编号为 67 号的客户作为第一个样本单位，然后每隔 30 个客户抽取一个，这样 67＋30＝97 号的客户作为第 2 个样本单位，依次进行。到编号的最后时，再返回到编号的开始一端，直到抽够 100 个客户为止。

等距抽样具有以下优点：

(1) 简便易行。当抽样容量很大时，简单随机抽样要逐个使用随机数表抽选也是相当麻烦的，而系统抽样有了总体元素的排序，只要确定出抽样的起点和间隔后，样本元素也就随之确定，而且可以利用现有的排列顺序，如抽选学生时利用学校的花名册，抽选居民时可利用居委会的户口登记簿，等等，方便操作。因此系统抽样常用来代替简单随机抽样。

(2) 系统抽样的样本在总体中的分布一般也比较均匀，因此估计的误差通常要小于简单随机抽样。如果掌握了总体的有关信息，将总体各元素按有关标志排列，就可以提高估计的精度。

4. 整群抽样

整群抽样是首先将总体中各单位合并成若干个互不交叉、互不重复的集合，称之为群，总体中的每个单位属于且只属于一个群，每个群都能够较好地代表总体的特征，然后以群为单位抽取一个或一个以上的群作为样本的一种抽样方式。整群抽样时，群的划分可以按自然的或行政的区域进行，也可以人为地组成群。比如，在抽选地区时，可以将一个地区作为一群，在抽取居民户时，可以将一个居民区作为一群。

在进行大规模的抽样调查时，往往总体单位多、分布范围广、缺乏总体单位的抽样框，这种情况下适宜采用整群抽样。以保险公司对客户的抽样为例，由于该公司的 3 000 家客户分布在北京、上海、广州三地，可以按客户所在的地理位置分为 3 个群，即北京的客户为一个群、上海的客户为一个群、广州的客户为一个群，这样可以从中抽取一个群，将这个群内所有客户作为样本单位。

整群抽样的优点是：不需要有总体元素的具体名单而只要有群的名单就可以进行抽样，而群的名单比较容易得到。此外，整群抽样时群内各元素比较集中，对样本进行调查比较方便，节约费用。当群内的各元素存在差异时，整群抽样可以提供较好的结果，理想的情况是每一个群都是整个总体的一个缩影。在这种情况下,抽取很少的群就可以提供有关总体特征的信息。如果实际情况不是这样,整群抽样的误差会很大,效果也就很差。

5. 多阶段抽样

上述四种抽样方式都是对总体进行一次性抽样,就得到一个完整的样本,这种抽样叫单阶段抽样。在总体容量很大或分布很广的情况下,很难通过一次抽样得到一个完整的样本,这就需要把整个抽样的程序分成若干个阶段,分阶段地进行抽样,最终形成一个完整的样本,这种抽样形式称作多阶段抽样。例如,在农产量抽样调查中,第一阶段可以从省抽县,第二阶段从中选的县再抽乡,第三个阶段从中选的乡再抽村,第四个阶段从中选的村再抽地块,把抽中的所有地块面积作为样本,并根据样本的数据推算产量。

多阶段抽样的优点是抽样中能够把各种抽样方式结合起来进行,最大限度地保证样本的代表性,减少抽样误差的发生,推算的结果一般也比较接近实际。

第二节 抽样分布与抽样误差

抽样分布是参数估计中的一个重要概念,它是我们进行抽样推断的基础。抽样分布是指样本统计量的概率分布,比如样本均值的分布、样本比例的分布等,本节将在第六章所介绍的几种重要的概率分布的基础上,就不同抽样组织形式的抽样误差的计算方法进行介绍。这些内容都是参数估计与假设检验的基础。

一、样本均值和样本比例的抽样分布

抽样的目的就是要根据样本统计量去估计总体参数。要做这样的估计,我们就必须知道样本统计量的分布。它是统计推断的基础。

每个随机变量都有其概率分布。样本统计量是一种随机变量,它有若干可能取值,每个可能取值都有一定的概率,从而形成它的概率分布,这种样本统计量的概率分布在统计上称为抽样分布。事实上,现实中我们不可能将所有的样本都抽出来,某个样本统计量的抽样分布,从理论上说就是在重复选取容量为 n 的样本时,由每一个样本算出的该统计量数值的相对频数分布或概率分布。可见,样本统计量的抽样分布实际上是一种理论分布。抽样分布反映样本的分布特征,是抽样推断的重要依据。

由前面的介绍可知,从总体中抽取样本的组织形式和方法有多种,其中简单随机抽样是最常用的,以下讨论的就是简单随机抽样方式下有关抽样分布的问题。

为了概括有关统计量抽样分布的一般规律,进而对总体进行参数估计,需要研究来自总体的所有可能样本统计量的分布问题,比如样本均值的分布、样本比例的分布等,下面分别介绍。

1. 样本均值的抽样分布

样本均值的抽样分布就是所有样本均值的可能取值形成的概率分布。我们知道,从总体的 N 个元素中抽取一个容量为 n 的随机样本,在重复抽样条件下,共有 N^n 个可能的样本(样本个数),在不重复抽样条件下,共有 $C_N^n = \dfrac{N!}{n!(N-n)!}$ 个可能的样本。对于每一个样本,我们都可以计算出一个样本均值 $\bar{x}$(同样也可以计算出每一个样本的方差、比例等),因此样本均值是一个随机变量。所有的样本均值形成的分布就是样本均值的抽样分布。为更好地理解抽样分布的概念,我们通过一个简单的例子,说明样本均值抽样分布的形成过程。

【例 7-1】 设一个总体含有 4 个元素(个体),即总体元素个数 $N=4$,4 个元素的取值分别为:$x_1=1, x_2=2, x_3=3, x_4=4$。

我们先来看看总体的分布状况,如图 7-1 所示。

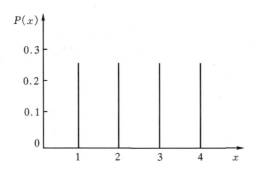

图 7-1 总体各元素的分布

由图 7-1 可以看出,总体为均匀分布。计算的总体平均数和方差为:

总体平均数:$\mu = \dfrac{\sum_{i=1}^{4} x_i}{N} = \dfrac{10}{4} = 2.5$

总体方差:$\sigma^2 = \dfrac{\sum_{i=1}^{4}(x_i - \mu)^2}{4} = \dfrac{5}{4} = 1.25$

从总体中采取重复抽样方法抽取容量为 $n=2$ 的样本,共有 $4^2=16$ 个可能的样本。然后我们计算出每一个样本的均值 $\bar{x_i}$,结果如表 7-1 所示。

表 7-1　16 个可能的样本及其均值

样本序号	样本中的元素	样本均值 $\bar{x}_i$	样本序号	样本中的元素	样本均值 $\bar{x}_i$
1	1,1	1.0	9	3,1	2.0
2	1,2	1.5	10	3,2	2.5
3	1,3	2.0	11	3,3	3.0
4	1,4	2.5	12	3,4	3.5
5	2,1	1.5	13	4,1	2.5
6	2,2	2.0	14	4,2	3.0
7	2,3	2.5	15	4,3	3.5
8	2,4	3.0	16	4,4	4.0

每个样本被抽中的概率相同,均为 1/16。样本均值经整理后如表 7-2 所示。

表 7-2　样本均值 $\bar{x}$ 的分布

$\bar{x}_i$ 的取值	$\bar{x}_i$ 的个数	$\bar{x}_i$ 取值的概率 $P(\bar{x})$
1.0	1	1/16
1.5	2	2/16
2.0	3	3/16
2.5	4	4/16
3.0	3	3/16
3.5	2	2/16
4.0	1	1/16

我们把 $\bar{x}$ 的分布绘成图 7-2。通过比较总体分布和样本均值的抽样分布,不难看出它们的区别。

我们可以将上面抽样分布的形成过程概括成图 7-3。

与描述总体数据的数量特征一样,要反映样本均值的数量特征,同样也需要计算样本的均值(集中趋势值)和标准差。

数理统计中心极限定理已经证明,对任意分布形态的平均数为 μ、标准差为

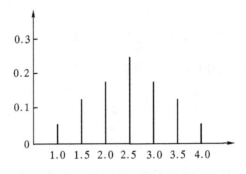

图 7-2 样本均值的抽样分布

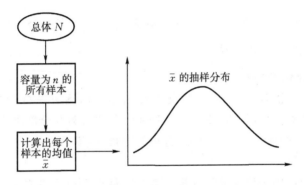

图 7-3 样本均值抽样分布的形成过程

σ 的总体进行随机抽样,只要样本容量足够大(大样本),则样本均值的抽样分布无论是重复抽样还是不重复抽样,都将逼近期望值 $E(\bar{x})$ 为 μ、标准差为 $\sigma_{\bar{x}}$ 的正态分布。即:

$$E(\bar{x}) = \mu$$

而样本均值的方差则与抽样方法有关。在重复抽样条件下,样本均值的标准差为总体标准差的 $1/\sqrt{n}$,即

$$\sigma_{\bar{x}} = \frac{\sigma}{\sqrt{n}} = \sqrt{\frac{\sigma^2}{n}} \qquad (7-1)$$

在不重复抽样条件下,样本均值的标准差则需要用修正系数 $\left(\frac{N-n}{N-1}\right)$ 去修正,即

$$\sigma_{\bar{x}} = \sqrt{\frac{\sigma^2}{n}\left(\frac{N-n}{N-1}\right)} \approx \sqrt{\frac{\sigma^2}{n}\left(1-\frac{n}{N}\right)} \qquad (7-2)$$

这些结论可以通过上面的例 7-1 进行验证。我们计算所有 16 个样本均值

的均值 $\bar{\bar{x}}$,得

$$\bar{\bar{x}} = \frac{1.0+1.5+\cdots+3.5+4.0}{16} = 2.5 = \mu$$

样本均值的方差 $\sigma_{\bar{x}}^2$ 和标准差 $\sigma_{\bar{x}}$ 分别为:

$$\sigma_{\bar{x}}^2 = \frac{\sum_{i=1}^{16}(\bar{x}-\mu)^2}{16} = \frac{\sigma^2}{n} = \frac{1.25}{2} = 0.625$$

$$\sigma_{\bar{x}} = \sqrt{0.625} = 0.7906$$

对于无限总体进行不重复抽样时,可以按重复抽样来处理。此时样本均值的标准差仍可按式(7-1)计算。对于有限总体,当 N 很大,而抽样比例 n/N 很小时(一般情况下应小于5%),其修正系数($\frac{N-n}{N-1}$)趋于1,这时样本均值的标准差也可以按式(7-1)来计算。

2. 样本比例的抽样分布

在商务与经济管理中,许多情况下要用样本比例 p 去推断总体的比例 π。所谓比例是指总体(或样本)中具有某种属性的单位数与全部单位总数之比。比如,产品可分为合格品与不合格品,合格品数量(或不合格品)与全部送检产品总数之比就是比例。

比例问题适用于研究分类变量。就一个具有 N 个元素的总体而言,具有某种属性的元素个数为 N_1,具有另一种属性的元素个数为 N_0,我们将具有某种属性的单位与全部单位总数之比用 π 表示,则有 $\pi=N_1/N$,而具有另一种属性的单位数与全部单位数之比则为 $N_0/N=1-\pi$。相应的样本比例我们用 p 表示,同样有 $p=n_1/n, n_0/n=1-p$。

为了用样本比例 p 去估计总体比例 π,我们也必须知道样本比例 p 的抽样分布。p 的抽样分布是指样本比例 p 的所有可能取值的抽样分布。当样本容量很大时,样本比例 p 的抽样分布可用正态分布近似。对于样本比例 p,若 $np \geqslant 5$ 和 $n(1-p) \geqslant 5$,就可以认为样本容量足够大。

同样,对于 p 的分布,我们还需要知道 p 的数学期望 $E(p)$(即 p 的所有可能值的均值)和标准差。可以证明,p 的数学期望等于总体的比例 π,即

$$E(p) = \pi$$

而 p 的标准差则与抽样方法有关。设 p 的样本标准差为 σ_p,在重复抽样条件下,有

$$\sigma_p = \sqrt{\frac{\pi(1-\pi)}{n}} \qquad (7-3)$$

在不重复抽样条件下,则用修正系数加以修正,即

$$\sigma_p = \sqrt{\frac{\pi(1-\pi)}{n}\left(\frac{N-n}{N-1}\right)} \approx \sqrt{\frac{\pi(1-\pi)}{n}\left(1-\frac{n}{N}\right)} \quad (7-4)$$

与样本均值分布的标准差一样,对于无限总体进行不重复抽样时,可以按重复抽样来处理。此时样本比例的标准差仍可按式(7-3)计算。对于有限总体,当 N 很大,而抽样比 $n/N \leqslant 5\%$ 时,其修正系数 $\left(\frac{N-n}{N-1}\right)$ 趋于1,这时样本比例的标准差也可以按式(7-3)来计算。

在抽样推断中,上述样本均值和样本比例的标准差,习惯上被定义为抽样平均误差。

二、抽样平均误差的计算

样本来源于总体,是总体的代表,抽取样本的目的就是用样本的特征去估计总体的特征。但是,对于某一既定的总体,由于抽取样本的方式不同,样本具有不确定性;由于样本只是总体的一部分,样本的抽取又具有随机性,即某次抽中的样本是具有偶然性的,所以,样本的内部构成与总体内部构成之间总是存有一定的差异,即样本不能完全代表总体。因而,用样本统计量估计总体参数总是存在一定的随机性误差。这种由于抽样的随机性所产生的误差,称作抽样误差(假定登记性误差和系统性偏差为零)。抽样误差是衡量样本指标的一把尺度,抽样误差越小,样本指标的代表性就越大;反之,样本指标的代表性就越小。

在抽样推断中,由于总体参数未知,抽样的实际误差(比如样本均值与总体均值之间的误差)是无法计算的,我们通常所谓的抽样误差一般是指抽样平均误差,也就是所有可能出现的样本指标的标准差(即 $\sigma_{\bar{x}}$ 或 σ_p),它代表了所有样本指标与总体指标之间的平均差异程度,即抽样误差的一般水平。

抽样平均误差的数值大小既与抽样的组织形式和抽样方法有关,也与参数估计的内容有关。换言之,计算时抽样的组织形式不同,抽样方法不同,参数估计的内容不同,抽样平均误差的计算方法也就不同。下面分别介绍简单随机抽样、类型抽样、等距抽样和整群抽样的抽样平均误差的计算方法。

1. 简单随机抽样的抽样平均误差

由中心极限定理可知,对任意分布形态的平均数为 μ、标准差为 σ 的总体进行随机抽样,只要样本容量足够大,样本均值的抽样分布逼近期望值为 μ、标准差为 σ 的正态分布。在简单随机重复抽样条件下,抽样平均误差与总体的标准差成正比,与样本容量的平方根成反比(见公式 7-1);在简单随机不重复抽样

条件下,抽样平均误差则需要用修正系数 $\left(\dfrac{N-n}{N-1}\right)$ 去修正(见公式 7-2)。

当总体服从正态分布且总体标准差已知,或者当非正态总体大样本时,样本均值的分布服从正态分布,其抽样平均误差 $\sigma_{\bar{x}}$ 在重复抽样时按公式(7-1)即 $\dfrac{\sigma}{\sqrt{n}}$ 计算,在不重复抽样时按公式(7-2)即 $\sqrt{\dfrac{\sigma^2}{n}\left(\dfrac{N-n}{N-1}\right)}$ 计算。当样本容量足够大时,样本比例的抽样分布近似地服从正态分布,则样本比例的抽样平均误差 σ_p 在重复抽样时按公式(7-3)即 $\sqrt{\dfrac{\pi(1-\pi)}{n}}$ 计算,在不重复抽样时按公式(7-4)即 $\sqrt{\dfrac{\pi(1-\pi)}{n}\left(\dfrac{N-n}{N-1}\right)}$ 计算。

当总体标准差未知时,可以用过去同类全面调查的经验数据代替,也可以在大样本条件下用样本标准差近似地代替。比如,可用 s 代表 σ,用 $\sqrt{p(1-p)}$ 代表 $\sqrt{\pi(1-\pi)}$。

在重复抽样条件下,样本平均数的抽样误差为:

$$\sigma_{\bar{x}} = \dfrac{\sigma}{\sqrt{n}} \approx \dfrac{s}{\sqrt{n}}$$

在不重复抽样条件下,样本平均数的抽样误差为:

$$\sigma_{\bar{x}} = \sqrt{\dfrac{\sigma^2}{n}\left(\dfrac{N-n}{N-1}\right)} \approx \sqrt{\dfrac{s^2}{n}\left(\dfrac{N-n}{N-1}\right)} \approx \sqrt{\dfrac{s^2}{n}\left(1-\dfrac{n}{N}\right)}$$

式中的 $\left(\dfrac{N-n}{N-1}\right)$ 称作"修正系数"。当 N 较大时,"修正系数"的近似值为 $\left(1-\dfrac{n}{N}\right)$,它总是一个小于 1 的数,因此在同等条件下,不重复抽样的抽样平均误差总是要小于重复抽样的抽样平均误差。但是,当 N 很大时,"修正系数"的极限值为 $\dfrac{n}{N}$(即抽样的比例)。此时,重复抽样与不重复抽样的误差相等。在社会经济统计中,由于总体容量 N 一般很大,抽样的比例很小,所以即使采用的是不重复抽样,也通常按重复抽样条件下的误差公式计算抽样误差。

在重复抽样条件下,样本比例的抽样误差为:

$$\sigma_p = \sqrt{\dfrac{p(1-p)}{n}}$$

在不重复抽样条件下,样本比例的抽样误差为:

$$\sigma_p = \sqrt{\dfrac{p(1-p)}{n}\left(\dfrac{N-n}{N-1}\right)} \approx \sqrt{\dfrac{p(1-p)}{n}\left(1-\dfrac{n}{N}\right)}$$

2. 类型抽样的抽样误差

简单随机抽样的抽样误差公式,是其他抽样组织形式抽样误差计算的基础。类型抽样需要对总体先进行分组,然后再组织抽样。总体方差由两部分组成:一部分是组间方差,即各类型组之间标志的差异程度;另一部分是组内方差,即各类型组组内各单位标志值之间的差异程度。在类型抽样情况下,因为从各类型组都抽取了样本单位,对各类型组来说是全面调查,因此,组间方差是可以不考虑的,影响抽样误差的总方差是组内方差。在计算类型抽样的抽样平均误差时,总体方差需要用平均组内方差进行计算。

样本平均数的抽样误差的计算公式如下:

在重复抽样条件下

$$\sigma_{\bar{x}} = \sqrt{\frac{\bar{\sigma}_s^2}{n}}$$

在不重复抽样条件下

$$\sigma_{\bar{x}} = \sqrt{\frac{\bar{\sigma}_s^2}{n}\left(\frac{N-n}{N-1}\right)} \approx \sqrt{\frac{\bar{\sigma}_s^2}{n}\left(1-\frac{n}{N}\right)}$$

式中,$\bar{\sigma}_s^2$ 代表样本均值的平均组内方差,按下式计算(n_i 代表各类型组的样本单位数;n 为样本容量,且 $n = \sum n_i$;s_i 代表各类型组的样本标准差):

$$\bar{\sigma}_s^2 = \frac{\sum s_i^2 n_i}{n}$$

【例 7-2】 某企业有甲、乙两个车间都生产保温瓶胆,乙车间的产量是甲车间的两倍。为了调查该企业保温瓶胆的保温时间,按两个车间的产量等比例共抽查 60 只瓶胆。资料如表 7-3 所示,试计算该企业瓶胆平均保温时间的抽样平均误差。

表 7-3 甲、乙车间保温瓶胆检测资料

车间(代码)	平均保温时间(小时)	保温时间的标准差(小时)
甲(1)	25	1.2
乙(2)	28	0.8

由于甲、乙两个车间是按产量等比例抽取样本,$n = n_1 + n_2 = 60$,依题意 $n_1/n_2 = 1/2$,所以 $n_1 = 20, n_2 = 40$;$s_1 = 1.2, s_2 = 0.8$(已知)。平均保温时间的抽样平均误差为:

$$\sigma_{\bar{x}} = \sqrt{\frac{\bar{\sigma}_s^2}{n}} = \sqrt{\frac{\sum s_i^2 n_i}{n}} = \frac{\sqrt{\sum s_i^2 n_i}}{n}$$

$$= \frac{\sqrt{1.2^2 \times 20 + 0.8^2 \times 40}}{60} = 0.1229(小时)$$

在重复抽样条件下,样本比例的抽样误差的计算公式如下:

$$\sigma_p = \sqrt{\frac{\bar{\sigma}_p^2}{n}}$$

在不重复抽样条件下,样本比例的抽样误差的计算公式如下:

$$\sigma_p = \sqrt{\frac{\bar{\sigma}_p^2}{n}\left(\frac{N-n}{N-1}\right)} \approx \sqrt{\frac{\bar{\sigma}_p^2}{n}\left(1-\frac{n}{N}\right)}$$

式中,$\bar{\sigma}_p^2$ 代表样本比例的平均组内方差,按下式计算(p_i 代表各类型组的样本成数;n_i 代表各类型组的样本单位数;n 为样本容量;$p_i(1-p_i)$ 代表各类型组成数的方差):

$$\bar{\sigma}_p^2 = \frac{\sum p_i(1-p_i)n_i}{n}$$

3. 等距抽样的抽样误差

等距抽样可分为无关标志排队的等距抽样和有关标志排队的等距抽样。总体的排序总是针对总体单位的某一标志而言的。如果用以排序的标志与调查内容没有关系,该标志称为无关标志。比如调查职工生活水平时,职工的姓氏笔画;对产品质量进行检验时,产品的入库顺序等,均为无关标志。如果用以排序的标志与调查内容有密切关系,则该标志称为有关标志。比如调查职工生活水平时,职工的工资水平;对产品质量进行检验,产品的质量等级等,均为有关标志。

按无关标志排队法和按有关标志排队法在抽样平均误差的计算上有所不同。无关标志排队法,从总体的排列顺序和调查标志来看,完全是随机的,它与简单随机抽样的性质相同,因此,可视作简单随机抽样的一个特例,其抽样平均误差可以利用简单随机抽样的有关公式计算。有关标志排队法是将总体所要调查的标志由小到大、或由大到小排列,每个抽样间隔相当于类型抽样中的各层(组),可视作类型抽样的一个特例,所以其抽样平均误差的计算与类型抽样类似。

4. 整群抽样的抽样误差

整群抽样与以上三种抽样方式不尽相同,它不是从总体中一个一个地抽取样本单位,而是先将总体分成若干群,然后以群为单位,按随机原则从总体中抽取若干群作为样本,对中选群内的所有单位进行全面调查。因此,群内方差并不影响抽样误差,影响抽样误差的总体方差只有群与群之间的方差,即群间方差。整群抽样一般采用不重复抽样,所以抽样误差的计算采用不重复抽样公式。

样本平均数的抽样误差的计算公式是:

$$\sigma_{\bar{x}} = \sqrt{\frac{\delta_s^2}{r}\left(\frac{R-r}{R-1}\right)}$$

式中,R 代表总体群数,r 代表样本群数,δ_s^2 代表样本均值的群间方差,按下式计算(其中 $\bar{x}_i$ 代表样本各群的平均数):

$$\delta_s^2 = \frac{\sum(\bar{x}_i - \bar{x})^2}{r-1}$$

$$\bar{x} = \frac{\sum \bar{x}_i}{r}$$

样本比例的抽样误差的计算公式是:

$$\sigma_p = \sqrt{\frac{\delta_p^2}{r}\left(\frac{R-r}{R-1}\right)}$$

式中,δ_p^2 代表样本成数的群间方差,按下式计算(其中 p_i 代表样本各群的成数):

$$\delta_p^2 = \frac{\sum(p_i - p)^2}{r-1}$$

$$p = \frac{\sum p_i}{r}$$

第三节 参数估计

参数估计就是用样本统计量去估计总体参数,如用样本均值估计总体均值,用样本比例估计总体比例等。虽然样本指标是一个随机变量,但当我们抽定一个样本时,则样本指标就是一个确定的估计值。

参数估计的方法通常有两种,一种是点估计,要求我们选择一个适当的统计量作为未知参数的估计量;另一种为区间估计,要求我们选择一个适当的范围(通常是一个区间),使得未知参数被这个范围包含的概率达到要求的程度。

一、点估计

点估计就是用样本统计量的观察值直接作为总体参数的估计值。即用样本均值 $\bar{x}$ 直接作为总体均值 μ 的估计值,用样本比例 p 直接作为总体比例 π 的估计值,等等。比如,我们从某大学随机抽取了 200 名学生进行观察,发现有 176 人爱好文体活动,他们的平均身高为 178.2 cm。据此,我们推断该校大学生的平均身高为 178.2 cm,有 88%(即 176/200)的学生爱好文体活动,这就是点估计。

在上述点估计问题中,为了估计该校学生的平均身高,我们是用样本均值作点估计的,这里能否利用样本中某个学生的身高,或者用样本身高的中位数作点估计呢?实际上,我们在对具体问题的估计中总是希望使用估计效果最好的估计量,而数理统计证明,一个好的估计量一定满足以下几个评价标准:

1. 无偏性

无偏性是指样本统计量抽样分布的数学期望等于被估计的总体参数。这表明,就一次抽样结果来看,样本估计值与总体参数可能存在误差,但结合抽样分布的情况,所有估计量的平均数等于总体参数实际值,即平均来讲估计是无偏的。

可以说样本均值 $\bar{x}$ 和样本比例 p 分别是总体均值 μ 和总体比例 π 的无偏估计量,在前面讨论抽样分布时,我们已经证明了 $E(\bar{x})=\mu$ 和 $E(p)=\pi$。

2. 有效性

有效性是指估计量的离散程度比较小。对估计量有效性的评价往往是在无偏性基础之上进行的,若两个估计量都是总体参数的无偏估计量,则标准差较小的估计量更有效。

很明显,样本均值与总体中某个值都是总体均值的无偏估计,即 $\bar{X}=E(\bar{x})=\mu$,但是样本均值抽样分布的标准差 $\sigma_{\bar{x}}=\sigma/\sqrt{n}$ 小于总体的标准差 σ,可以判断样本均值比总体中某个值作为总体均值的估计值更有效。

3. 一致性

一致性是指随着样本容量的增大,估计量的值与总体参数真值越来越接近。可以证明,样本均值和样本比例分别是总体均值和总体比例的一致估计量。

在实际问题的分析中,我们不一定能找到完全符合以上标准的优良估计量,但总是希望所采用的估计量尽可能接近这些标准。理论证明,样本均值作为总体均值的估计量、样本比例作为总体比例的估计量,都具有上述优良性质,所以,通常采用样本均值或样本比例作为相应的总体均值或总体比例的点估计量。需要注意的是,总体方差的无偏估计量是样本方差 $\dfrac{\sum(x-\bar{x})^2}{n-1}$。正因为如此,通常采用样本修正方差来刻画样本的离散程度。

点估计的优点是简单、具体、明确。它能够提供总体参数的具体估计值,可以作为行动决策的数量依据。但是,这种估计没有考虑抽样误差,也难以说明推断的概率(把握程度)有多大,因此在实际问题估计中,我们更多地使用区间估计。

二、区间估计

区间估计是根据样本统计量以一定可靠程度推断总体参数所在的范围。它是在点估计的基础上,根据给定的置信度估计总体参数的取值范围的方法。比如,根据样本结果估计出某校大学生的平均身高介于 160 cm 到 180 cm 之间,而且估计的概率(可靠性)是 95%,这就是区间估计。这种估计方法不仅以样本估计量为依据,而且考虑了估计量的分布,所以能给出估计的精度,也能说明估计的把握程度。

1. 区间估计的基本原理

我们以总体均值的区间估计为例说明区间估计的基本原理。

由上一节所讲述的样本均值的抽样分布可知,在大样本情况下,样本均值的分布接近于正态分布,且样本均值的数学期望等于总体均值,即 $E(\bar{x})=\mu$,样本均值的标准差为总体标准差的 $1/\sqrt{n}$,即 $\sigma_{\bar{x}}=\frac{\sigma}{\sqrt{n}}$,由此可以利用正态分布概率表确定样本均值 $\bar{x}$ 落在总体均值 μ 的两侧各为一个抽样标准差范围内的概率为 68.27%;落在两个标准差范围内的概率为 95.45%,依次类推,我们可以求出样本均值 $\bar{x}$ 落在总体均值 μ 的两侧任何一个抽样标准差值的范围内的概率。但实际估计时,要求的情况恰好相反。$\bar{x}$ 是已知的,而 μ 是未知的,怎样根据 $\bar{x}$ 估计 μ 呢?

可以这样考虑,既然有 95.45% 的样本均值会落在 $\mu-2\sigma_{\bar{x}}$ 到 $\mu+2\sigma_{\bar{x}}$ 范围内,若以这 95.45% 的样本均值为中心,左右也各取 2 个 $\sigma_{\bar{x}}$ 构造出的区间 $(\bar{x}-2\sigma_{\bar{x}}, \bar{x}+2\sigma_{\bar{x}})$ 也必定包含总体均值 μ,如图 7-4 中的 $\bar{x}_1$ 和 $\bar{x}_2$,而在区间 $(\mu-2\sigma_{\bar{x}}, \mu+2\sigma_{\bar{x}})$ 之外的 $\bar{x}$ 所构造出的区间 $(\bar{x}-2\sigma_{\bar{x}}, \bar{x}+2\sigma_{\bar{x}})$ 一定不包括总体均值 μ,如图 7-4 中的 $\bar{x}_3$。

利用这种关系,我们就可以根据 $\bar{x}$ 估计 μ,即:在所有可能样本均值构造的区间 $(\bar{x}\pm 2\sigma_{\bar{x}})$ 中有 95.45% 包含总体均值 μ。实际进行一次抽样时,从样本数据中计算出 $\bar{x}$,可以认为总体均值 μ 被包含在该样本所构造的区间之内的概率也是 95.45%。

综上所述,总体均值区间估计的数学表达式可概括为:$\bar{x} \pm z_{\alpha/2}\sigma_{\bar{x}}$,即:

$$\bar{x} - z_{\alpha/2}\sigma_{\bar{x}} \leqslant \mu \leqslant \bar{x} + z_{\alpha/2}\sigma_{\bar{x}} \qquad (7-5)$$

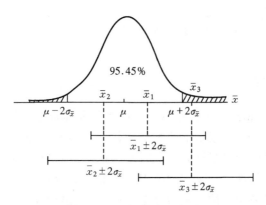

图 7-4 区间估计示意图

并且有：$P(\bar{x} - z_{\alpha/2}\sigma_{\bar{x}} \leq \mu \leq \bar{x} + z_{\alpha/2}\sigma_{\bar{x}}) = 1 - \alpha$

式中，$\bar{x} - z_{\alpha/2}\sigma_{\bar{x}}$ 称为置信下限，$\bar{x} + z_{\alpha/2}\sigma_{\bar{x}}$ 称为置信上限；$1 - \alpha$ 称为置信水平，表示该区间包括总体均值的概率；α 称作显著性水平，表示该区间不包括总体均值的概率（即图 7-4 中阴影部分的面积）；$z_{\alpha/2}$ 称为概率度，是标准正态分布的临界值，依据给定的置信水平 $1 - \alpha$ 查表确定；$\bar{x} \pm z_{\alpha/2}\sigma_{\bar{x}}$ 称为总体均值在 $1 - \alpha$ 置信水平下的置信区间。

2. 区间估计的准确程度和可靠程度

如前所述，点估计方法既不能说明抽样误差的大小，也不能说明估计的结果有多大把握程度，但区间估计方法可以弥补这一不足。

在式 (7-5) 中，$z_{\alpha/2}\sigma_{\bar{x}}$ 是估计总体均值时的误差范围，表示用 $\bar{x}$ 估计 μ 时最大允许误差（也称极限误差），可见这一乘积的值越大，说明样本均值与总体均值的误差越大，则区间估计的准确性就越差；反之，这一乘积的值越小，说明样本均值与总体均值的误差越小，则区间估计的准确性就越好。

在式 (7-5) 中，置信水平 $1 - \alpha$ 则反映着区间估计的可靠程度。显然，置信水平越大，据此查正态概率表得到的概率度 $z_{\alpha/2}$ 值也越大，然而估计的误差范围 $z_{\alpha/2}\sigma_{\bar{x}}$ 也随之越大，则区间估计的准确性就越差。

上述分析说明，在其他条件不变的情况下，要提高区间估计的可靠程度，就会增大允许误差，从而降低估计的准确程度；而缩小允许误差，提高估计的准确程度，则会降低区间估计的可靠程度。在实际工作中，通常是根据实际情况首先确定一个合理的可靠程度，据此再确定可接受的误差范围。

3. 区间估计的步骤

现将总体均值的区间估计步骤归纳如下：

(1) 确定置信水平 $1-\alpha$，即估计的概率（可靠性或把握程度）。对于置信度要求较高的统计问题，实际统计推断中通常采用 95%。

(2) 根据置信水平 $1-\alpha$ 查标准正态分布表确定 $z_{\alpha/2}$ 值。

(3) 实际抽样，并计算样本的均值 $\bar{x}$ 和抽样误差 $\sigma_{\bar{x}}$。

(4) 确定置信区间：$\bar{x} \pm z_{\alpha/2} \sigma_{\bar{x}}$，用不等式表示如下：

① 在重复抽样条件下，总体均值 μ 的置信区间为：

$$\bar{x} - z_{\alpha/2} \frac{\sigma}{\sqrt{n}} \leqslant \mu \leqslant \bar{x} + z_{\alpha/2} \frac{\sigma}{\sqrt{n}}$$

或：
$$\bar{x} - z_{\alpha/2} \frac{s}{\sqrt{n}} \leqslant \mu \leqslant \bar{x} + z_{\alpha/2} \frac{s}{\sqrt{n}}$$

② 在不重复抽样条件下，总体均值 μ 的置信区间为：

$$\bar{x} - z_{\alpha/2} \sqrt{\frac{\sigma^2}{n}\left(\frac{N-n}{N-1}\right)} \leqslant \mu \leqslant \bar{x} + z_{\alpha/2} \sqrt{\frac{\sigma^2}{n}\left(\frac{N-n}{N-1}\right)}$$

或：
$$\bar{x} - z_{\alpha/2} \sqrt{\frac{s^2}{n}\left(1-\frac{n}{N}\right)} \leqslant \mu \leqslant \bar{x} + z_{\alpha/2} \sqrt{\frac{s^2}{n}\left(1-\frac{n}{N}\right)}$$

总体比例的区间估计与总体均值的区间估计的方法和步骤类似。对总体比例的区间估计通常是在大样本的情况下进行的。根据抽样方法的不同，置信区间为 $p \pm z_{\alpha/2} \sigma_p$，即：

① 在重复抽样条件下，总体比例 π 的置信区间为：

$$p - z_{\alpha/2} \sqrt{\frac{\pi(1-\pi)}{n}} \leqslant \pi \leqslant p + z_{\alpha/2} \sqrt{\frac{\pi(1-\pi)}{n}}$$

或：
$$p - z_{\alpha/2} \sqrt{\frac{p(1-p)}{n}} \leqslant \pi \leqslant p + z_{\alpha/2} \sqrt{\frac{p(1-p)}{n}}$$

② 在不重复抽样条件下，总体比例的置信区间为：

$$p - z_{\alpha/2} \sqrt{\frac{\pi(1-\pi)}{n}\left(\frac{N-n}{N-1}\right)} \leqslant \pi \leqslant p + z_{\alpha/2} \sqrt{\frac{\pi(1-\pi)}{n}\left(\frac{N-n}{N-1}\right)}$$

或：
$$p - z_{\alpha/2} \sqrt{\frac{p(1-p)}{n}\left(1-\frac{n}{N}\right)} \leqslant \pi \leqslant p + z_{\alpha/2} \sqrt{\frac{p(1-p)}{n}\left(1-\frac{n}{N}\right)}$$

【例 7-3】 某大学从该校学生中随机抽取 100 人，调查到他们平均每天参加体育锻炼的时间为 26 分钟。试以 95% 的置信水平估计该大学全体学生平均每天参加体育锻炼的时间。（已知总体方差为 36）

总体的分布未知，但总体方差已知，$\sigma^2 = 36$，且 $n = 100 > 30$ 为大样本，故样本均值服从正态分布。又知，$1-\alpha = 95\%$，$\alpha = 0.05$，$z_{\alpha/2} = 1.96$（查正态分布概率表），$\bar{x} = 26$，则总体均值 μ 的置信区间为：

$$\bar{x} - z_{\alpha/2}\frac{\sigma}{\sqrt{n}} \leqslant \mu \leqslant \bar{x} + z_{\alpha/2}\frac{\sigma}{\sqrt{n}}$$

$$26 - 1.96 \times \frac{6}{\sqrt{100}} \leqslant \mu \leqslant 26 + 1.96 \times \frac{6}{\sqrt{100}}$$

$$24.824 \leqslant \mu \leqslant 27.176$$

即可以以 95% 的概率保证该校全体学生平均每天参加体育锻炼的时间在 24.824 分钟到 27.176 分钟之内。

【例 7-4】 在一项关于寻找某企业职工流动原因的研究中,研究者从该企业前职工的总体中随机抽选了 200 人组成一个样本。在对他们进行访问时,有 140 人说他们离开该企业是因为与管理人员不能融洽相处。试对由于这种原因而离开该企业的人员的真正比例构造置信度为 95% 的置信区间。

已知：$n=200$,样本比例为 $p=140/200=0.7$,由于 $np=200\times0.7=140>5$, $n(1-p)=200\times0.3=60>5$,故样本比例的抽样分布趋于正态分布。根据 $1-\alpha=95\%$ 得 $\alpha=0.05$, $z_{\alpha/2}=1.96$,置信区间计算如下：

$$p - z_{\alpha/2}\sqrt{\frac{p(1-p)}{n}} \leqslant \pi \leqslant p + z_{\alpha/2}\sqrt{\frac{p(1-p)}{n}}$$

$$0.7 - 1.96\sqrt{\frac{0.7(1-0.7)}{200}} \leqslant \pi \leqslant 0.7 + 1.96\sqrt{\frac{0.7(1-0.7)}{200}}$$

$$0.636 \leqslant \pi \leqslant 0.764$$

故我们可以以 95% 的把握程度推断,该企业职工由于与管理人员不能融洽相处而离开的比例为 63.6%～76.4%。

三、样本容量的确定

样本容量是指抽取的样本中包含的单位数目,通常表示为 n。前面的讨论都有一个共同的假设前提,即已知样本容量。但在实际问题中,我们往往需要自己设计调查方案,自己确定样本容量。在对社会经济问题进行抽样调查时,样本容量的多少与抽样误差和调查费用都有直接的关系。如果样本容量很大,即使抽样误差很小,但是调查的工作量会很大,浪费时间和经费,这样一来就体现不出抽样调查的优越性;反之,如果样本容量过小,会减少工作量和耗费,但是抽样误差太大,抽样推断就会失去意义。所以抽样设计中的一个重要内容就是要确定需要的样本容量即抽样数目。

关于样本容量的确定方法,通常是根据所研究的具体问题,首先提出估计的置信度和允许的误差范围,然后结合经验值或抽样数据估计总体的标准差值,再通过抽样允许的误差范围计算公式推算必要的样本容量。下面就估计总体均值和总体比例时所必需的样本容量的确定方法作一概括介绍。

1. 估计总体均值时样本容量 n 的确定

在重复抽样条件下,若规定在一定的置信水平下允许的误差范围为 $\Delta_{\bar{x}}$($\Delta_{\bar{x}} = z_{\alpha/2} \cdot \dfrac{\sigma}{\sqrt{n}}$),则很容易推导出估计均值时的样本容量的计算公式:

$$n = \frac{(z_{\alpha/2})^2 \sigma^2}{\Delta_{\bar{x}}^2} \tag{7-6}$$

在不重复抽样条件下,确定样本容量的公式为:

$$n = \frac{N(z_{\alpha/2})^2 \sigma^2}{N\Delta_{\bar{x}}^2 + (z_{\alpha/2})^2 \sigma^2}$$

在实际计算时,如果总体方差 σ^2 未知,可用本次的样本方差 s^2 或以往的经验值,或者类似调查的样本方差值代替。

需要说明的是,根据上述公式计算出的样本容量不一定是整数,通常是将样本容量取成较大的整数,也就是将小数点后面的数值一律进位成整数,如 128.68 取 129,128.32 也取 129。

【例 7-5】 拥有工商管理学士学位的大学毕业生年薪的标准差大约为 2 000 元,假定想要估计年薪 95% 的置信区间,希望允许误差不超过 400 元,试计算应抽取多少毕业生进行调查?

依题意,$\sigma = 2\,000$,$\Delta_{\bar{x}} = 400$,由 $1-\alpha = 95\%$ 得 $\alpha = 0.05$,$z_{\alpha/2} = 1.96$,根据式 (7-6),得

$$n = \frac{(z_{\alpha/2})^2 \sigma^2}{\Delta_{\bar{x}}^2} = \frac{1.96^2 \times 2\,000^2}{400^2} = 97$$

即应抽取 97 人作为样本。

2. 估计总体比例时样本容量 n 的确定

在重复抽样条件下,若规定在一定的置信水平下允许的误差范围为 Δ_p,且 $\Delta_p = z_{\alpha/2} \cdot \sqrt{\dfrac{\pi(1-\pi)}{n}}$,也很容易推导出样本容量的计算公式:

$$n = \frac{(z_{\alpha/2})^2 \pi(1-\pi)}{\Delta_p^2} \tag{7-7}$$

在不重复抽样条件下,样本容量的计算公式为:

$$n = \frac{N(z_{\alpha/2})^2 \pi(1-\pi)}{N\Delta_p^2 + (z_{\alpha/2})^2 \pi(1-\pi)}$$

式中,允许误差 Δ_p 必须是使用者事先确定的。大多数情况下,一般取 Δ_p 的值小于 0.10。$z_{\alpha/2}$ 的值可直接由区间估计中所用到的置信水平确定。如果我

们能够求出 π 的具体值,就可以用上面的公式计算所需的样本容量。在实际应用中,如果 π 的值不知道,可以用以前相同或类似的样本的标准差来代替;也可以用试验调查的办法,选择一个初始样本,以该样本的样本标准差作为 π 的估计值。

【例 7-6】 根据以往的生产统计,某种产品的合格率约为 90%,现要求极限误差为 5%,在 95% 的置信区间时,应抽取多少件产品作为样本?

已知 $\pi=90\%, \Delta_p=5\%, z_{\alpha/2}=1.96$

根据式(7-7),得

$$n = \frac{(z_{\alpha/2})^2 \pi(1-\pi)}{\Delta_p^2} = \frac{1.96^2 \times 0.9 \times 0.1}{0.05^2} = 139$$

即应抽取 139 件产品作为样本。

综合以上公式及其应用情况,可以发现影响样本容量的因素有:

(1)总体方差 σ^2。估计的总体变量值的变异程度越大,在同样的条件下抽取的样本容量就较多;反之,抽取的样本容量就较少。因此,当抽样之前如果不知道总体方差的实际值,也没有经验值或样本方差来代替,那么通常考虑选取方差最大情况的估计,以确保抽取的样本容量能够满足抽样推断的需要。

(2)置信水平(也称置信度)$1-\alpha$ 的大小。置信度代表抽样推断的概率把握程度。显然,在其他条件不变的情况下,要提高推断的置信度,就需要增加样本容量。

(3)允许的抽样误差范围 Δ 的大小。调查者能够接受的抽样误差范围越大,则需抽出的样本容量就越小;反之,抽样误差范围越小,则需抽出的样本容量就越多。

(4)抽样方法的不同。在相同条件下,采用重复抽样要比采用不重复抽样多抽取一些样本单位。不过,当总体单位数 N 很大时,二者的差异就很小。因此在实际应用中,为了力求简便,当总体单位数 N 很大时,一般都会按重复抽样公式计算所需的样本容量。

第四节 假设检验

假设检验是参数估计的重要组成部分之一。在现实生活中,人们经常要对某个"假设"作出判断,决定它是真的还是假的。用统计的语言来说,"假设"是对总体未知参数的具体数值所作的陈述或者猜想。在研究领域,人们在检验一种新的理论时,首先要提出一种自己认为是正确的结论(即假设),而且这种假设的提出总是以一定的理由为基础的,但同时这些理由通常又是不完全充分的,因而产生了"检验"的需求,也就是对其正确与否要进行判断,这就是假设检验。例如,在某种新药的研究中,需要判断新药是否比原有药物更有效;在对某一品牌洗衣粉的抽检中,需要判断其净含量是否达到了说明书中所声明的水平;某公司收到的某种货物的属性与合同中的是否一致,等等。

在统计学中,我们需要将类似于上述问题转化为规范的假设检验程序,以便获得量化的分析结果来支持决策。假设检验包括一个总体参数的检验和两个参数的检验,本节仅介绍一个总体参数的检验方法,而且仅限于大样本情形下的研究和应用。

一、假设检验的基本问题

1. 假设检验的基本原理

假设检验是对我们关心的而又未知的总体参数提出某种假设,然后利用样本信息判断假设是否成立的过程。其基本思想就是运用小概率原理。

小概率原理是指发生概率很小的随机事件在一次实验中是几乎不可能发生的。根据这一原理,可以作出是否拒绝某种假设的决定。例如,一个企业声称其产品合格率可以达到99%,或者说每100件产品中只有一件次品,那么从一批产品(如100件)中随机抽取1件,这一件恰好是次品的概率就非常小,只有1%。如果企业的宣称是真的,这件产品是次品的情况就几乎是不可能发生的。但是如果这件产品经检验是次品,我们就有理由怀疑原来的假设,即产品中只有1%的次品的假设是否成立,这时就可以推翻原来的假设,并作出企业的声明是假的这一推断。

假设检验实际上是从另一个角度进行的参数估计。在参数估计中,我们是根据样本所提供的信息对未知的总体参数进行估计,即求出置信区间,并以一定的概率保证总体参数落在该区间内。α(可大体理解为样本统计量落在置信区间以外的概率)越小,置信区间就越宽。在假设检验中,当确定 α 和选择的检验统计量之后,临界值 z_α(或 $z_{\alpha/2}$)的位置就随之确定。实际上,由 $z_{\alpha/2}$ 围成的不拒绝域就是以原来的假设(原假设)值 μ_0 为中心的置信区间。检验假设 $\mu=\mu_0$ 是否成立,就是看 μ 的统计量是否落在这个置信区间内。如果原假设 $\mu=\mu_0$ 为真,μ 的统计量落在这个置信区间之外的可能性是很小的(小概率事件);而如果一旦落在这个置信区间之外,利用"小概率原理"就可以推断原假设为伪,即可以拒绝原假设而接受另外一个假设(备择假设)。如图7-5所示。

在图7-5中,$\alpha=0.05$,如果 μ 的检验统计量 $z<-1.96$ 或者 $z>1.96$,我们就拒绝原假设;否则,就接受原假设。由于假设检验和参数估计对同一实例而言,用的是同一个样本、同一个统计量、同一种分布,因此,二者实质上是从不同

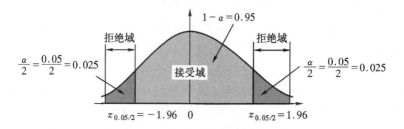

图 7-5 假设检验示意图

角度所作的相同的统计分析,也必然会得出相同的统计结论。所以,假设检验就是根据小概率原理,按照一定的程序进行参数估计的过程。

2. 假设检验的步骤

一个完整的假设检验通常包括五个步骤,下面我们对各个步骤作出详细的解释。

(1) 提出原假设 H_0 和备择假设 H_1。

原假设又称"零假设",是待检验的假设,记为 H_0;备择假设是拒绝原假设后可供选择的假设,记为 H_1。H_1 和 H_0 是对立的,检验结果二者必取其一。接受 H_0 必须拒绝 H_1;反之,接受 H_1 必须拒绝 H_0。

原假设和备择假设不是随意提出的,应根据所检验问题的具体背景而定。常常是采取"不轻易拒绝原假设"的原则,即把没有充分理由不能轻易否定的命题作为原假设,而相应地,把没有足够把握就不能轻易肯定的命题作为备择假设,但也不绝对。在实际工作中应根据检验性质或研究目的的不同具体确定。

确定原假设和备择假设十分重要,因为它直接关系到检验的结论。如果 μ 代表总体均值,μ_0 代表被假设的总体均值的数值;π 表示总体比例,π_0 表示被假设的总体比例值,则假设在理论上有下面三种形式:

① $H_0: \mu = \mu_0; H_1: \mu \neq \mu_0$ 或 $H_0: \pi = \pi_0; H_1: \pi \neq \pi_0$

当我们关心的问题是样本统计量与假设的总体参数有没有显著差异,而不问差异的方向时,应当采用这种形式的假设。这种假设常常用于决策中的假设检验。对这种假设形式的检验称为双侧检验(或双尾检验)。比如,要检验某班学生的平均身高是否等于 172 cm,可提出假设:$H_0: \mu = 172; H_1: \mu \neq 172$。

② $H_0: \mu \geq \mu_0; H_1: \mu < \mu_0$ 或 $H_0: \pi \geq \pi_0; H_1: \pi < \pi_0$

当我们关心的问题是样本估计值是否显著地低于假设的总体参数时,应当采用这种形式的假设。这种假设常常用于检验某项说明的真实性。对这种假设形式的检验称为左单侧检验,简称左检验。比如,要检验某企业声称的一批电池的使用寿命长于 1 080 小时,可提出假设:H_0:$\mu \geqslant 1\,080$;H_1:$\mu < 1\,080$。

③ H_0:$\mu \leqslant \mu_0$;H_1:$\mu > \mu_0$ 或 H_0:$\pi \leqslant \pi_0$;H_1:$\pi > \pi_0$

当我们关心的问题是样本统计量是否显著地高于假设的总体参数时,应当采用这种形式的假设。这种假设常常用于检验某项研究的真实性。对这种假设形式的检验称为右单侧检验,简称右检验。比如,一家研究机构估计,某城市中家庭拥有汽车的比例已经超过了 30%,可提出假设:H_0:$\pi \leqslant 30\%$;H_1:$\pi > 30\%$。

上述左检验和右检验统称单侧检验(或单尾检验)。

总之,实际检验时,采用哪种假设形式,要根据所研究的具体问题而定。如果对研究的问题只需要判定有没有显著差异的情况,则采用双侧检验。最典型的实例就是,产品接受方对产品供应商发派的货物"是接收还是退换"的问题,此时无论原假设被拒绝与否,当事人都必须采取相应的措施。类似决策中的假设检验通常需要进行双侧检验。如果所关心的是总体参数是否大于或小于某个值时,则宜采用单侧检验。其中,当我们检验某项说明的真实性时,比如检验某种商品的平均净含量是否达标时,一般进行左检验;当我们检验某项研究的成功性时,比如检验某种新药的有效率是否好于同类药品时,一般进行右检验。

(2)选择检验统计量,并确定其分布形式。

假设检验是利用样本信息判断原假设是否成立的过程。如果样本提供的证据能够证明原假设为伪,研究者就有理由拒绝它,而倾向于选择备择假设。那么,如同在参数估计中一样,就需要对样本信息进行压缩和概括,其结果就是根据假设所提出的某个样本统计量,这里称为检验统计量。检验统计量实际上是总体参数的点估计量(例如,样本均值就是总体均值的一个点估计量),但点估计并不能直接作为检验统计量。只有将其标准化后,才能用于度量它与原假设的参数值之间的差异程度。所以,假设检验中的检验统计量都是标准化检验统计量。

检验统计量的选择与参数估计需要考虑的因素相同。例如要考虑是否是大样本,总体方差已知还是未知,等等。在总体服从正态分布且总体方差已知,或者当非正态总体大样本情形下,我们要选择 z 统计量,在 H_0 为真时,$z \sim N(0,1)$(这里,小样本情形暂不讨论)。

(3)规定显著性水平 α,确定原假设的拒绝区域。

在假设检验中,如果原假设为真,我们就没有足够的证据拒绝原假设,或者原假设为假,我们拿到了足够的证据拒绝了原假设,这些都表明我们作出了正确的决策。但是,理论上我们仍然有可能犯两类错误。如果原来提出的假设是真的,但经抽样推断被判定为假的,这就犯了所谓的"弃真"错误。例如上例中,如果随机抽取的那 1 件产品恰好是这 100 件产品中唯一的次品,而我们却作出了推翻原来的假设的决定,认为产品合格率达不到99%,这就犯了第一类错误("弃真")。犯这种错误的概率是1%,也就是我们冒1%的风险作出企业声明是错误的这样一个推断。这里的1%就是一个显著性水平α。所以,显著性水平可以定义为:原假设为真时拒绝原假设的概率或风险,即拒绝原假设所冒的风险。

另一类错误被称作"取伪"错误(或称第二类错误)。如果原来提出的假设是假的,但经抽样推断却被判定为真的,这就犯了所谓的"取伪"错误。犯这类错误的概率用β表示。在样本容量给定的情况下,α和β是此消彼长的关系,即如果要减小犯α错误的概率,就会增大犯β错误的概率;或者正好相反。所以要减少犯两类错误的概率,除了增加样本容量这一途径以外,人们只能在两类错误的发生概率之间进行平衡,把α和β控制在能够接受的范围之内。在一般情况下,人们通常把犯弃真错误作为首要的控制目标。为了尽量减少犯弃真错误的风险,会选取一个较小的α值。比如,α可以取0.01,0.05,0.1,等等。实践中常用的α值为0.05。在实际应用中,一般是先给定α的值,这样就可以由有关的概率分布表查得临界值z_α,进而确定原假设的拒绝区域(或接受区域)。临界值z_α就是接受区域和拒绝区域的分界点。

对于不同形式的假设,原假设的拒绝区域也有所不同。双侧检验的拒绝区域位于统计量分布曲线的两侧,如图7-6所示;左检验的拒绝区域位于统计量分布曲线的左侧,如图7-7所示;右检验的拒绝区域位于统计量分布曲线的右侧,如图7-8所示。

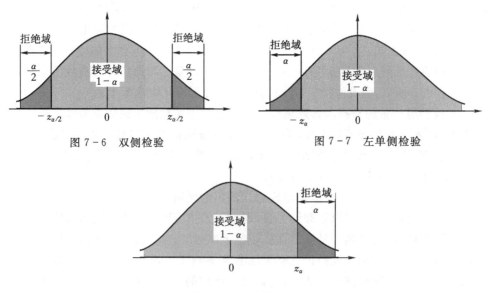

图7-6 双侧检验　　　　图7-7 左单侧检验

图7-8 右单侧检验

(4) 根据样本观测值,计算检验统计量 z 值。

其中,总体均值 z 统计量的计算公式如下:

$$z = \frac{\bar{x} - \mu_0}{\sigma/\sqrt{n}} \approx \frac{\bar{x} - \mu_0}{s/\sqrt{n}}$$

总体比例 z 统计量的计算公式如下:

$$z = \frac{p - \pi_0}{\sqrt{\pi_0(1-\pi_0)/n}}$$

(5) 比较 z 值与临界值 z_α,作出统计决策。

如果上述检验统计量 z 的具体数值落在了拒绝域,就拒绝原假设,否则就不能拒绝原假设(即接受原假设)。所以,把计算出的检验统计量的值与临界值相比较,就能够最终作出是否拒绝原假设的统计决策了。其决策规则总结如下:

① 若采用双侧检验,$H_0: \mu = \mu_0; H_1: \mu \neq \mu_0$ 或 $H_0: \pi = \pi_0; H_1: \pi \neq \pi_0$,则临界值为 $-z_{\alpha/2}$ 和 $z_{\alpha/2}$,决策规则是:如果 $z < -z_{\alpha/2}$,或者 $z > z_{\alpha/2}$,则拒绝原假设 H_0,接受备择假设 H_1。

② 若采用左检验,$H_0: \mu \geq \mu_0; H_1: \mu < \mu_0$ 或 $H_0: \pi \geq \pi_0; H_1: \pi < \pi_0$,则临界值为 $-z_\alpha$,决策规则是:如果 $z < -z_\alpha$,则拒绝原假设 H_0,接受备择假设 H_1。

③ 若采用右检验,$H_0: \mu \leq \mu_0; H_1: \mu > \mu_0$ 或 $H_0: \pi \leq \pi_0; H_1: \pi > \pi_0$,则临界值为 z_α,决策规则是:如果 $z > z_\alpha$,则拒绝原假设 H_0,接受备择假设 H_1。

上述决策规则中,如果接受原假设 H_0,则相应地应拒绝备择假设 H_1。

为了方便大家查找正态分布概率表中的临界值 z_α,下面我们将假设检验中常用的显著性水平和临界值列于表 7-4。

表 7-4 常用显著性水平和临界值对照表

显著性水平 α 取值	双侧检验临界值 $\lvert z_{\alpha/2} \rvert$	左单侧检验的临界值 $-z_\alpha$	右单侧检验的临界值 z_α
0.05	1.96	-1.645	1.645
0.01	2.58	-2.33	2.33

除了采用临界值,我们还可以利用 p 值进行检验决策。p 值是指在原假设为真时,样本统计量落在观察值以外(抽样分布尾部区域)的概率,也称为观察到的显著性水平。决策时,如果 p 值小于 α,就拒绝原假设,否则不能拒绝原假设。在一般的统计分析软件中都会给出 p 值。

二、总体均值的假设检验举例

【例 7-7】 某城市共有 30 万户居民,根据历史资料,居民家庭收入水平服从正态分布,人均月收入为 750 元,标准差为 150 元。今年该市抽样调查总队随机抽取了 100 个家庭户进行观察,计算得出人均月收入为 780 元。据此,他们认为该市居民的收入水平与原来相比没有发生显著变化。试在 0.05 的显著性水平下判断这个结论是否正确。

由于要求检验的是关于"收入水平没有发生显著变化"这一结论,不考虑收入水平的升降,因此,它属于总体平均数的双侧检验问题。设原假设为 $H_0: \mu = 750$,即假设总体均值仍为 750 元;备择假设 $H_1: \mu \neq 750$,即应该认为居民收入水平发生了变化。由于总体服从正态分布,总体标准差已知,故应使用 z 检验统计量。由公式计算如下:

$$z = \frac{\bar{x} - \mu_0}{\sigma/\sqrt{n}} = \frac{780 - 750}{150/\sqrt{100}} = \frac{30}{15} = 2$$

查正态分布表可得 $z_{\alpha/2} = z_{0.025} = 1.96$。由于 $z = 2 > z_{\alpha/2} = 1.96$,即落入拒绝域,所以应拒绝原假设 H_0,而应接受备择假设 H_1。即该市居民的收入水平发生了显著变化。

【例 7-8】 某电池厂生产的 2 号电池,历史资料表明其平均使用寿命为 1 000 小时,在最近生产的产品中,随机抽取了 100 个 2 号电池,测得其平均使用寿命为 900 小时,标准差为 80 小时,在给定的显著性水平为 0.05 时,试判定这批电池的使用寿命是否有明显的降低。

由于检验的问题是判定这批电池的使用寿命有没有显著的降低,即问及差异的方向,因此,此题属于左检验问题。依题意,提出以下假设:

$$H_0: \mu \geq 1\,000; \quad H_1: \mu < 1\,000$$

由于总体标准差未知,但大样本抽样可使用 z 检验统计量,由 $\alpha = 0.05$ 查表得临界值 $-z_\alpha = -z_{0.05} = -1.645$,计算检验统计量

$$z = \frac{\bar{x} - \mu_0}{s/\sqrt{n}} = \frac{900 - 1\,000}{80/\sqrt{100}} = -\frac{10}{8} = -1.25$$

由于 $z = -1.25 > -z_\alpha = -1.645$,落入接受域,所以不应拒绝原假设 H_0,即有理由认为现在生产的这批电池的使用寿命与原来的比没有显著的降低。

【例 7-9】 在一项关于大学生消费行为的研究中,大学生平均每月的休闲消费支出为 90 元。假若大学生休闲消费的分布近似于正态分布。现随机抽取 50 名学生,计算得其平均每月的休闲支出为 91.2 元,方差为 16。试在显著性水平为 0.01 时,检验大学生的休闲消费是否显著地高于 90 元。

由于问题是判断大学生的消费水平有没有显著的提高,问及差异的方向,本着"把不能轻易肯定的命题作为备择假设"的原则,此题是对总体均值进行右检验问题。根据题意,提出假设:$H_0: \mu \leqslant 90; H_1: \mu > 90$。

由于总体近似地服从正态分布,总体方差未知但大样本抽样可使用 z 检验统计量,由 $\alpha = 0.01$ 查表得临界值 $z_\alpha = z_{0.01} = 2.33$,计算检验统计量

$$z = \frac{\overline{x} - \mu_0}{s/\sqrt{n}} = \frac{91.2 - 90}{4/\sqrt{50}} = \frac{1.2}{0.5657} = 2.12$$

由于 $z = 2.12 < z_\alpha = 2.33$,落入接受域,所以不应拒绝原假设 H_0,即有把握认为大学生的月休闲消费没有高于 90 元。

三、总体比例的假设检验举例

【例 7 - 10】 某大学校长估计该校爱好文体活动的学生比例高达 65%,随机抽查了 38 人的一个学生样本,发现其中有 24 人爱好文体活动。试在 0.05 的显著性水平下判断大学校长的估计是否可靠?

在大样本情况下,样本比例近似服从正态分布。依题意,可建立如下假设,通过计算 z 检验统计量进行双侧检验。

$$H_0: \pi = 65\%, H_1: \pi \neq 65\%$$

样本比例 $p = \frac{24}{38} = 0.63 = 63\%$

计算 z 检验统计量:$z = \dfrac{p - \pi_0}{\sqrt{\pi_0(1-\pi_0)/n}} = \dfrac{0.63 - 0.65}{\sqrt{0.65(1-0.65)/38}} = -0.4$

给定 $\alpha = 0.05$,查正态分布表可得 $z_{\alpha/2} = z_{0.025} = 1.96$。所以接受域为 $-1.96 \leqslant z \leqslant 1.96$,由于本例 $z = -0.4$,落入了接受域,故接受原假设,认为校长的判断(爱好文体活动的学生比例达 65%)是可靠的。

【例 7 - 11】 一家奶制品公司称有 80% 以上的消费者满意其产品的质量。一家市场调查公司受托调查该公司此项声明是否属实,随机抽样调查了 600 位消费者,表示满意该公司产品质量者有 498 人。试在显著性水平 0.05 下,检验该公司的声明是否属实?

依题意,由于 $n\pi_0 = 600 \times 0.8 = 480 > 5$ 和 $n(1-\pi_0) = 600 \times 0.2 = 120 > 5$,可以通过计算 z 检验统计量进行右检验。可建立如下假设:

$$H_0: \pi \leqslant 80\%, H_1: \pi > 80\%$$

样本比例 $p = \dfrac{498}{600} = 0.83 = 83\%$

计算 z 检验统计量:$z = \dfrac{p - \pi_0}{\sqrt{\pi_0(1-\pi_0)/n}} = \dfrac{0.83 - 0.8}{\sqrt{0.8(1-0.8)/600}} = 1.837$

给定 $\alpha=0.05$,查正态分布表可得 $z_\alpha=z_{0.05}=1.645$。

由于 $z=1.837>z_{0.05}=1.645$,落入了拒绝域,故拒绝原假设,即认为该公司的声明属实。

【例 7-12】 某公司根据国外的研究结果认为,其全体员工中至少有 20% 的人愿意通过降低收入来减少工作时间,以获得更多的个人闲暇时间。为了验证这一结论是否适用于该公司,有关部门随机抽取了 64 名职工组成一个样本,发现其中有 12 名职工表示愿意接受这样的计划。试判断在 0.05 的显著性水平下,公司中是否有 20% 的职工愿意接受这一计划?

依题意,由于 $n\pi_0=64\times0.2=12.8>5$ 和 $n(1-\pi_0)=64\times0.8=51.2>5$,所以可通过计算 z 检验统计量进行左检验。可建立如下假设:

$$H_0: \pi \geqslant 20\%, H_1: \pi < 20\%$$

样本比例 $p=\dfrac{12}{64}=0.1875=18.75\%$

计算 z 检验统计量:$z=\dfrac{p-\pi_0}{\sqrt{\pi_0(1-\pi_0)/n}}=\dfrac{0.1875-0.2}{\sqrt{0.2(1-0.2)/64}}=-0.25$

给定 $\alpha=0.05$,查正态分布表可得 $-z_\alpha=-z_{0.05}=-1.645$。由于 $z=-0.25<-z_{0.05}=-1.645$,落入了接受域,故接受原假设,即认为该公司愿意通过降低收入来减少工作时间的职工比例已经达到了 20%。

附 录

一、利用 Excel 产生随机数

如果我们想要从客户编号为 0~3000 中随机抽取 40 名客户,我们需要生成 0~3000 间的 40 个随机数。我们用 Excel 来完成,步骤如下:

第 1 步:选择"工具"下拉菜单。

第 2 步:选择"数据分析"选项。

第 3 步:在弹出的数据分析对话框中"选择随机数发生器",弹出对话框,如图 7-9 所示。

第 4 步:在"变量个数"框中填入想生成的随机数列的个数,在"分布"选项中选择要生成的随机数的分布类型,这里我们选择均匀分布,然后选择"确定",即可得到生成在 0~3000 间均匀分布的随机数。

图 7-9 计算机生成的随机数字

二、用 Excel 进行置信区间估计

【例 7-13】 2008 年底某市私家车拥有量已达到 129.8 万辆,位居全国之首,据业内人士分析其中国产中低档汽车的比例较大,为了估计目前该市市场个人购车的平均价格,调查人员于某日在该市最大的车市随机抽取 36 位私人消费购车者,得到他(她)们所购汽车的价格如表 7-5 所示。(单位:万元)

表 7-5 36 位私人消费购车者的购车价格

6.88	9.60	14.98	19.98	20.98	13.60	14.70	15.80	10.18
6.88	10.18	15.68	13.60	24.40	30.30	9.60	9.60	15.68
6.88	11.28	15.68	10.60	12.30	14.60	14.60	12.90	20.50
8.28	13.68	11.78	14.80	14.80	14.80	17.40	5.38	10.60

根据这些调查数据,对汽车销售价格的总体均值求 95% 置信区间,说明如何利用 Excel 在大样本条件下进行单一总体均值的置信区间估计。具体步骤如下:

第 1 步:将相关数据输入 Excel 表格。
第 2 步:选择"工具"下拉菜单。
第 3 步:选择"数据分析"选项。
第 4 步:在分析工具中选择"描述统计"。
第 5 步:当对话框出现时,在"输入区域"设置框内键入数据单元格区域

A1：A36，在"输出区域"设置框内键入数据单元格区域B1，并选择"汇总统计"，然后选择"确定"，得到输出结果，此时样本均值出现在单元格C3中，抽样误差的值出现在单元格C4中。

第6步：选择单元格D2，并键入单元格公式＝C3－1.96＊C4，按下回车键；选择单元格D3，并键入单元格公式＝C3＋1.96＊C4，按下回车键，得到输出结果，即汽车销售价格的总体均值95％置信区间为(12.041,15.374 56)。见图7－10。需要说明的是，因为所求的是95％的置信区间，所以单元格公式中使用的值是1.96。通常，使用者需要键入与所希望的置信水平相对应的 z 值。

	A	B	C	D
1	6.88	列1		
2	6.88			12.041
3	6.88	平均	13.70778	15.37456
4	8.28	标准误差	0.850399	
5	9.6	中位数	13.64	
6	10.18	众数	6.88	
7	11.28	标准差	5.102392	
8	13.68	方差	26.03441	
9	14.98	峰度	2.189069	
10	15.68	偏度	1.082409	
11	15.68	区域	24.92	
12	11.78	最小值	5.38	
13	19.98	最大值	30.3	
14	13.6	求和	493.48	
15	10.6	观测数	36	
16	14.8	最大(1)	30.3	
17	20.98	最小(1)	5.38	
18	24.4	置信度(95.0%)	1.726401	
19	12.3			
20	14.8			

图7－10 计算机输出的结果

三、用Excel进行假设检验

【例7－14】 某保险公司主管部门的经理估计投保人的年龄是40岁，研究人员从实际投保该险种的人员中随机抽取36人，调查得到他们投保时的年龄数据如表7－6所示。

表7－6 随机抽取的36人投保时的年龄数据

24	50	37	41	22	26	35	42	18
30	36	29	27	28	26	44	48	35
45	35	36	42	40	40	46	38	39
36	35	45	46	50	51	39	40	42

试依据调查结果判断主管经理的估计是否可靠？

该问题属于大样本情况下单一总体均值的检验问题，需要进行双侧检验。具体步骤如下：

第 1 步：将上表数据输入 Excel 表格。

第 2 步：选择"工具"下拉菜单。

第 3 步：选择"数据分析"选项。

第 4 步：在分析工具中选择"描述统计"。

第 5 步：当对话框出现时，在"输入区域"设置框内键入数据单元格区域 A1：A36，在"输出区域"设置框内键入数据单元格区域 C1，并选择"汇总统计"，然后选择"确定"，得到输出结果，此时样本均值出现在单元格 D3 中，抽样误差的值出现在单元格 D4 中（见图 7-11）。

	A	B	C	D	E
1	24		列1		
2	30				
3	45		平均	37.30556	
4	36		标准误差	1.388055	
5	50		中位数	38.5	
6	36		众数	35	
7	35		标准差	8.328332	
8	35		方差	69.36111	
9	37		峰度	-0.40757	
10	29		偏度	-0.42458	
11	36		区域	33	
12	45		最小值	18	
13	41		最大值	51	
14	27		求和	1343	
15	42		观测数	36	
16	46		置信度(95	2.817902	
17	22			-1.94117	
18	28				

图 7-11 计算机输出的结果

第 6 步：计算统计量 z 值。选择单元格 C17，键入公式 =(D3−40)/40，即统计量 z。因为原假设为 H_0：$\mu=40$，故键入数据为 40，然后选择"确定"，得到 z 值。

由于 $z=-1.94117>-1.96$，所以应接受原假设 H_0。

思考与练习

一、简答题

1. 什么是参数估计？
2. 解释点估计与区间估计的含义。
3. 评价点估计量的优良标准有哪些？
4. 简述区间估计的步骤。
5. 简述影响样本容量的主要因素。
6. 什么是假设检验？简述其步骤。
7. 什么是显著性水平？它对于假设检验决策的意义是什么？
8. 分别列出大样本情形下的总体均值左检验、右检验和双侧检验的拒绝域。

二、练习题

1. 某种零件的长度服从正态分布，从某天生产一批零件中随机抽取 9 个，测得其平均长度为 21.4 cm。已知总体标准差为 0.15 cm，置信水平为 95%，试估计该批零件平均长度的置信区间。
2. 某企业质检部门想要估计本月生产的 5 500 包原材料的平均重量。工作人员从中随机抽取了 250 包原材料，测得平均重量为 65 千克。已知总体标准差为 15 千克，试以 95% 的置信概率估计本月生产的全部原材料平均重量的置信区间。
3. 据某大学对 100 名同学的抽样调查表明，学生每周上网的平均时间为 7.2 小时，样本标准差为 6.1 小时，据此要求以 95% 的置信度对全校学生每周上网的平均时间作出区间估计。（要求按照正态分布作出估计）
4. 某商业银行为了估计 2008 年上半年对个人购买二手房的平均贷款额，随机抽取 42 个贷款账户，数据如下（单位：千元）：

160.0	149.4	180.0	100.0	850.0	150.0
170.0	290.0	140.0	60.0	145.0	200.0
300.0	150.0	200.0	218.0	220.0	190.0
120.0	180.0	230.0	114.8	200.0	139.5
170.0	155.0	100.0	95.0	250.0	100.0
300.0	100.0	140.0	170.0	270.0	160.0
100.0	200.0	250.0	150.0	190.0	160.0

根据上面的数据,以 95% 的置信水平估计:

(1) 上半年所有二手房平均贷款额的置信区间。

(2) 上半年所有二手房贷款额中金额在 20 万元以上所占比例的置信区间。

5. 某饭店经理欲估计附近地区居民周末在饭店就餐的家庭占多大比例。于是,在附近 2 000 户居民中随机抽取了 150 户,调查得知有 45 户说周末经常在饭店就餐。试在 95% 的置信水平下求周末经常在饭店就餐居民户所占比例的置信区间。

6. 某食品厂要检验本月生产的 10 000 袋食品的重量是否合格,根据上月的生产数据,这种产品每袋重量的标准差为 25 克。要求在 95.45% 的置信度下,估计的重量误差范围不超过 5 克,应抽查多少袋产品?

7. 某企业想要估计本月产品的合格率。根据过去几个月的调查,产品合格率分别为 93%,95%,96%,现要求以 99.73% 的置信水平估计合格率的误差不超过 3%,问应抽取多少件产品?

8. 某市区有三万户居民,根据历史资料,其家庭每月收入服从正态分布。每月户均收入为 2 750 元,标准差为 650 元。今年该区域市调查队随机抽取 100 户居民,计算出户均收入为 2 780 元。据此抽样结果,认为该区居民的月均收入水平没有发生显著的变化。请在 0.05 的显著性水平下判断这个结论是否正确?

9. 假日饭店有 500 张客床,正常时间每床位日租金为 100 美元,平均定位率 70%。现在经理进行一项试验,采取优惠措施把房价降低 15%,经过 36 天,平均每天出租床位 406 张,其标准差 $\sigma = 78$ 张,试以 0.05 的显著性水平评估该项优惠措施是否收到了明显效果?

10. 据最近一次人口普查资料知道,某地区人口中,具有大学文化程度的人口占 11%。现从该地区人口中用简单随机抽样抽取一个 5 000 人的样本,其中 60 人具有大学毕业文化程度。目前该地区人口中具有大学文化程度的人所占比例与普查时相对比是否有显著的不同?($\alpha = 0.05$)

第八章 相关分析与回归分析

相关分析与回归分析是两种常用的既有联系又有区别的统计方法。本章从介绍相关分析和回归分析的基本概念与分类入手,以一元线性回归模型为基础,引出回归分析中的模型识别、参数估计、模型检验等内容。多元线性回归分析涉及两个或以上的自变量,其分析、检验过程较为复杂,但基本原理与一元线性回归分析相仿。

第一节 相关分析

对于现实世界,不仅要知其然,而且要知其所以然。顾客对商品和服务的反映对于企业是至关重要的,但是仅仅有满意顾客的比例是不够的,商家希望了解什么是影响顾客观点的因素,以及这些因素如何起作用。类似地,医疗卫生部门不能仅仅知道某流行病的发病率,还要分析什么变量影响发病率,以及如何影响。发现变量之间的依存关系,并且用此规律来帮助我们进行决策才是统计实践的最终目的。相关分析就是研究一些现象与另一些现象依存关系的一种分析方法。

一、相关分析的概念及其种类

1. 相关分析的概念

在生产和经营活动中,经常要对变量之间的关系进行分析。例如,在农业生产中,需要研究农作物产量与施肥量之间的关系,以便分析施肥量对产量的影响,进而确定合理的施肥量;在工业生产中,要对影响生产成本的各种因素进行分析,以达到控制成本的目的;在商业活动中,需要分析广告费支出与销售量之间的关系,进而通过广告投放来提高销售量,等等。显然这些变量之间存在一定依存关系。随着研究的深入,人们发现,变量之间的依存关系可以分为两种,即函数关系和相关关系。

函数关系是指变量之间存在着严格的依存关系,呈现出一一对应的特征。

如圆的周长 L 与圆的半径 R 之间就存在严格的依存关系,当圆的半径 R 的值取定后,圆的周长 L 的值也随之确定,变量之间的这种依存关系就是函数关系。相关关系是指变量之间存在着不确定的依存关系。例如,人的身高与体重这两个变量,一般而言是相互依存的,但它们并不表现为一一对应的关系,制约这两个变量的还有遗传因素、营养状况和运动水平等其他因素。对这两个变量显然不能用函数关系进行描述,但也不是没有任何规律可循。

并不是所有变量之间都存在相关关系,因此需要用相关分析的方法来判断和识别。相关分析,就是借助于图形和分析指标(如相关系数)对变量之间的依存关系及其密切程度进行测定的过程。

2. 相关关系的种类

变量之间的相关关系可以分为若干类型。

(1)按相关的程度可分为完全相关、不完全相关和不相关三种。如果两个变量的数值之间存在着一一对应的关系,则为完全相关,即函数关系。如果两个变量的数值之间不存在任何依存关系,各自独立变动互不影响,则为不相关或称零相关。如果两个变量的数值之间的关系介于完全相关与不相关之间,则为不完全相关。不完全相关是现实中相关关系的主要表现形式,也是相关分析的主要研究对象。

(2)按相关的方向可分为正相关和负相关。当一个变量的数值由小变大,而另一个变量的数值也与之对应地由小变大,这种变量之间的同向变化的依存关系称为正相关。当一个变量的数值由小变大,而另一个变量的数值却与之对应地由大变小,这种变量之间的逆向变化的依存关系称为负相关。

(3)按相关的形式可分为线性相关和非线性相关。当一个变量的数值发生变化时,另一个变量的数值也按一个大致固定的比例变动,二者各相关点的数值分布呈直线趋势,即为线性相关。当一个变量的数值发生变化时,另一个变量的数值不按固定比例变动,各相关点的数值分布呈曲线趋势,即为非线性相关。

(4)按研究变量的多少可分为单相关、偏相关和复相关三种。两个变量之间的相关,称为单相关。一个变量与两个或两个以上变量之间的相关,称为复相关。在复相关中,假定其他变量不变,仅研究其中一个变量对另一个变量的依存关系,则称为偏相关。

二、相关分析的方法

1. 散点图

散点图是描述变量之间关系的一种直观方法,从中可以大体上看出变量之间的关系形态及关系强度。图 8-1 是几种常见的散点图。

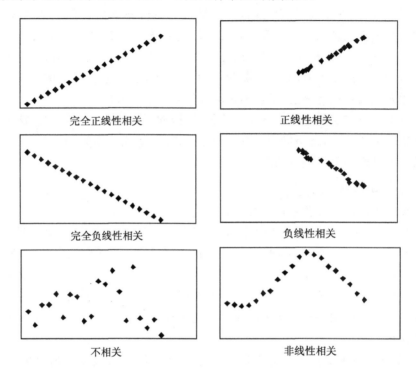

图 8-1 不同形态的散点图

下面用一个例子说明如何利用散点图分析相关关系。

【例 8-1】 表 8-1 给出了 24 个学生语文和数学的成绩。试绘制散点图。

表 8-1 语文成绩和数学成绩

编号	语文	数学
1	78	83
2	78	82
3	77	82
4	77	81
5	76	81
6	75	81
7	74	80
8	75	80
9	73	79

续表 8-1

编号	语文	数学
10	72	77
11	74	78
12	73	78
13	81	88
14	82	87
15	73	78
16	71	79
17	75	78
18	72	81
19	72	78
20	78	79
21	71	79
22	81	79
23	79	82
24	71	75

根据表 8-1,在语文成绩和数学成绩所构成的坐标系内将数据描绘出来,就得到相关分析的散点图,如图 8-2 所示。从图 8-2 可以看出,所绘制的散点呈现出从左至右的上升趋势。这说明学生的数学成绩与语文成绩存在一定的正相关关系,语文成绩越高的学生,数学成绩相应也越高。

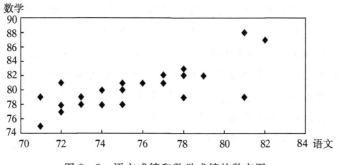

图 8-2 语文成绩和数学成绩的散点图

散点图虽然有助于识别变量之间的相互关系,但其无法对这种关系进行精确的度量。为了准确度量两个变量之间的关系强度,就需要计算相关系数。

2. 相关系数

相关系数是在线性相关条件下,用来说明两个随机变量之间相关关系密切程度的统计量。若相关系数是根据总体数据计算的,称为总体相关系数,记为 ρ:

$$\rho = \frac{\sigma_{XY}^2}{\sigma_X \sigma_Y}$$

式中,σ_{XY}^2 是变量 X 和变量 Y 的协方差,σ_X 和 σ_Y 分别是变量 X 和 Y 变量的标准差。通常总体相关系数是一个常数。

若相关系数是根据样本数据计算的,称为样本相关系数,记为 r。其计算公式为:

$$r = \frac{\sum (x - \bar{x})(y - \bar{y})}{\sqrt{\sum (x - \bar{x})^2} \sqrt{\sum (y - \bar{y})^2}}$$

r 的取值在 -1 到 $+1$ 之间,即 $-1 \leqslant r \leqslant 1$。若 $0 < r \leqslant 1$,说明两个变量之间正相关;若 $-1 \leqslant r < 0$,说明两个变量之间负相关。r 的绝对值越接近于 1,意味着变量之间的线性相关程度越强。当 $r = \pm 1$ 时,说明两个变量之间完全相关。若 $r = 1$,说明两个变量完全正线性相关;若 $r = -1$,说明两个变量完全负线性相关。当 $r = 0$ 时,说明两个变量之间不存在线性相关,但不表示两个变量之间没有其他关系。

对于一个具体的 r 的取值,根据经验可以将相关程度分为以下几种情况:当 $|r| \geqslant 0.8$ 时,可视为高度相关;当 $0.5 \leqslant |r| < 0.8$ 时,可视为中度相关;当 $0.3 \leqslant |r| < 0.5$ 时,可视为低度相关;当 $|r| < 0.3$ 时,可视为不相关。在例 8-1 中,相关系数 $r = 0.7467$,说明本例中学生的语文成绩和数学成绩是中度相关的。

在例 8-1 中仅有 24 个样本,因此上面的解释必须建立在对相关系数的显著性检验的基础上。更一般地说,在实际应用中,大多数情况下都是根据样本数据计算相关系数的,这个样本相关系数是否能代表总体变量之间的相互关系,需要通过显著性检验来确定。通常采用费希尔提出的 t 分布检验,该检验可以用于小样本,也可以用于大样本。[①] 检验步骤如下:

(1) 提出假设:H_0:$\rho = 0$,H_1:$\rho \neq 0$

---

① 需要注意的是,即使统计检验表明相关系数在统计上是显著的,并不意味着两个变量之间就存在着重要的相关性。因为在大样本情况下,几乎总是导致相关系数显著。比如,$r = 0.1$,在大样本情况下,也可能使 r 通过检验,但实际上,一个变量取值的差异能由另一个变量的取值来解释的比例只有 10%,这很难说明两个变量之间就有实际意义上的显著关系。

(2)计算检验统计量：$t=|r|\sqrt{\dfrac{n-2}{1-r^2}}\sim t(n-2)$

(3)进行决策：根据给定的显著性水平 α 和自由度 $(n-2)$，查找 t 分布表中的相应临界值 $t_{\alpha/2}(n-2)$。如果 $|t|>t_{\alpha/2}$，就拒绝原假设，认为 r 在统计上是显著的，表明两个总体变量之间存在显著的线性关系；反之，则不能拒绝原假设。

在例 8-1 中，若取显著性水平 $\alpha=0.05$，查表得到临界值 $t_{\alpha/2}(24-2)=2.0739$，检验统计量值为：

$$t = 0.7467 \times \sqrt{\dfrac{24-2}{1-0.7467^2}} = 5.2654$$

由于 $|t|>t_{\alpha/2}$，所以拒绝原假设，说明语文成绩和数学成绩之间存在着显著的正线性相关关系。

第二节　一元线性回归分析

相关分析和回归分析都是研究不确定的依存关系的分析方法，但二者又有不同。相关分析的目的在于测量变量之间的关系强度，其所使用的测量工具就是相关系数，而回归分析则侧重考察变量之间的数量伴随关系，通过给定解释变量的数值来估计被解释变量的均值。相关分析对等地对待任何（两个）变量，两个变量都被看做是随机的。回归分析的被解释变量和解释变量，前者是随机变量，后者不是，通过控制解释变量来观察被解释变量的变化。

具体来说，回归分析主要解决以下几方面的问题：
(1)通过解释变量的数值来估计被解释变量的均值。
(2)对根据经济理论建立的假设进行假设检验。
(3)通过给定额外的解释变量数值，对被解释变量的均值进行预测。

本节主要介绍一元线性回归分析，第三节介绍多元线性回归分析。

一、回归分析

回归分析是研究一个变量关于另一些变量的具体依赖关系的计算方法和理论。其用意在于通过后者的已知值或设定值，去估计和预测前者的均值。

回归分析既然是用来研究被解释变量（explained variable）或应变量（dependent variable）与另一个或多个解释变量（explanatory variable）或自变量（independent variable）之间的关系，首先应当确定被解释变量和解释变量，这是依据相关经济理论确定的。例如，我们希望研究商品的需求量与该商品的价格、消费者的收入以及其他同类商品的价格之间的关系，那么根据经济学中有关需求的理论,一种产品的需求量依赖于该产品的价格以及其他几个变量,该商品的需求量就是被解释变量,而该商品的价格、消费者的收入以及其他同类商品的价格是解释变量。注意回归分析本身不能确定因果关系的存在,变量是否存在因果关系,必须以经济理论为判定基础。确定被解释变量和解释变量后就可以用回归分析的技术寻找它们之间的数量关系。

1. 总体回归函数

为了说明回归分析的方法,我们先从一个假设的例子开始。

【例 8-2】 假定某种商品的需求量如表 8-2 所示。价格为 1 时,有 7 个消费者愿意购买,需求量分别在 45～51 之间,7 个消费者的平均需求量为 48,这一数值是通过对 7 个人的需求量求算术平均数而得到的。类似地,当价格为 7 时,有 5 个消费者愿意购买,他们的需求量分别在 32～40 之间,在此价格下的平均需求量为 36。表中其他数值可以类似地解释。

表 8-2 某种商品需求表

价格 X	需求量 Y							消费者数量	平均需求量 $E(Y\|X_i)$
1	45	46	47	48	49	50	51	7	48
2	44	45	46	47	48			5	46
3	40	42	44	46	48			5	44
4	35	38	42	44	46	47		6	42
5	36	39	40	42	43			5	40
6	32	35	37	38	39	42	43	7	38
7	32	34	36	38	40			5	36
8	31	32	33	34	35	36	37	7	34
9	28	30	32	34	36			5	32
10	29	30	31					3	30

以需求量 Y 为纵轴,以价格 X 为横轴,对表 8-2 中的数据作散点图得到图 8-3。从散点图可以看出:任一给定 X_i,有若干个 Y 与之对应。例如,当 $X_i=1$ 时,有 7 个值与其对应,当 $X_i=4$ 时,相应地有 6 个 Y 值,等等,一个 X 与一个 Y 的子总体有关。当 X 增加时,Y 的子总体内的各个 Y 值也相应减少。特别是平均需求量 $E(Y\|X_i)$,在图中用圆圈表示,随 X 线性减少。用一条线将 X 取不同

值时的平均需求量连接起来,就得到总体回归线。总体回归线给出了与每个解释变量取值相对应的被解释变量的均值。

总体回归线用函数形式表示出来就是总体回归函数:
$$E(Y \mid X_i) = B_1 + B_2 X_i$$

其中 $E(Y|X_i)$ 是和 X_i 对应的平均需求量,也就是与给定 X 值相对应的 Y 的条件均值。从总体回归函数可以看出 $E(Y|X_i)$ 是 X_i 的函数,一般称为 Y 对 X 的回归。回归就是在给定 X 值的条件下 Y 值分布的均值。B_1,B_2 为参数,也称为回归系数。B_1 又称为截距,B_2 又称为斜率。斜率度量了 X 每变动一单位 Y 的均值的变化率。B_1 是当 X 为 0 时的 Y 的均值。

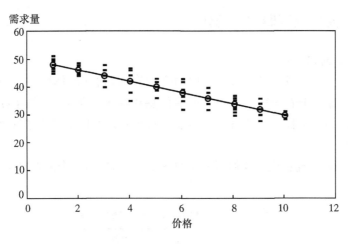

图 8-3 总体回归线

2. 随机误差项

总体回归函数说明在给定的 X_i 下 Y 的条件均值,在例 8-2 中就是平均需求量。但对某一个特定的消费者而言,其需求量可能与该平均水平有偏差。这时表示个人的需求量的最好方法就是在平均需求量上加上或减去某一数量。用数学公式表示为:
$$Y_i = B_1 + B_2 X_i + u_i$$

这是随机总体回归函数,其中,u_i 表示随机误差项或随机干扰项。随机误差项的存在说明被解释变量除了受解释变量的系统性影响外,还受其他因素的随机性影响。现在我们把某一价格水平上个人的需求量看做两部分之和:第一部分是 $B_1 + B_2 X_i$,这是第 i 个子总体的平均需求量,也即在此价格水平下总体回归直线上相对应的点,这一部分称为系统的或决定的部分。第二部分是 u_i,

称为非系统的或随机的部分,这一部分由价格以外的因素所决定。

随机误差项产生的原因包括:

(1)在解释变量中被忽略的因素的影响。例如,在例8-2中,随机误差项可能代表了诸如消费者收入、同类竞争产品的价格等因素的影响。

(2)即使模型中包括了所有决定需求量的有关变量,需求量的内在随机性也一定会发生,这是我们做何种努力都无法解释的。

(3)随机误差项也可以代表测量误差。

(4)根据节省原则,我们建立的模型越简单越好。即使知道其他变量可能会对需求量有影响,我们也把这些次要的因素归入随机误差项。

二、一元线性回归方程的建立

1. 样本回归函数

在例8-2中,我们已经得到总体的全部数据,估计总体回归函数是一项较为容易的工作。但在实际工作中总体的信息往往无法掌握,只能是在一次观测中得到总体的一个样本。这时我们面临的问题就是如何根据样本数据来估计总体回归函数。

【例8-3】 现在假定我们得到来自表8-2总体的一个随机样本,如表8-3所示。

表8-3 来自表8-2的一个随机样本

价格 X	需求量 Y
1	49
2	45
3	44
4	39
5	38
6	37
7	34
8	33
9	30
10	29

对表 8-3 中的数据作图,得到图 8-4 所示的散点图。图中的散点近似于一条直线,因此可以画一条直线拟合样本数据。这条拟合了样本数据的线称为样本回归线。

与从总体回归线得到总体回归函数类似,从样本回归线也可以得到样本回归函数:

$$\hat{Y}_i = b_1 + b_2 X_i$$

其中 $\hat{Y}_i$ 表示总体条件均值 $E(Y|X_i)$ 的估计量,b_1 表示 B_1 的估计量,b_2 表示 B_2 的估计量,^读作"帽"。

由于并非所有的样本数据都准确地落在各自的样本回归线上。因此,与建立随机形式的总体回归函数一样,我们需要建立随机形式的样本回归函数:

$$Y_i = b_1 + b_2 X_i + e_i$$

其中,e_i 是 u_i 的估计量。e_i 为残差项,或简称为残差。样本回归函数中生成 e_i 的原因与总体回归函数中生成 u_i 的原因相同。得到随机样本回归函数,也就是建立了一元线性回归方程。

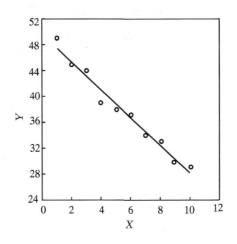

图 8-4　样本回归线

2. 参数估计

到目前为止,我们已经知道,回归分析的主要目的就是根据样本回归函数来估计总体回归函数,为实现这个目的,需要一定的估计方法。对样本回归函数变形可得

$$e_i = Y_i - b_1 - b_2 X_i$$

$$= Y_i - \hat{Y}_i$$

估计总体回归函数的最优方法是，选择 B_1, B_2 的估计量 b_1, b_2，使得残差 e_i 尽可能的小。虽然可以用几种不同的方法完成上述过程，但在回归分析中使用最为广泛的方法是普通最小二乘法(Ordinary Least Squares, OLS)，即选择参数 b_1, b_2，使得全部观察值的残差平方和(Residual Sum of Squares, RSS)最小。即

$$\min \sum e_i^2 = \sum (Y_i - \hat{Y}_i)^2$$
$$= \sum (Y_i - b_1 - b_2 X_i)^2$$

求解这个最小化问题，最终可得 b_1, b_2 的最小二乘估计量。因为它们是用最小二乘法得到的，所以称为最小二乘估计量：

$$b_1 = \overline{Y} - b_2 \overline{X}$$

$$b_2 = \frac{n \sum X_i Y_i - \sum X_i \sum Y_i}{n \sum X_i^2 - (\sum X_i)^2}$$

现在回到例 8-3，对表 8-3 的数据进行处理，得到表 8-4。

表 8-4 最小二乘法计算

X_i	Y_i	X_i^2	$X_i Y_i$	$\hat{Y}_i$	$(X_i-\overline{X})^2$	$(Y_i-\overline{Y})^2$	$(\hat{Y}_i-\overline{Y})^2$	e_i	e_i^2	$e_i X_i$
1	49	1	49	47.509 1	20.25	125.44	94.266 62	1.490 9	2.222 783	1.490 9
2	45	4	90	45.351 5	12.25	51.84	57.025 15	−0.351 5	0.123 552	−0.703
3	44	9	132	43.193 9	6.25	38.44	29.094 16	0.806 1	0.649 797	2.418 3
4	39	16	156	41.036 3	2.25	1.44	10.473 64	−2.036 3	4.146 518	−8.145 2
5	38	25	190	38.878 7	0.25	0.04	1.163 594	−0.878 7	0.772 114	−4.393 5
6	37	36	222	36.721 1	0.25	0.64	1.164 025	0.278 9	0.077 785	1.673 4
7	34	49	238	34.563 5	2.25	14.44	10.474 93	−0.563 5	0.317 532	−3.944 5
8	33	64	264	32.405 9	6.25	23.04	29.096 31	0.594 1	0.352 955	4.752 8
9	30	81	270	30.248 3	12.25	60.84	57.028 17	−0.248 3	0.061 653	−2.234 7
10	29	100	290	28.090 7	20.25	77.44	94.270 51	0.909 3	0.826 826	9.093
总和 55	378	385	1 901	377.999	82.5	393.6	384.057 1	0.001	9.551 515	0.007 5
均值 5.5	37.8									

利用表 8-4 的数据估计 b_1, b_2：

$$b_2 = \frac{n\sum X_i Y_i - \sum X_i \sum Y_i}{n\sum X_i^2 - (\sum X_i)^2}$$

$$= \frac{10 \times 1\,901 - 55 \times 378}{10 \times 385 - 55^2}$$

$$= \frac{-1\,780}{825} = -2.157\,6$$

$$\overline{Y} = \frac{378}{10} = 37.8, \quad \overline{X} = \frac{55}{10} = 5.5$$

$$b_1 = \overline{Y} - b_2 \overline{X} = 37.8 - (-2.157\,6) \times 5.5 = 49.666\,8$$

最终得到样本回归函数：

$$\hat{Y}_i = 49.666\,8 - 2.157\,6 X_i$$

三、一元线性回归方程假设检验

回归分析通过样本所估计的参数来代替总体的真实参数，或者说是用样本回归线代替总体回归线，尽管从统计性质上来说，如果有足够多的重复抽样，参数的估计值的期望(均值)就等于其总体的参数真值，但在一次抽样中，估计值不一定就等于该真值。因此在一次抽样中参数的估计值与真值的差异有多大，是否显著，就需要进一步进行统计检验，其包括变量的显著性检验、拟合优度检验及残差的正态性检验。

1. 参数的显著性检验

回归分析需要判断解释变量 X 是否是被解释变量 Y 的一个显著性的影响因素。在一元线性模型中，就是要判断 X 是否对 Y 具有显著的线性影响，这需要进行参数的显著性检验。具体而言，就是针对变量的参数真值 B_2, B_1 是否为零来进行检验。步骤如下：

(1)对总体参数提出假设。

$$H_0: B_2 = 0$$
$$H_1: B_2 \neq 0$$

选择 $H_0: B_2=0$ 这样一个假设，是为了看 Y 是否与 X 有关。如果一开始 Y 与 X 就无关，那么根据前面用最小二乘法所得到的估计值 $b_2 = -2.157\,6$ 而建立假设 $B_2 = -2$ 或 B_2 等于其他值是没有意义的。也就是说，如果 $H_0: B_2=0$ 为真，就没有必要把 X 包括到模型之中。因此，如果 X 确实属于这个模型，那么，我们就期望拒绝零假设 $H_0: B_2=0$ 而接受备择假设 $H_1: B_2 \neq 0$。

(2)以零假设 H_0 构造 t 统计量，并由样本估计值计算 t 检验值。

在一定的假定下，我们有

$$\frac{b_2 - B_2}{se(b_2)} \sim t_{n-2} \quad ①$$

因此在 $H_0: B_2 = 0$ 的假设下，可以得到如下统计量

$$t = \frac{b_2 - 0}{se(b_2)}$$

由该统计量得到的 t 检验值可知：如果真实的 $B_2 = 0$，用最小二乘法估计出 b_2 的可能性有多大。

在例 8-3 中已估计出 $b_2 = -2.1576$，相应的 t 检验值为 -17.94。

$$t = \frac{b_2 - 0}{se(b_2)} = \frac{-2.1576 - 0}{0.1203} = -17.94$$

(3) 给定显著性水平 α，查 t 分布表，得到临界值 $t_{\alpha/2}(n-2)$。常用的 α 有 1%，5% 或 10%。

在例 8-3 中，查 t 分布表得到各显著性水平的临界值如表 8-5 所示。

表 8-5　t 的临界值

显著性水平 α	0.01	0.05	0.10
临界值 $t_{\alpha/2}(n-2)$	3.355	2.306	1.860

(4) 比较第(2)步得到的 t 检验值和第(3)步得到的临界值 $t_{\alpha/2}(n-2)$，得出检验结论。如果 $|t| > t_{\alpha/2}(n-2)$，则在 $1-\alpha$ 的置信度下拒绝零假设 H_0，即变量的参数 X 是显著的，Y 与 X 有关，通过显著性检验；如果 $|t| < t_{\alpha/2}(n-2)$，则在 $1-\alpha$ 的置信度下接受零假设 H_0，即变量的参数 X 是不显著的，Y 与 X 无关，未通过显著性检验。对于例 8-3，如果选定 1% 的显著性水平，t 检验值的绝对值为 17.94，临界值 $t_{\alpha/2}(n-2)$ 为 3.355，拒绝零假设 $B_2 = 0$ 并得出结论：需求量 Y 与价格 X 有关。

实际上，我们无需选择显著性水平也可以进行检验，因为在第(2)步，由样本估计值得到的 t 检验值所对应的概率值 p 已经说明如果真实的 $B_2 = 0$，用最小

---

① 同样可知 $\frac{b_1 - B_1}{se(b_1)} \sim t_{n-2}$。在古典线性回归模型假设下，估计量 b_1, b_2 均为正态变量，$b_2 \sim N(B_2, \sigma_{b_2}^2)$，$\sigma_{b_2}^2 = \text{var}(b_2) = \frac{\sigma^2}{\sum(X_i - \overline{X})^2}$，$b_1 \sim N(B_1, \sigma_{b_1}^2)$，$\sigma_{b_1}^2 = \text{var}(b_1) = \frac{\sum X_i^2 \sigma^2}{n \sum (X_i - \overline{X})^2}$。在 σ^2 未知的情况下，可用 $\hat{\sigma}^2 = \frac{\sum e_i^2}{n-2}$ 来估计它。因此 $se(b_2) = \sqrt{\frac{\sum e_i^2}{(n-2)\sum(X_i - \overline{X})^2}}$，在正文第(3)步 $se(b_2) = \sqrt{\frac{9.551515}{8 \times 82.5}} = 0.1203$。

二乘法估计出 b_2 的可能性有多大。在例 8-3 中,值为 0.000 000 5,几乎为零。如果零假设 $B_2=0$ 为真,那么得此 t 值的概率几乎为零。这就是为什么能够拒绝零假设的原因。根据 p 值比根据选定的显著性水平更有理由拒绝零假设。

上述检验过程是以 H_0：$B_2=0$ 进行检验的,对于 H_0：$B_1=0$ 检验过程相同。

2. 拟合优度检验

拟合优度是指样本回归函数对样本观测值的拟合程度。采用普通最小二乘法估计已经保证了模型最好地拟合了样本观测值,但我们并不清楚所得到的样本回归函数能解释多大比例的 Y 的变动,因此我们需要用一个统计量来检验拟合程度,称为拟合优度检验。度量拟合优度的指标是判定系数(可决系数)R^2。计算公式如下[①]:

$$R^2 = \frac{ESS}{TSS} = \frac{\sum(\hat{Y}_i - \overline{Y})^2}{\sum(Y_i - \overline{Y})^2}$$

上式中 TSS 度量了 Y_i 与其均值的偏差,ESS 度量了这种偏差中可以由回归解释的部分,因此判定系数 R^2 度量了样本回归函数对 Y_i 的变动解释的比例(或百分比)。R^2 是一个非负的统计量,取值范围为 $0 \leqslant R^2 \leqslant 1$。在实践中,$R^2$ 常用于样本回归函数的比较,往往会选择 R^2 较高的样本回归函数,因为 R^2 高也就意味着把 Y_i 的变动解释得好。但应当注意不能盲目追求过高的 R^2 值,还要综合考虑其他检验。

在例 8-3 中

$$R^2 = \frac{\sum(\hat{Y}_i - \overline{Y})^2}{\sum(Y_i - \overline{Y})^2} = \frac{384.1}{393.6} = 0.975\ 8$$

因为 R^2 最大为 1,所以计算的 R^2 值已经相当大了。这说明在估计的样本回归函数 $\hat{Y}_i = 49.666\ 8 - 2.157\ 6 X_i$ 中,价格变量 X 能以 98% 的程度解释需求量 Y 的变动,可以认为样本回归函数相当好地拟合了总体回归函数。

第一节中的相关系数也能够根据判定系数 R^2 来计算:

$$r = \pm \sqrt{R^2}$$

---

① 由样本回归函数可知：$Y_i = \hat{Y}_i + e_i$,变形可得 $(Y_i - \overline{Y}) = (\hat{Y}_i - \overline{Y}) + (Y_i - \hat{Y}_i)$,其中 $(Y_i - \overline{Y})$ 是 Y_i 与其均值的偏差,$(\hat{Y}_i - \overline{Y})$ 是 $\hat{Y}_i$ 与其均值的偏差,$(Y_i - \hat{Y}_i)$ 就是 e_i。对上式两边同时平方再求和,可得 $\sum(Y_i - \overline{Y})^2 = \sum(\hat{Y}_i - \overline{Y})^2 + \sum(Y_i - \hat{Y}_i)^2$。用 TSS 表示总离差平方和 $TSS = \sum(Y_i - \overline{Y})^2$,用 ESS 表示回归平方和 $ESS = \sum(\hat{Y}_i - \overline{Y})^2$,用 RSS 表示残差平方和 $RSS = \sum(Y_i - \hat{Y}_i)^2$,则 $TSS = ESS + RSS$。

在回归分析中,判定系数 R^2 比相关系数 r 更有意义。判定系数告诉我们解释变量对被解释变量变化的解释程度,因而它全面地度量了一个变量决定另一个变量变动的程度。但 r 却不能做到这一点。

四、一元线性回归实例

【例 8-4】 根据表 8-6 资料建立财政收入随国内生产总值变动的一元线性回归方程。

表 8-6　1978—2006 年财政收入 Y 和国内生产总值 GDP

单位:亿元

年份	Y	GDP	年份	Y	GDP
1978	1 132.26	3 645.22	1993	4 348.95	35 333.92
1979	1 146.38	4 062.58	1994	5 218.10	48 197.86
1980	1 159.93	4 545.62	1995	6 242.20	60 793.73
1981	1 175.79	4 891.56	1996	7 407.99	71 176.59
1982	1 212.33	5 323.35	1997	8 651.14	78 973.03
1983	1 366.95	5 962.65	1998	9 875.95	84 402.28
1984	1 642.86	7 208.05	1999	11 444.08	89 677.05
1985	2 004.82	9 016.04	2000	13 395.23	99 214.55
1986	2 122.01	10 275.18	2001	16 386.04	109 655.17
1987	2 199.35	12 058.62	2002	18 903.64	120 332.69
1988	2 357.24	15 042.82	2003	21 715.25	135 822.76
1989	2 664.90	16 992.32	2004	26 396.47	159 878.34
1990	2 937.10	18 667.82	2005	31 649.29	183 867.88
1991	3 149.48	21 781.50	2006	38 760.20	210 870.99
1992	3 483.37	26 923.48			

资料来源:《中国统计年鉴 2007》,北京:中国统计出版社.

一般而言,一个国家的财政收入和国内生产总值正相关,因此我们预期 X 的系数 B_2 为正。接下来就可以用最小二乘法估计,回归结果如下:

$$\hat{Y}_i = -768.701\,9 + 0.164\,658 X_i$$
$$se = (510.323\,9)(0.006\,224)$$
$$t = (-1.506\,302)(26.454\,59)$$
$$p\text{ 值} = (0.143\,601)(0.000\,0)$$
$$R^2 = 0.962\,853$$

第一行是估计出的回归方程,斜率表示在 1978—2006 年间,GDP 每增加 1 亿元,财政收入平均地将增加 0.16 亿元。与预期相同,这两个变量之间正相关。截距 $-768.701\,9$ 表示如果 GDP 为零时,财政收入约为 -768 亿元。显然这没有什么经济意义。

第二行是各参数 b_1,b_2 的标准差,利用参数的显著性检验的公式可以得到第三行各参数 t 检验值。在 5% 的显著性水平下,自由度 $n-2=29-2=27$,$\frac{\alpha}{2}=0.025$,查 t 分布表可得临界值 $t_{\alpha/2}(n-2)=2.052$。根据 t 检验值,拒绝零假设 H_0:$B_2=0$,斜率显著不为零;截距没有通过显著性检验[①]。也可以直接根据 p 值进行检验,第四行给出各参数 t 检验值所对应的 p 值。在 H_0:$B_1=0$ 假设下得到截距 $-768.701\,9$ 的可能性为 14.36%,如果不苛求犯错误的可能性,可以拒绝零假设;在 H_0:$B_2=0$ 假设下几乎不可能得到斜率 0.164 658,可以拒绝零假设。各参数在统计上是显著的。

第五行是 R^2,为 0.962 853,说明 GDP 解释了财政收入绝大多数的变动,拟合状况很好。

如果 2007 年国内生产总值为 231 957 亿元,由上述回归方程可得 2007 年财政收入的点估计值:

$$Y_{2007}=-768.701\,9+0.164\,658\times 231\,957=37\,424.87(亿元)$$

第三节 多元线性回归分析

在第二节一元线性回归分析中,我们仅考虑一个解释变量,但在实际经济问题中,一个变量往往受多个变量的影响。例如,家庭消费支出除了受家庭可支配收入的影响外,还受诸如家庭拥有的财富、物价水平、金融机构存款利息,甚至广告、就业状况等多种因素的影响,这就需要引入更多的解释变量,进行多元线性回归分析。

一、多元线性回归方程的一般形式

我们首先考虑多元线性回归最简单的情况,一个被解释变量 Y,两个解释变量 X_2,X_3,得出相应的总体回归函数和样本回归函数,然后将其推广至一般形式。

1. 总体回归函数

将一元线性回归的总体回归函数推广,不难得到多元线性回归的总体回归

[①] 如果将显著性水平放宽到 15%,自由度 $n-2=29-2=27$,$\frac{\alpha}{2}=0.075$,查 t 分布表可得临界值 $t_{\alpha/2}(n-2)=1.482$,此时无论截距项还是斜率项都显著不为零。

函数。
$$E(Y \mid X_2, X_3) = B_1 + B_2 X_{2i} + B_3 X_{3i}$$

其随机形式为
$$Y_i = B_1 + B_2 X_{2i} + B_3 X_{3i} + u_i$$

其中 Y 是被解释变量，X_2, X_3 是解释变量，u_i 是随机误差项，下标 i 表示了第 i 个观察值。B_1 是截距，表示当 X_2, X_3 为零时的 Y 平均值。B_2, B_3 称为偏回归系数，其意义如下：B_2 度量了在 X_3 保持不变的情况下，X_2 每变动一单位，Y 的均值 $E(Y \mid X_2, X_3)$ 的改变量。同样地，B_3 度量了在 X_2 保持不变的情况下，X_3 每变动一单位，Y 的均值 $E(Y \mid X_2, Y_3)$ 的改变量。即 B_2 是 $E(Y \mid X_2, X_3)$ 关于 X_2 的偏导数，B_3 是 $E(Y \mid X_2, X_3)$ 关于 X_3 的偏导数。在一元回归情形下，由于仅有一个解释变量，无须担心其他变量的影响。但在多元回归中，我们要知道 Y 平均值的变动有多大比例"直接"来源于 X_2 的变动，多大比例"直接"来源于 X_3 的变动。这一点对于理解多元回归的内在逻辑很重要。$E(Y \mid X_i)$ 是给定 X_2, X_3 时 Y 的条件均值，因此多元回归分析也是条件回归分析。

总体回归函数的随机形式表明任何一个 Y 值可以表示成为两部分之和：①系统成分或决定成分，$B_1 + B_2 X_{2i} + B_3 X_{3i}$，也就是 Y 的均值 $E(Y \mid X_2, X_3)$，这是给定 X_2, X_3 时总体回归直线上相对应的点。②非系统成分，是由除 X_2, X_3 以外其他因素决定的。

所有这些都与一元回归类似，唯一需要强调的是现在的解释变量有两个或更多而不是一个。

总体回归函数的一般形式为
$$E(Y \mid X_2, X_3, \cdots, X_k) = B_1 + B_2 X_{2i} + \cdots + B_k X_{ki} \quad i = 1, 2, \cdots, n$$
$$Y_i = B_1 + B_2 X_{2i} + \cdots + B_k X_{ki} + u_i \quad i = 1, 2, \cdots, n$$

2. 样本回归函数

与总体回归函数相对应的样本回归函数为
$$\hat{Y}_i = b_1 + b_2 X_{2i} + b_3 X_{3i}$$

其随机形式为
$$Y_i = b_1 + b_2 X_{2i} + b_3 X_{3i} + e_i$$

其中 $\hat{Y}_i$ 表示总体条件均值 $E(Y \mid X_2, X_3)$ 的估计量，b_1 表示 B_1 的估计量，b_2 表示 B_2 的估计量，b_3 表示 B_3 的估计量，e_i 是 u_i 的估计量。

样本回归函数的一般形式为
$$\hat{Y}_i = b_1 + b_2 X_{2i} + \cdots + b_k X_{ki} \quad i = 1, 2, \cdots, n$$
$$Y_i = b_1 + b_2 X_{2i} + \cdots + b_k X_{ki} + e_i \quad i = 1, 2, \cdots, n$$

二、多元线性回归方程的建立

1. 参数估计

将样本回归函数 $Y_i = b_1 + b_2 X_{2i} + b_3 X_{3i} + e_i$ 变形可得

$$e_i = Y_i - b_1 - b_2 X_{2i} - b_3 X_{3i}$$
$$= Y_i - \hat{Y}_i$$

利用最小二乘法可以得到使 Y_i 的真实值与估计值之差的平方和最小的 b_1, b_2, b_3。

$$\min \sum e_i^2 = \sum (Y_i - \hat{Y}_i)^2$$
$$= \sum (Y_i - b_1 - b_2 X_{2i} - b_3 X_{3i})^2$$

求解这个最小化问题,最终可得 b_1, b_2, b_3 的最小二乘估计量

$$b_1 = \overline{Y} - b_2 \overline{X}_2 - b_3 \overline{X}_3$$

$$b_2 = \frac{(\sum y_i x_{2i})(\sum x_{3i}^2) - (\sum y_i x_{3i})(\sum x_{2i} x_{3i})}{(\sum x_{2i}^2)(\sum x_{3i}^2) - (\sum x_{2i} x_{3i})^2} \text{①}$$

$$b_3 = \frac{(\sum y_i x_{3i})(\sum x_{2i}^2) - (\sum y_i x_{2i})(\sum x_{2i} x_{3i})}{(\sum x_{2i}^2)(\sum x_{3i}^2) - (\sum x_{2i} x_{3i})^2}$$

解这个最小化问题所得到 b_1, b_2, b_3 的估计公式略显复杂,事实上,如果解释变量的个数多于三个,计算公式会更加复杂,必须用矩阵代数来计算。不过现在一般是通过统计软件完成计算,只需要掌握估计方法的原理即可。

2. 参数的显著性检验

对于一元线性回归,我们有 $\frac{b_2 - B_2}{se(b_2)} \sim t_{n-2}$。对多元线性回归,当各解释变量之间不存在线性相关关系,可以得出类似的结论。即

$$\frac{b_1 - B_1}{se(b_1)} \sim t_{n-3}$$

$$\frac{b_2 - B_2}{se(b_2)} \sim t_{n-3}$$

$$\frac{b_3 - B_3}{se(b_3)} \sim t_{n-3}$$

因此多元线性回归的参数的显著性检验和一元线性回归的参数的显著性检验在方法上完全相同,区别仅在于有待检验的参数增加了,至少要对 B_1, B_2, B_3 是否为零来进行检验。以检验 B_3 是否为零为例,步骤如下:

---

① 小写字母表示其值与其样本均值之差。(例如,$y_i = Y_i - \overline{Y}$, $x_{2i} = X_{2i} - \overline{X}_2$)

(1)对总体参数提出假设,H_0:$B_3=0$,H_1:$B_3\neq 0$。

(2)以零假设 H_0 构造 t 统计量,并由样本估计值计算 t 检验值,$t=\dfrac{b_3-0}{se(b_3)}$。①

(3)给定显著性水平 α,查 t 分布表,得到临界值 $t_{\alpha/2}(n-3)$。

(4)比较第(2)步得到的 t 检验值和第(3)步得到的临界值 $t_{\alpha/2}(n-3)$,得出检验结论。

3. 方程的显著性检验

通过参数的显著性检验可以知道 B_1,B_2,B_3 各自在统计上是否显著不为零,但考虑几个解释变量作为整体对 Y 的影响时,并不能确定 B_1,B_2,B_3 集体显著不为零。因此需要引入方程的显著性检验,就被解释变量与解释变量之间的线性关系在总体上是否显著成立作出推断。步骤如下:

(1)提出假设:

$$H_0 : B_2 = B_3 = 0$$
$$H_1 : B_2 \text{ 或 } B_3 \text{ 不全为零}$$

假设 H_0:$B_2=B_3=0$ 的意思是 B_2,B_3 联合或同时为零,也就是说两个解释变量作为整体对被解释变量 Y 无影响,拒绝这个零假设,才能认为估计出来的样本回归函数是显著的。

(2)构造 F 统计量,并计算检验值。

我们构造如下统计量:

$$F = \frac{ESS/d.f.}{RSS/d.f.} = \frac{ESS/(k-1)}{RSS/(n-k)}②$$

只有两个解释变量时,

$$F = \frac{ESS/2}{RSS/(n-3)} = \frac{被 X_2,X_3 \text{ 解释的变动}}{未被解释的变动}$$

如果分子比分母大,Y 被回归解释的部分(由 X_2 和 X_3 解释的 Y 的变动)就比未被回归解释的部分大,F 值将大于 1。随着解释变量对被解释变量 Y 的变动的解释比例逐渐增大,F 值也将逐渐增大。F 值越大,就越有理由拒绝零假设。

(3)给定显著性水平 α,查 F 分布表,得到临界值 $F_\alpha(k-1,n-k)$,只有两个解释变量时就是 $F_\alpha(2,n-3)$,其分子自由度为 2,分母自由度为 $(n-3)$。

---

① $se(b_3) = \sqrt{\dfrac{\sum e_i^2}{(n-3)\sum(X_i-\overline{X})^2}}$

② $d.f.$ 表示自由度,可以简单地看作是独立观察值的个数。一般而言,ESS 的自由度为解释变量的个数$(k-1)$,RSS 的自由度为观测值的数目减去解释变量的个数再减截距$(n-k)$。在文中有两个解释变量,因此 ESS 的自由度为 2,RSS 的自由度为$(n-3)$。

(4)在所选显著水平下,将第(2)步得到的 F 检验值和第(3)步得到的临界值 $F_a(2, n-3)$ 作比较。如果计算的 F 值超过临界值 $F > F_a(2, n-3)$,则在 $1-\alpha$ 的置信度下拒绝零假设 H_0,说明回归方程总体上的线性关系是显著成立的。如果 F 值不超过临界值 $F \leqslant F_a(2, n-3)$,则不能拒绝零假设,说明回归方程总体上的线性关系并不显著成立。

4. 拟合优度检验

在一元线性回归中我们用判定系数 R^2 检验拟合优度,在多元线性回归中我们希望继续使用该统计量,R^2 越接近于1,方程的拟合优度越高。但 R^2 存在的一个问题就是只要方程中解释变量个数增加,R^2 就会增大,至少不会减少。这就给人一个错觉:要使方程拟合得好,只需增加解释变量即可。但现实情况往往是由增加解释变量个数引起的 R^2 的增大与拟合好坏无关,因此在多元线性回归方程之间比较拟合优度,R^2 就不是一个合适的指标,必须加以调整。

调整的判定系数 $\overline{R}^2$ 如下:

$$\overline{R}^2 = 1 - \frac{RSS/(n-k)}{TSS/(n-1)}$$

只有两个解释变量时,

$$\overline{R}^2 = 1 - \frac{RSS/(n-3)}{TSS/(n-1)} ①$$

在实际应用中,$\overline{R}^2$ 达到多大才算通过了检验并没有绝对的标准,要看具体情况而定。因为方程的拟合优度并不是判断方程质量的唯一标准,有时甚至为了追求方程的经济意义,可以牺牲一点拟合优度。

三、多元线性回归实例

【例8-5】 H公司生产割草机和相关草坪设备,表8-7给出了10个城市H公司销售数量、价格,以及竞争对手的价格。该公司管理人员希望建立割草机的销售数量与H公司割草机价格和竞争对手割草机价格的多元回归方程。

表8-7 H公司割草机的销售数量

销售数量(千台) Y	H公司的价格(美元) X_2	竞争对手的价格(美元) X_3
102	100	120
100	110	140
120	90	190
77	150	130

---

① 在文中有两个解释变量,因此 TSS 的自由度为 $(n-1)$,RSS 的自由度为 $(n-3)$。

续表 8-7

销售数量(千台) Y	H 公司的价格(美元) X_2	竞争对手的价格(美元) X_3
46	210	155
93	150	175
26	250	125
69	270	145
65	300	180
85	250	150

根据微观经济理论,一般而言,一种商品的需求量和其自身的价格负相关,和替代品的价格正相关。因此我们预期 X_2 的系数 B_2 为负;相应的 X_3 的系数 B_3 为正,这些理论的预期通常会有助于对回归分析的结果进行估计。接下来就可以用最小二乘法估计,回归结果如下:

$$\hat{Y}_i = 66.517\,57 - 0.269\,781 X_{2i} + 0.413\,915 X_{3i}$$
$$se = (4.877\,08)(0.080\,905)(0.260\,388)$$
$$t = (1.588\,4)(-3.334\,54)(1.589\,608)$$
$$p \text{ 值} = (0.156\,219)(0.012\,513)(0.155\,948)$$
$$R^2 = 0.652\,731 \quad \overline{R^2} = 0.553\,511$$
$$F = 6.578\,637 \quad p \text{ 值} = 0.024\,679$$

第一行是估计出的回归方程:X_2 的偏回归系数 $-0.269\,781$ 表示在其他变量(也即竞争对手割草机价格)保持不变时,H 公司割草机价格每增加 1 美元,销售数量平均地将减少 0.27 千台。与预期相同,这两个变量之间负相关。同样地,X_3 的偏回归系数 0.413 915 表示了在其他变量(也即 H 公司割草机价格)保持不变时,竞争对手割草机价格每增加 1 美元,销售数量平均地将增加 0.41 千台。与预期相同,这两个变量之间正相关。截距 66.517 57 表示如果 H 公司和竞争对手割草机价格都为零时,平均的销售数量约为 66.52 千台。但在本例中,截距没有什么经济意义。

第二行是各参数 b_1, b_2, b_3 的标准差,利用参数的显著性检验的公式可以得到第三行各参数 t 检验值,第四行给出各参数 t 检验值所对应的 p 值。根据 p 值可知,在 $H_0: B_1 = 0$ 假设下得到截距 66.517 57 的可能性为 15.62%,如果不苛求犯错误的可能性,可以拒绝零假设;在 $H_0: B_2 = 0$ 假设下得到 $-0.269\,781$ 的可能性为 1.25%,可以拒绝零假设;在 $H_0: B_3 = 0$ 假设下得到 0.413 915 的可能性为 15.59%,如果不苛求犯错误的可能性,可以拒绝零假设。即各参数在统计上是显著的。

第五行是 R^2 和 $\overline{R^2}$,分别为 0.652 731 和 0.553 511,说明 H 公司割草机价格

和竞争对手的价格大约解释了一半多的销售数量变动，可能还有其他影响因素。

第六行是 F 检验值和对应的 p 值，分别为 6.578 637 和 2.47%，说明在 $H_0: B_2=B_3=0$ 假设下得到 F 检验值为 6.578 637 的可能性为 2.47%，可以拒绝零假设，即回归方程在统计上是显著的。

附录：使用 Excel 进行回归分析

下面用例 8－5 说明如何使用 Excel 进行回归分析。

首先将表 8－7 的数据输入 Excel 工作表（图 8－5），然后使用 Excel 的回归分析工具。

找到菜单中的“工具”下拉菜单（图 8－6），选择“数据分析”（图 8－7），再选择“回归”，会看到如图 8－8 所示的“回归”对话框。如果在“工具”下拉菜单没有找到“数据分析”，选择“加载宏”（图 8－9），选择“分析工具库”（图 8－10），就会在“工具”下拉菜单中出现“数据分析”选项。如果没有安装分析工具库，加载时会提示安装。

	A	B	C
1	销售量	产品价格	竞争者的价格
2	102	100	120
3	100	110	140
4	120	90	190
5	77	150	130
6	46	210	155
7	93	150	175
8	26	250	125
9	69	270	145
10	65	300	180
11	85	250	150

图 8－5　输入数据

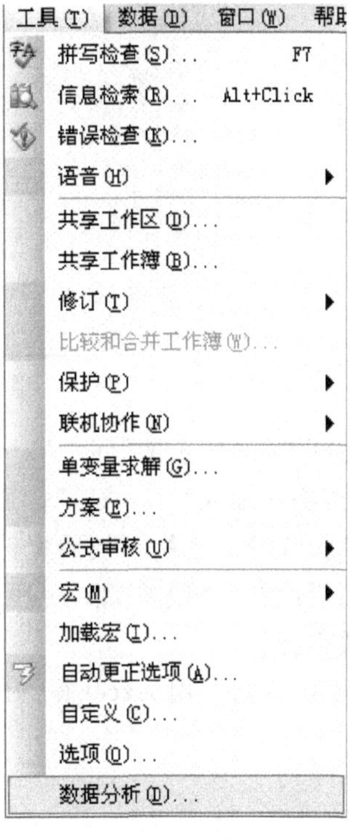

图 8－6　“工具”下拉菜单

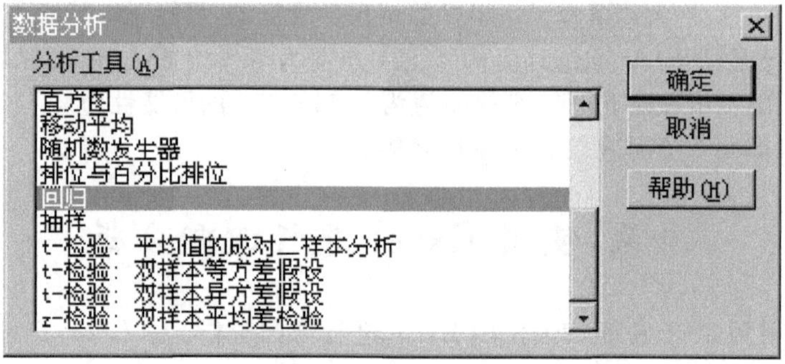

图 8-7 "数据分析"对话框

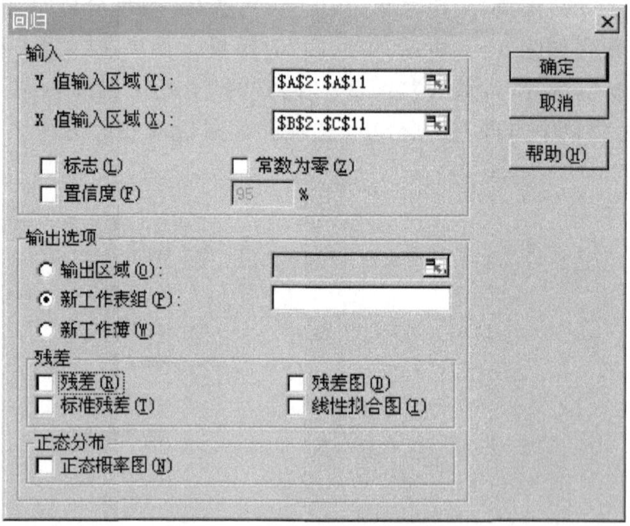

图 8-8 "回归"对话框

在图 8-8 所示的"回归"对话框中,首先看到的是"输入"部分,在"Y 值输入区域"方框内输入"A2:A11","X 值输入区域"方框内输入"B2:C11",该区域不包括表头部分。系统预设的置信度是 95%,需要改动时选中置信度前面的复选框即可更改。在"残差"部分,残差、标准残差、残差图、线形拟合图等复选框可根据需要选择。

表 8-8 给出用 Excel 得到的回归结果。

第八章 相关分析与回归分析

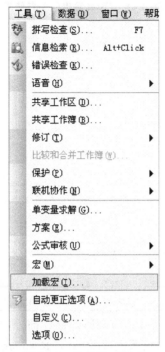

图 8-9 选择"加载宏"

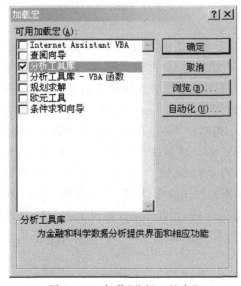

图 8-10 加载"分析工具库"

表 8 – 8　Excel 给出的回归结果

SUMMARY OUTPUT	
回归统计	
Multiple R	0.807 918
R Square	0.652 731
Adjusted R Square	0.553 511
标准误差	18.736 18
观测值	10

方差分析

	df	SS	MS	F	Significance F				
回归分析	2	4 618.789	2 309.394	6.578 637	0.024 679				
残差	7	2 457.311	351.044 5						
总计	9	7 076.1							
	Coefficients	标准误差	t Stat	P-value	Lower 95%	Upper 95%	下限 95.0%	上限 95.0%
Intercept	66.517 57	41.877 08	1.588 4	0.156 219	−32.506	165.541 1	−32.506	165.541 1
X Variable 1	−0.269 78	0.080 905	−3.334 54	0.012 513	−0.461 09	−0.078 47	−0.461 09	−0.078 47
X Variable 2	0.413915	0.260 388	1.589 608	0.155 948	−0.201 81	1.029 636	−0.201 81	1.029 636

在表 8 – 8 中，我们首先看到的是回归统计部分，其中 Multiple R 表示样本相关系数，R Square 表示判定系数，Adjusted R Square 表示调整的判定系数，标准误差表示回归标准误差，观测值表示观测值的个数。

下一部分是方差分析。F 表示 F 检验值，Significance F 表示 F 检验值对应的 p 值。

最后一部分没有标题，是回归系数和相关信息。Intercept 表示截距，X Variable 1 表示第一个解释变量（即例 8 – 5 中 H 公司的价格 X_2），X Variable 2 表示第二个解释变量（即例 8 – 5 中竞争对手的价格 X_3），Coefficients 给出了截距和两个偏回归系数（即参数 b_1, b_2, b_3）的估计值，标准误差表示参数 b_1, b_2, b_3 的标准误差 $se(b_1), se(b_2), se(b_3)$，t Stat 表示各参数 t 检验值，P-value 表示各参数 t 检验值所对应的 p 值。以截距 66.517 57 为例，其标准误差为 41.877 08，根据标准误差计算的 t 检验值为 1.588 4，该 t 检验值所对应的 p 值为 0.156 219，说明如果零假设 $B_1=0$ 为真，那么得此 t 值的概率为 15.62%。Coefficients 给出的是点估计值，另外 Excel 给出了各参数的置信区间估计，Lower 95.0%，Upper 95.0% 表示置信度为 95.0% 的上限和下限。

思考与练习

1. 试述相关分析与回归分析的联系与区别。
2. 随机总体回归函数与随机样本回归函数有何区别?
3. 既然我们不能观察到总体回归函数,为什么还要研究它呢?
4. 为什么要对回归方程进行检验?
5. 公交公司想了解公共汽车的使用时间和年维修费用之间是否存在某种关系。由 10 辆公共汽车组成一个样本,数据如下:

公共汽车的使用时间和年维修费用

使用时间(年)	维修费用(元)
1	3 500
2	3 700
2	4 800
2	5 200
2	5 900
3	5 500
4	7 500
4	8 000
5	7 900
5	9 500

(1) 绘制散点图,判断公共汽车使用时间和年维修费用的相关类型,并计算相关系数。
(2) 利用最小二乘法估计回归方程。
(3) 在显著性水平为 0.05 下,检验回归方程参数显著性。
(4) 得到的回归方程是否给出了观察数据一个好的拟合? 试解释。
6. 某公司每周营业总收入、电视广告费用、报纸广告费用如下所示:

营业总收入与广告费用

每周营业总收入(万元)	电视广告费用(万元)	报纸广告费用(万元)
96	5.0	1.5
90	2.0	2.0
95	4.0	1.5
92	2.5	2.5
95	3.0	3.3
94	3.5	2.3
94	2.5	4.2
94	3.0	2.5

(1) 建立每周营业总收入关于电视广告费用和报纸广告费用的回归方程。
(2) 检验所得到的回归方程。

第九章 统计质量管理

质量是一个社会和企业所必须追求的目标。企业只有向社会提供符合质量要求的产品,才会提高经济效益,促进技术进步,增强在国内外市场的竞争能力。可见,质量是企业的核心,要提高质量,除了有可靠的技术保障以外,还必须有一套行之有效的质量管理方法。由于统计学的学科性质及其特有的分析数据的方法,所以,在质量管理的实践中,统计学方法得到了最广泛的应用。本章就是在前面介绍统计学基础理论的基础上,进一步介绍这些基础理论在质量管理中的应用。

第一节 质量管理概论

本节主要介绍质量管理的概念及质量管理简史,通过本节介绍,我们可以看出,质量管理学是研究质量的产生、形成和实现规律的知识体系,统计学方法在质量管理中占有很重要的地位。

一、质量管理的概念

要明确质量管理的含义,先要明确质量的含义,美国质量管理协会对质量是这样定义的:"质量指的是产品的所有性能和特征,这些性能和特征使得该产品能够满足特定的需要。"换句话说,质量可以测定一个产品或服务满足顾客需要的程度。如果单就产品的质量而言,具体包括产品的性能、可靠性、寿命、安全性、外观质量、经济性等六个方面。产品性能就是根据产品使用目的所提出的各项功能的要求,包括正常性能、特殊性能、效率等;可靠性指的是产品在规定时间内和规定的条件下完成功能的能力;寿命就是产品能够正常使用的年限,包括使用寿命和储存寿命两种,使用寿命是产品在规定条件下满足规定功能要求的工作总时间,储存寿命是指产品在规定条件下功能不失效的储存总时间;安全性指的是产品在流通、使用过程中保证安全的程度;外观质量泛指产品的外形、美学、造型、感官、装潢款式、色彩、包装等;经济性是指产品寿命周期的总费用,包括生产、销售过程的费用和使用过程的费用等。

质量管理也称为质量控制,是指在质量方面指挥和控制组织的协调活动。它包括进行一系列检验和测量,以确定质量是否达到标准。如果质量没有达到标准,可以通过纠正或者预防活动来达到和维护质量的一致性。

为了维持和保持消费者所要求的质量,企业设立质量目标,合理而经济地达到此目的所进行的一切应用统计方法的活动体系叫做统计质量管理。统计质量管理是质量管理的核心。具体来说,统计方法在产品质量、服务质量形成的每个环节都发挥着巨大的作用。企业要生产出用户满意的产品,就必须作广泛深入的市场调查,在市场调查中最重要的是应用统计学中的抽样调查方法;在研究和开发中进行的实验室研究、新产品开发研究,要用到统计学中的试验设计、方差分析、回归分析。在质量设计中常用的是可靠性、工程能力指数、公差等,这些方法都大量地运用着统计学中的正态分布、泊松分布、二项分布等统计学知识。标准质量表示产品的质量目标,确定了标准质量就确定了标准作业,即技术标准、作业标准、检验标准和管理标准。在标准确定的前提下,在产品制造的过程中,用管理图法及各种统计方法进行工程分析,从而不断地修改标准,达到提高质量的目标。产品生产出来以后,在检查阶段,通过抽样调查评价质量。综上所述,我们可以得出结论,一切质量管理活动中都要用到统计方法,没有统计方法,就不可能得到满意的效果。在质量管理活动中始终以事实为根据,所谓的事实就是数据。收集数据、分析数据、解释数据都是统计活动。

二、质量管理简史

人类社会的质量活动可以追溯到远古时代,而现代意义上的质量管理活动却是从人类跨入了以加工机械化、经营规模化、资本垄断化为特征的工业化时代,即 20 世纪初开始的。质量管理随着时代的发展而不断发展,根据解决问题的手段和方式的不同,一般可以将现代质量管理分为三个阶段:第二次世界大战以前可以看作第一阶段,通常称为质量检验阶段;20 世纪 40—50 年代末为第二阶段,通常称为统计质量控制阶段;第三阶段为 20 世纪 60 年代开始的全面质量管理阶段。

1. 质量检验阶段

第二次世界大战以前即 19 世纪末 20 世纪初至 20 世纪 30 年代末是质量检验阶段。这一阶段主要是通过检验的方式来控制和保证产出或转入下道工序的产品质量。

手工业时代,产品大多是以作坊式的方式生产出来的。产品的质量主要取决于工匠个人的经验和技能。18 世纪中叶兴起的产业革命从欧洲传到美洲大陆时,许多工匠变成了工人,许多师傅变成了工头,质量保证主要依靠工匠的技巧,再加上监督和检验。这一阶段是质量管理的初级阶段,其主要特点是以事后检验为主。在此之前,工厂的产品检验都是通过工人的自检进行的。20世纪初,美国出现了以泰勒为代表的"科学管理运动"的倡导者,提出了科学管理理论,要求按职能的不同进行合理的分工,首次将质量检验作为一种管理职能从生产过程中分离出来,建立了专职检查部门和专职检验制度。这对保证产品质量起到了积极、重要的作用;同时,大量生产条件下的互换性理论和规格公差的概念也为质量检验奠定了理论基础。根据这些理论,工厂规定了产品技术标准和适宜的加工精度,质量检验人员根据技术标准,利用各种测试手段,对零部件和成品进行检查,作出合格或不合格的判断,不允许不合格品进入下道工序或出厂,起到了质量把关的作用。

质量检验的专业化及其重要性至今仍不可忽视。只是早期的质量检验主要是在产品制造出来后才进行的,即事后把关。而在大量生产的情况下,由于事后检验信息反馈不及时所导致的生产损失很大,故又萌发出"预防"的思想,从而导致质量控制理论的诞生。

在生产的推动下,统计学的应用有了很大进展。休哈特博士出于对西方电气公司所制造的产品变异或波动的关注和对抽样结果的研究,提出统计过程控制(SPC)理论,在1924年首创过程控制的工具——控制图。休哈特于1924年5月16日所撰写的一份未曾发表的备忘录中记载着已知的最早的控制图,为质量控制理论奠定了基础。之后,他将此概念发展得更为完善,并于1931年发表其经典著作《制成品质量的经济控制》。休哈特最初将控制图应用在西方电气公司霍桑工厂的保险丝、加热控制和电站装置的生产上。

休哈特在研究中观测到,自然界及工业产品中的所有事物都会发生变异,研究这些变异并使之减少是质量改进的主要手段。控制图就是实现这一目的的最重要的工具之一。虽然不存在完全相同的两类事物,但成组的观测会形成可预测的形态,他总结出两条重要的原理:①变异是不可避免的;②单一的观测几乎不能构成客观决策的依据。为了判断观测值的形态,可以将观测值以若干方式描绘出来,一种是将观测值绘制成直方图,这可以展示出观测值的分布情况;另一种方式是按照观测值的顺序将之在图上绘点,这样便形成线状图,这对于观察数据的趋势和周期非常有用。休哈特主张用线状图来观测数据。他进一步指出存在着两类引起变异的原因:其一是偶然原因,是指只会引起数据的很小波动的那些因素,其影响较小,但会大量聚集呈现某种形态。他根据中心极限定理和观测经验推断它们通常形成近似正态分布。其二为可归因原因,就是引起所观测到的波动的原因,这些正是导致数据显著偏离偶然原因所形成的分布形态的变异根源。休哈特控制图围绕偶然原因所形成的正态分布中心建立了一组控制界限。落在这些界限之外的观测值都表明可能存在着可归因原因,由于观测数据是按所发生顺序描点,所以若存在趋势或异常形态很容易观测出来。因此,控制图是对过程所产生的统计量的变异性的一种图示描述。

休哈特将数理统计的原理运用到质量管理中来,提出了工序质量控制图的概念。他认为质量管理不能仅靠事后检验,而是在发现有废品产生的先兆时就进行分析改进,从而预防废品的产生。控制图就是运用数理统计原理进行这种预防的工具。因此,控制图的出现,是质量管理从单纯事后检验进入检验加预防阶段的标志,也是形成一门独立学科的开始。他的第一本正式出版的质量管理学经典著作《制成品质量的经济控制》及他的同事道奇和罗米格进行抽样检验的探索之后在1929年发表的《抽样检验方法》,最早将数理统计方法引入质量管理,为质量管理科学作出了贡献。

2. 统计质量控制阶段

20 世纪 40—50 年代末是统计质量控制阶段。这一阶段的特征是数理统计方法与质量管理的结合。从单纯依靠质量检验"事后把关",发展到工序控制,形成了质量的预防性控制与事后检验相结合的管理方式。

在 20 世纪 20—30 年代提出过程控制理论与质量检验理论之际,恰逢西方发达国家处于经济萧条时期,所以这些新理论乏人问津;直到第二次世界大战期间,由于国防工业迫切需要保证军火质量,这些理论才获得广泛应用。上述理论的应用实际效果显著,统计质量管理的效果得到了广泛的承认,战后遂风行全世界。由于 40—50 年代,质量管理强调"用数据说话",强调应用统计方法进行科学管理,故称质量管理的第二个发展阶段为统计质量控制(Statistical Quality Control,SQC)阶段。

统计方法的应用减少了不合格品,降低了生产费用。但是,统计质量管理也存在缺陷,其主要问题是:第一,它仍然以满足产品标准为目的,而不是以满足用户的需要为目的;第二,它偏重于工序管理,而没有对产品质量形成的整个过程进行控制;第三,统计技术难度较大,主要靠专家和技术人员,难以调动广大工人参与质量管理的积极性;第四,质量管理与组织管理没有密切结合起来,质量管理仅限于数学方法,常常被领导人员忽视。由于这些问题,统计质量管理也无法适应现代工业生产发展的需要,需要进一步发展。从 20 世纪 60 年代,质量管理便进入了全面质量管理阶段。

3. 全面质量管理阶段

20 世纪 60 年代以来,随着科学技术和工业生产的发展,对质量的要求越来越高,这就需要人们运用"系统工程"的概念,把质量问题作为一个有机整体加以综合分析研究,实施全员、全过程、全企业的管理。60年代在管理理论中出现了"行为科学"学派,主张调动人的积极性,注意人在管理中的作用。随着市场竞争,尤其是国际市场竞争的加剧,各国企业都很重视产品责任问题,加强内部质量管理,确保生产的产品使用安全、可靠。

在上述背景下,人们开始普遍认识到依靠制造领域中的统计质量控制已经远不能满足顾客对于质量的要求,不能满足社会进步的要求。1956年,美国通用电气公司的费根堡姆首先提出了全面质量管理(TQC)的概念,1961年,他在《全面质量管理》一书中指出:"全面质量管理是为了能够在最经济的水平上并考虑到充分满足顾客需求的条件下进行市场研究、设计、生产和服务,把企业各部门的研制质量、维持质量和提高质量的活动构成一体的有效体系。"

全面质量管理是从过去的以事后检验"把关"为主,转变为以预防改进为主,从管结果转变为管因素,也就是找出影响质量的各种因素,抓住主要矛盾,发动各部门全员参加,运用科学管理方法和程序,使生产经营活动均处于受控状态之中;在工作中,将过去的以分工为主转变为以协调为主,使企业联系成为有机整体。在推行全面质量管理时,要求做到:

第一,全面的质量管理。全面质量管理就是指不仅要对产品质量进行管理,也要对工作质量、服务质量进行管理;不仅要对产品性能进行管理,也要对产品的可靠性、安全性、经济性、时间性和适应性进行管理;不仅要对物进行管理,也要对人进行管理。总之,它是对各个方面进行的管理。

第二,全过程的质量管理。全面质量管理的范围包括从市场调查开始到产品设计、生产、销售,直到产品使用寿命结束的全过程。为了使顾客得到满意的产品,并使产品能充分发挥其使用价值,不仅要对产品的形成过程进行质量管理,还要对形成以后的过程,乃至使用过程进行质量管理,把产品质量形成全过程的各个环节全面地管理起来,形成一个综合性的质量管理体系。

第三,全员参与。全面质量管理不仅是质量管理部门或质量检验部门的事,不仅是设计、生产、供应、销售、服务过程中有关人员的事,也是企业中各个部门所有人员的事,例如企业中党政工团、人保、教育、财务、总务、卫生等。

第四,方法是科学的、多种多样的。随着科学技术的不断发展,对产品质量、服务质量提出越来越高的要求,影响产品质量的因素也越来越复杂,既有物质的因素,又有人的因素;既有技术的因素,又有管理因素;既有自然环境因素,又有人的心理因素;既有企业内部的因素,又有企业外部的因素。要把这一系列因素系统地控制起来,全面管好,生产出高质量的产品,提供优质的服务,仅仅依靠单一的方法是不行的,必须根据不同情况,区别不同的影响因素,采用专业技术、管理技术、数理统计、运筹学、电子计算机、质量功能展开、六西格玛法,以及思想教育等各种方法和措施,按客观规律办事,进行科学的管理,综合治理,才能真正取得实效,真正做好全面质量管理。

第二节 质量管理的统计方法

质量管理的统计方法包括统计分析表、排列图、因果图和措施计划表,能有效用于对"计数值"数据的质量进行控制。

一、统计分析表

统计分析表,又叫检查表或调查表,是利用统计图表进行数据整理和原因分析的一种工具,在应用时,可根据调查项目和质量特性采用不同格式。常用的检查表有缺陷位置调查表、不合格品分项检查表、频数分布表(应用于绘制直方图)等。缺陷位置调查表,是将所发生的缺陷标记在产品或零件简图的相应位置上,并附以缺陷的种类和数量记录,因此也能直观地反映缺陷的情况。例如电视机显像管外观检查,大多是采用缺陷位置调查表的方法,如图 9-1 所示,把显像管屏幕划分为 A,B 区(屏幕中央垂直 10 等分的一半为半径,以圆心为中心所画的圆内为 A 区,其他地方为 B 区),分别拟定 A,B 区缺陷数的极限值。各种整机的机柜或装饰件都可以采用缺陷位置调查表方法,如表 9-1 所示。

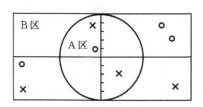

图 9-1 缺陷位置调查图

表 9-1 缺陷位置调查表

品种 _____	序号 _____
A 区缺陷数 _____	B 区缺陷数 _____
制定合格(√)、不合格(×)	
检查员 _____	年 月 日
缺陷符号:○为气泡,×为污点	

缺陷位置调查表是工序质量分析中常用的方法,掌握缺陷发生处的规律可以进一步分析为什么缺陷会集中在某一区域,从而寻找原因,采取对策,解决问题。

不合格品分项检查表,是将不合格品按其种类、原因、工序、部位或内容等情况进行分类记录,能简便、直观地反映出不合格品的分布情况,如表 9-2 所示。

表 9-2 不合格品分项检查表

零件名称(代号)	A-05	检查日期	2008 年 4 月 3 日
工 序	最终检查	加工单位	1 车间 1 工段
检查总数	1585(件)	生产批号	08-3-1
检查方式	全数检查	检查者	张三
不合格种类	检查记录		小计/件
表面缺陷	正正正正正正一		36
裂 纹	正正正正正正		30
加工不良	正一		6
形状不良	正正正		15
其 他	正正一		11
总 计			98

一般在实际应用统计分析表时,经常把它作为进一步采用其他质量管理方法的基础。

二、排列图

排列图也叫帕累托图,是找出影响产品质量的主要问题或影响质量的主要因素所使用的图,其形式如图 9-2 所示。它是由两个纵坐标、一个横坐标、几个高低顺序依次排列的长方形和一条累计百分比曲线所组成的图。

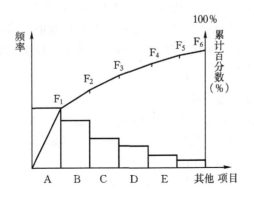

图 9-2 帕累托排列图

排列图是最早由意大利经济学家帕累托用来分析社会财富分布状况的。他发现少数人占有大量财富,即所谓"关键的少数和次要的多数"的关系。后来,美国质量管理学家朱兰把它的原理应用于质量管理,作为改善质量活动中寻找主要因素的一种工具,即分析从哪里入手解决质量问题,其经济效果最好。排列图在质量管理中的作用主要是用来抓质量的关键性问题。

1. 排列图的作图步骤

(1)对影响产品质量的因素进行分类。分类的方法有多种,可以按工艺过程分、按缺陷项目分、按品种分、按尺寸分、按重量分,等等。

(2)按分类项目收集数据。对影响产品质量的因素进行分类以后,接下来的工作就是收集数据。收集数据的期间无原则性的规定,随所分析的问题而异。例如,可按日、周、旬、月、季、年等期间收集数据,划分作图期间的目的是便于比较效果。

(3)统计某个项目在该期间的记录数据并按频数大小顺序排列。首先统计每个项目的发生频数,它决定直方图的高低;然后再根据需要统计各项频数所占的百分比(频率);最后,可按频数(或频率)的大小顺序排列,并计算累计百分比,画成排列图用表。

(4)画排列图中的直方图。在横轴上,按给出的频数大小顺序,把分类项目从左到右排列。"其他"一项不论其数值大小,务必排在最后一项。在纵轴上,以各项的频数为直方图高,以横轴项目为底宽,一一画出对应的直方图。图宽应相同,每个直方之间不留间隙,如果需要分开,它们之间的间隔也要相同。

(5)画排列线。为了观察各项累计占总体的百分比,可按右边纵坐标轴的标度画出排列线(又称帕累托线)。排列线的起点,可画在直方柱的中间或顶端右边的线上,其他各折点可按比例标注,并在折点处标上累计百分比。

(6)在排列图上标注有关事项和标题。收集数据的期间(何时至何时)、条件(检查方法、检查员等)、检查个数、不合格总数等必须详细记载。在质量管理中,这些情报都非常重要。

2. 绘制排列图的注意事项

(1)一般来说,主要原因是一二个,至多不超过三个,就是说它们所占的频率必须高于50%(如果分类项目少时,则应高于70%或高于80%),否则就失去了找主要问题的意义,要考虑重新进行分类。

(2)纵坐标可以用"件数"、"金额"或"时间"等来表示,以更好地找到"主要原因"为标准。

(3)不重要的项目很多时,为了避免横坐标过长,通常合并列入"其他"栏内,并置于最末一项。对于一些较小的问题,如果不容易分类,也可将其归入其他项。如果"其他"项的频数太多时,需要考虑重新分类。

(4) 为作排列图而取数据时,应在考虑不同的原因、状况和条件后对数据进行分类,如按时间、设备、工序、人员等分类,以取得更有效的信息。

3. 排列图的观察分析

一般地讲,取图中前面的 1～3 项作为改善的重点就行了。若再精确些,可采用 ABC 分析法确定重点项目。ABC 法是把问题项目按其重要程度分为三级。具体做法是把构成排列曲线的累计百分数分为三个等级:0～80% 为 A 类,是累计百分数在 80% 左右的因素,它是影响质量的主要因素,是要解决的重点问题;累计百分数在 80%～90% 的为 B 类,是次要因素;累计百分数在 90%～100% 为 C 类,在这一区间的因素是一般因素。

除了对排列图作 ABC 分析外,还可以通过排列图的变化对生产、管理情况作以下分析:

(1) 在不同时间绘制的排列图,项目的顺序有了改变,但总的不合格品数仍没有改变时,可认为生产过程是不稳定的。

(2) 排列图的各分类项目都同样减小时,则认为管理效果是好的。

(3) 如果改善后的排列图,其最高项和次高项一同减少,但顺序没变,说明这两个项目是相关的。

4. 排列图举例

【例 9-1】 对某企业铸造车间某日生产的 320 件产品的缺陷情况进行统计,并按缺陷项目作出统计表,如表 9-3 所示,作出排列图并进行分析。

表 9-3 某铸造车间某日产品缺陷情况统计

缺陷项目	气孔	裂纹	掉砂	壁薄	壁厚	溅铁水	其他
缺陷数(件)	42	7	69	10	23	5	4

作图步骤:

(1) 按排列图的作图要求将缺陷项目进行重新排列(见表 9-4)。

(2) 计算各排列项目所占百分比(频率)。

(3) 计算各排列项目所占累计百分比(累计频率)。

(4) 根据各缺陷项目的统计数(频数)画出排列图中的直方(见图 9-3)。

(5) 根据各排列项目所占累计百分比画出排列图中的排列线。

表 9-4　排列图数据表

缺陷项目	掉砂	气孔	壁厚	壁薄	裂纹	溅铁水	其他	总计
缺陷数（件）	69	42	23	10	7	5	4	160
频率（%）	43.1	26.2	14.4	6.3	4.4	3.1	2.5	100
累计频率（%）	43.1	69.3	83.7	90.0	94.4	97.5	100	

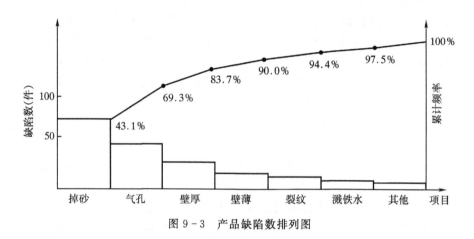

图 9-3　产品缺陷数排列图

分析：从图中可以看出，掉砂、气孔、壁厚 3 项缺陷累计百分比占 83.7%，为 A 类因素，是要解决的主要问题。

三、因果图

1. 因果图的概念和结构

任何一项质量问题的发生或存在都是有原因的，而且经常是多种因素共同作用的结果。要有效地解决质量问题，首先要找出这些原因，而且要从主要原因到非主要原因进行探究，因果图正是解决这一问题的有效工具。

因果图又叫特性因素图，因其形状像鱼刺，也被称为鱼刺图。它是把影响质量特性的各种主要因素加以归类和分解，并在图上用箭头表示其关系的一种工具。由于它使用起来简便有效，在质量管理活动中被广泛应用。

因果图是由以下几部分组成的（见图 9-4）：

（1）特性。特性即生产过程或工作过程中出现的结果，一般指尺寸、重量、强度等与质量有关的特性，以及工时、产量、机器的开动率、不合格率、缺陷数、事故件数、成本等与工作质量有关的特性。因果图中所提出的特性，是指要通过管理工作和技术措施予以解决并能够解决的问题。

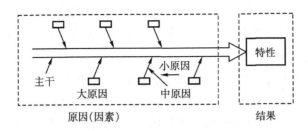

图 9-4　因果图的形式

(2) 原因。原因即对质量特性产生影响的主要因素,一般是导致质量特性发生分散的几个主要来源。原因通常又分为大原因、中原因、小原因等。

(3) 枝干。枝干是表示特性(结果)与原因关系或原因与原因间关系的各种箭头,其中,把全部原因同质量特性联系起来的是主干;把个别原因同主干联系起来的是大枝;把逐层细分的因素(一直细分到可以采取具体措施的程度为止)同各个原因联系起来的是中枝、小枝和细枝。

2. 因果图的作图步骤

(1) 确认质量特性(结果)。质量特性是准备改善和控制的对象。应当通过有效的调查研究加以确认,也可以通过画排列图确认。

(2) 画出特性(结果)与主干。

(3) 选取影响特性的大原因。先找出影响质量特性的最主要原因,再进一步找出影响质量的主要原因、次要原因,在图上画出中枝、小枝和细枝等。注意所分析的各层次原因之间的关系必须是因果关系,分析原因直到能采取措施为止。

(4) 检查各项主要因素和细分因素是否有遗漏。

(5) 对特别重要的原因要附以标记,用明显的记号将其框起来。特别重要的原因,即对质量特性影响较大的因素,可通过排列图来确定。

(6) 记载必要的有关事项,如因果图的标题、制图者、时间及其他备查事项。

3. 绘制因果图的注意事项

(1) 主干线箭头指向的结果(要解决的问题)只能是一个,即分析的问题只能是一个。

(2) 因果图中的原因是可以归类的,类与类之间的原因不发生联系,要注意避免归类不当和因果倒置的错误。

(3) 在分析原因时,要设法找到主要原因,为了找出主要原因,可作进一步深入调查、验证。

(4) 要广泛而充分地汇集各方面的意见,包括技术人员、生产人员、检验人员,乃至辅助人员的意见等。因为各种问题的涉及面很广,各种可能因素不是少数人能考虑周全的。另外要特别重视有实际经验的现场人员的意见。

4. 因果图的种类

因果图大体上有3种类型,即问题分解型、原因罗列型和工序分类型。这3种类型的因果图各有利弊,应根据具体情况适当地选择应用。

(1)问题分解型。该类图的作法是沿着为什么会出现该问题的思路层层细追下去,依次作出大枝、中枝、小枝、细枝,并标上相应的大原因、中原因、小原因、更小原因等。这种图的优点是便于用箭头把原因联系起来,作图较简便;缺点是容易漏掉小原因。

(2)原因罗列型。作法是用卡片或黑板将想到的所有原因都罗列出来,然后通过整理逐级分类,确定出大枝、中枝、小枝和细枝间的关系。优点是不至于漏掉主要原因;缺点是原因间难于用箭头正确连接,作图较麻烦。

(3)工序分类型。作法是按工序流程画大枝,然后把对质量有影响的原因填写在相应的工序(大枝)上。优点是作图简便,易于理解;缺点是相同原因有时会出现多次,难于表现多个因素联系在一起同时影响质量的情况。图9-5是工序分类型因果图。

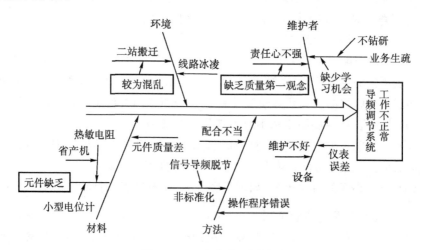

图9-5 工序分类型因果图

四、措施表

"排列图"找到了主要问题,但问题并未迎刃而解,再通过因果图找到产生主要问题的主要原因,问题还是依然存在。

为彻底解决问题,就应求助"措施计划表"了。下面的措施表(见表9-5)是在利用因果图(见图9-5)分析之后,针对存在的问题作出的。

表9-5 措施计划表

序号	存在问题	措 施	责任者	实施日期
1	责任心不强	开展对稳定传输质量的教育	组长	3月3日
2	操作不当	学习导稳、导控部分原理和操作程序	组员2名	3月3日
3	元件缺乏	去函或派员到厂家购买	组员1名	3月中旬
4	配合不当	(1) 加强电路小组活动 (2) 派员出巡	包机电路组长	3月底 5,6月
5	仪表误差	应用省局发送的无源表头校正各测试器	包机电路组长	每月一次
6	维修与操作	(1) 每月用示波器、频率计校正一次导频频率 (2) 加强步位计、电健开关塞孔检查 (3) 经常保持热敏电阻加热电流在规定范围内的变化 (4) 加强功放扩张管检查 (5) 保持"人工加热"步位和告警正常 (6) 加强监视导频电子	各包机人员分别负责	

显然,该表是针对主要原因而制定的,与一般官样文章式的计划大不一样,它简明扼要,将工作项目、责任者、工作质量标准和完成期限四大要素列入表中,便于执行、检查评估和纠正。

五、直方图

1. 直方图的概念与作用

(1)概念。直方图是用矩形的宽度和高度来表示频数分布的图形。在平面直角坐标中,用横轴表示数据分布,纵轴表示频数或频率,这样,各组与相应的频数就形成了一个矩形,即直方图。以通信为例,反映通信质量特性的数据总是有波动的。对于一种通信产品来说,不管你如何严格控制,质量特性数据都绝不可能是同一数值。随着各种条件的变化,质量特性数值也在波动,造成波动的原因,即质量因素,主要包括5个方面:人(man)、设备(machine)、材料(material)、方法(method)、环境(environment),简称4M1E。由于4M1E不可能不变,保持5个方面绝对一样是办不到的,所以产品质量存在差异是绝对的。产品质量受一系列客观因素的影响而在生产过程中不停地变化着,所以生产出一批产品,总是有的偏差大一些,有的偏差小一些,不可能完全一样,这就叫做产品质量的离差。用统计的观点加以分类,这些误差可以分为系统误差和随机误差两大类。

随机误差是由一些经常起作用的、微小的、在一定条件下又是不可避免的因素引起的误差。造成这种误差的因素就是4M1E的微小变化。尽管具体原因很多,但它们的共同特点是:误差本身的数值不大,并围绕在目标值两侧,可能是正值,也可能是负值,而且误差的项目虽多,但累加起来往往互相抵销或数值不大,一般不会由此出现超差现象。我们把产生随机误差的有关影响因素称为偶然因素。系统误差则是4M1E产生的大变化,如机床的调整误差,刀具的过度磨损,材料的型号错误,生产人员违反操作规程,环境的巨大变化等引起的误差。引起系统误差的原因称为系统因素。

在生产过程中,偶然因素是不可避免的,所以偶然因素带来的产品质量的随机误差也是不可避免的;而系统因素对产品质量影响较大,同时容易鉴别,容易除去,人们在生产中都力求将其排除,从而消除它所带来的产品质量的系统误差。而为了控制产品质量的波动,把质量差异控制在一定范围内是可以做到的。为了掌握产品质量的分布规律,可以作出频数直方图,以显示产品质量特性分布状况。

(2)作用。直方图是生产中经常使用、简便易行且能发挥很好效果的统计方法,其主要作用是:第一,比较直观地反映出质量特性分布状态,便于及时掌握质量分布状况和判断一批已加工完毕的产品的质量;第二,验证产品质量的稳定性;第三,考察工序能力,估算生产过程不合格品率,了解工序能力对产品质量的保证情况;第四,从统计角度鉴定产品质量特性分布类型,以便针对不同分布进行管理。

2. 直方图的作图方法

画直方图需要收集大量准确的质量特性数据,那么怎样取得这些数据,需要收集多少个数据,都是需要明确的。作直方图需要收集多少数据呢?在工业生产实际中,决定数据的多少,需要考虑以下两方面的因素:一方面是经济因素,即收集某一数据需要多少成本;另一方面是所需的统计精确度因素,即所得到的离散程度与集中趋势的数据允许有多少误差。这两个因素对样本大小的影响完全相反,经济上要求采用可能允许的最小样本;统计精确度则要求较大的样本,以使精确度得到最大保障。某一频数分布所应采取的样本大小,在工业上往往不是由固定的统计公式来决定的,而是根据统计精确度及经济情况的相互平衡而设计的。有时,已往的经验以及个人的判断都对此有很大影响。

因为收集数据的成本和所需的统计精确度在不同工业部门、不同企业之间的变化很大,所以决定样本大小的任何原则都因个别情况而异。一般来说,应取

30～250个样本。在实际应用中,工厂多采用50个样本,这对大多数频数分布的分析是足够可靠的。在个别情况下,当收集数据的成本很低或需作精确分析时,可采用100个或者更多个样本。

画直方图时,首先要整理收集到的质量特性数据,把相近的值分在同一组里,再统计一下每组各有几个数据,这称为频数;然后在横坐标上标出分组点,纵坐标对应为频数,以组距为底边,画出高度为频数的矩形,便得到一张直方图。

下面结合实例讲述直方图的作图步骤。

【例9-2】 某局2008年随机地抽取100天的邮件分拣处理时长,每天的分拣处理时长如表9-6所示。

表9-6 某局100天的邮件处理时长数据(分钟)

61	55	63	39	49	55	50	55	55	50
44	38	50	48	53	50	50	50	50	52
48	52	52	52	48	55	45	49	50	54
45	50	55	51	48	54	53	55	60	55
56	43	47	50	50	50	63	47	40	43
54	53	45	43	48	43	45	53	53	
49	47	48	40	48	45	47	52	48	50
47	48	54	50	47	49	50	55	51	43
45	54	55	55	47	63	50	49	55	60
45	52	47	55	55	62	50	46	45	47

绘制直方图,要经过以下几个步骤:

(1)收集数据。针对某一产品质量特性,随机地抽取50个以上质量特性数据,并按先后顺序排列,其数据数用N表示。本例中$N=100$。

(2)找出数据中的最大值、最小值和极差。数据中的最大值用X_{max}表示,最小值用X_{min}表示,极差用R表示:

$$R = X_{max} - X_{min}$$

本例中,$X_{max}=63$分钟,$X_{min}=38$分钟,$R=63-38=25$(分钟)。区间$[X_{max}, X_{min}]$称为数据的散布范围,全体数据在此范围内变动。

(3)确定组数。组数常用符号K表示。K与数据的多少有关系。数据多,多分组;数据少,少分组。组数的确定常用这样一个经验公式计算:

$$K = 1 + 3.322 \lg N$$

本例中$N=100$,$K=1+3.322\lg100=7.62\approx8$。一般由于正态分布为对称形,故常取$K$为奇数,所以本例中取$K=9$。

(4)求出组距 h。组距即每组的上限与下限的间隔,等于极差除以组数,即

$$h = \frac{X_{\max} - X_{\min}}{K} = \frac{R}{K}$$

本例中　　$h = \frac{63 - 38}{9} = 2.78 \approx 3$

(5)确定组限。为了确定组限,通常从最小值开始,而且最小组的组限应小于最小数值,先把最小值放在第一组的中间位置上。组限为:$(X_{\min} - h/2) \sim (X_{\min} + h/2)$。本例中数据最小值 $X_{\min} = 38$ 分钟,组距 $h = 3$ 分钟,故第一组的组限为 36.5~39.5。同理可以求出其他各组的组限见表 9-7。

(6)统计各组频数。统计频数的方法如表 9-7 所示。

表 9-7　各组频数统计

组号	组界/分钟	频数(f)
1	36.5~39.5	2
2	39.5~42.5	2
3	42.5~45.5	16
4	45.5~48.5	18
5	48.5~51.5	23
6	51.5~54.5	17
7	54.5~57.5	15
8	57.5~60.5	3
9	60.5~63.5	4

(7)画直方图。以各组为横坐标,以频数为高度作纵坐标,作成直方图,如图 9-6 所示。

(8)绘制直方图的注意事项。第一,确定组数要恰当。画直方图确定的组数可以不同,即对一批数据来说,组数可以不是同一个值。如在上面的例题中,确定的组数是 9 组,如果分成 10 组也是可以的,组数虽然不是唯一确定的,也是有一定标准的。除了可按确定组数的公式推算组数外,还可根据经验判断法来确定组数。一般样本数与分组数有表 9-8 所示的对应关系。

表 9-8　样本数与分组数对应关系

样本数	分组数
50~100	6~10
100~250	7~12
250 以上	10~20

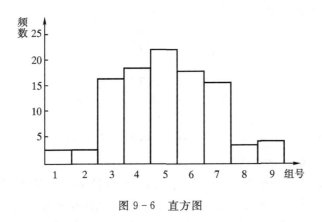

图 9-6 直方图

分组是否恰当,直接影响到直方图的观察分析。当分组数太少时,会掩盖各组内数据的变动情况;当分组数太多时,会使各组数据量的多少差别悬殊,有时还可能使其中一组无数据,因而看不出分布的规律。第二,确定组限时,注意比数据值精确一个小数点,必要时可在算出的组限上加上或减去 0.5,这样使每个数据都能归组。第三,直方图的比例尺寸一般是:频数最多的组的高度与横坐标宽的比例以 1∶1(或 0.6∶1)为好,否则画出的频数直方图会出现太"胖"或太"瘦"的现象,在对直方图进行分析时容易发生误解。第四,完整的直方图不可缺少必要的标注。在直方图的左上方或右上方要标上样本数 N,平均值 $\bar{x}$ 和标准差 s。

3. 直方图特征值的计算

为了描述一批数据的分布特征,在数理统计中定义了许多"特征值",其特征值大体上分成两大类:一类是表示数据集中位置的特征值,如平均值、中位数等;另一类是表示数据的离散程度的,如标准差、极差等。其中最主要的两个特征值是平均值和标准差。

(1)平均值的计算。

设有 n 个测量数据:$x_1, x_2, x_3, \cdots, x_n$,则平均值为:

简单式:$\bar{x} = \dfrac{x_1 + x_2 + x_3 + \cdots + x_n}{n} = \dfrac{\sum\limits_{i=1}^{n} x_i}{n}$

加权式:$\bar{x} = \dfrac{x_1 f_1 + x_2 f_2 + x_3 f_3 + \cdots + x_n f_n}{f_1 + f_2 + f_3 + \cdots + f_n} = \dfrac{\sum\limits_{i=1}^{n} x_i f_i}{\sum\limits_{i=1}^{n} f_i}$

(2)标准差的计算。

$$简单式:\sigma = \sqrt{\frac{\sum(x-\bar{x})^2}{n}}$$

$$加权式:\sigma = \sqrt{\frac{\sum(x-\bar{x})^2 f}{\sum f}}$$

以上公式的运用已在第三章介绍过,这里不再赘述。

4. 直方图的观察分析

直方图反映了一个数列的各个数值出现的频数演变情况,以便形象地表示被观察数值的特征和分布状态,它是质量管理的统计控制方法之一。这种方法比较简单直观,图像化地帮助我们分析判断总体的变化。一个有经验的质量管理人员,往往可以凭经验,通过对直方图的直接观察,来判断质量变化状况和生产过程是否稳定,并预测生产过程的不合格品率。

对直方图的观察分析,主要有两方面内容:首先是看图形本身的形状,然后用公差(标准)要求来比较,这样分析得出的结论才不会片面。

(1)直方图的形状分析。对直方图形状的分析,是为了考察分布状态,看分布状态是否正常,如不正常,则判别其不正常的类型原因。

①正常型。正常型直方图只有一个高峰,高峰的两边,基本上对称,且快而单调地下降,如图9-7所示。

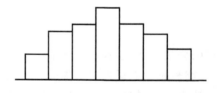

图9-7 正常型直方图

②锯齿型。这种图形的形成,大都由于分组不当或者是因为测量方法或读数有问题引起的,如图9-8所示。

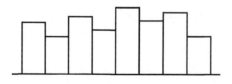

图9-8 锯齿型直方图

③偏向型。直方图的高峰偏向一端分布,如图9-9所示。此时有两种情况:一种是数据本身就遵从这种分布,如百分率数据就是如此;另一种是由于加工习惯造成的,由于加工者心理上想留有余量,便于返修,所以,加工的孔往往尺寸偏小,造成高峰偏左,而加工的轴尺寸偏大,高峰偏右。通信企业的长话通话等待时长也是偏向型的分布。

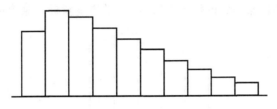

图9-9 偏向型直方图

④双峰型。在分布中心附近频数少,左右形成峰状,如图9-10所示。这是平均值不同的两个分布混在一起时出现的情况。在工业生产中往往是两种不同条件下(两台设备、两个工人或两次调整设备等)加工生产的产品混在一起造成的。邮电企业也存在这种情况,如两个班组对某一车次邮件的处理,由于平均处理时长不同,这两组处理时长数据混在一起,就容易出现双峰型;两个长话接续操作者由于操作水平不同,两者处理接续时长数据是两个不同的分布,当两组数据混在一起时,也易造成双峰型。

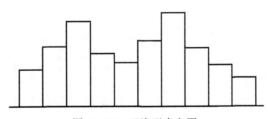

图9-10 双峰型直方图

⑤孤岛型。在直方图旁边有孤立的小直方图出现,如图9-11所示。这说明出现了某种检验错误,或生产过程有某种异常,如刀具的严重磨损、对刀错误、

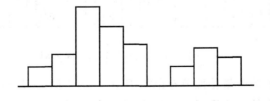

图9-11 孤岛型直方图

测量仪器出现系统误差,或在短时间内由不熟练的工人替班加工等情况。在通信生产中,假如某投递道段的投递员由于某种原因不能上班,暂由不熟悉业务的人员顶替,造成投递时间加长,数据分布就会部分地向右偏移,形成孤岛。

⑥平顶型。直方图没有突出的顶峰,呈平顶形,如图9-12所示。此时有3种情况:一是多个总体混在一起;二是由于生产过程中某种缓慢的倾向在起作用,如工具的磨损、操作者的疲劳等影响;三是质量指标在某个区间中均匀分布。

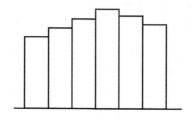

图9-12 平顶型直方图

(2) 直方图与质量标准比较。以上各种类型的直方图,除了正常型之外,其余的都属于异常型直方图。对于异常型直方图,应当进一步利用其他质量管理的方法分析异常的原因。对于正常型直方图,则应标上质量标准的规格界限,进一步比较分析,看看质量是否满足标准要求。分析方法如下:可将直方图和公差对比来观察直方图,这种对比大致有六种情况,见图9-13。

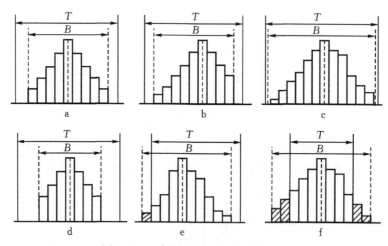

图9-13 直方图与公差的不同类型

图9-13a中是质量特性分布范围 B 在 T 的中间,平均值 $\bar{x}$ 与公差中心重合,质量特性分布的两边还有一定余地,很理想;b是质量特性分布范围 B 虽然

也落在公差界限之内,但因偏向一边,所以有超差的可能,应采取措施纠正;c是质量特性分布范围 B 也落在公差范围之内,但完全没有余地,说明总体已出现一定的废品,应设法使其分布更集中,提高工序能力;d是公差分布范围比特性分布范围大很多,此时应考虑是否可以改变工艺,以提高生产速度,降低生产成本;e是质量特性分布范围过分地偏离公差范围,已明显地看出超差,应立即采取措施加以纠正;f是质量特性分布范围太大,两边产生了超差,要提高加工精度,应缩小分布范围。

第三节 工序能力分析

工业企业产品质量是由企业各项工作质量和生产过程中的工序质量来决定的。虽然不同企业的产品千差万别,生产过程各不相同,但它们都有一个共同特点:都是由一道一道的工序加工、生产出来的,而每道工序的质量都影响产品质量。所以,工序是产品质量形成的基本环节。因此加强对生产现场工序的质量控制,成为企业生产过程质量控制的关键。

在制造过程中,产品质量要受到人、材料、设备(工具)、操作方法、操作环境等五大因素的影响。因此,对制造过程中各工序的质量状况进行调查分析和评价,加强对影响工序质量的六大因素的监控,有助于人们掌握制造过程中各工序的质量保证能力,从而能按时生产出满足用户要求的一定数量的合格产品。

目前,企业在生产过程中大多采用工序质量控制系统,对工序质量控制有3种类型,即手工生产型(靠操作工人自己控制)、半自动生产型(人工和自动化相结合控制)和自动化生产型(生产过程由电子计算机监控)。

在工序控制中,自动化程度越高,工序质量保证程度越高,人为的干扰因素越小,所以用计算机进行工序质量控制是企业管理的发展方向。

一、工序能力

1. 工序能力的概念

工序能力(又称工程能力)是指某工序在一定时间内处于控制状态(稳定状态)下,均有使自己生产的产品达到一定质量水平的能力,用符号 B 表示。

对于任何生产过程,产品质量特征值总是分散的,工序能力越高,产品质量特征值的分散就越小;反之,工序能力越低,产品质量特征值的分散就越大。那么,用一个什么样的量来描述加工过程造成的总分散呢?一般用6倍的标准差,即 $B=6\sigma$。为什么用 6σ 来描述呢?统计学知识告诉我们,当生产过程处于控制状态时,在 $\mu\pm3\sigma$ 的范围内包括了 99.73% 的产品,也就是说,几乎包括了全部产品。但是为什么不把范围取得更大一些呢？比如取 $\mu\pm4\sigma$ 或取 $\mu\pm5\sigma$。当然,这样做会更全面些,因为在 $\mu\pm4\sigma$ 范围内可包括全部产品的 99.994%,在 $\mu\pm5\sigma$ 范围内可包括全部产品的 99.999 4%。

事实上从 6σ 的范围增加到 8σ 或 10σ 的范围,包括的产品比例增加得很小,从经济角度来看,效果不好。因此一般都用 6σ 来表示工序能力,这样可以兼顾全面性和经济性两个方面。

【例 9-3】 设分拣工序的平均处理时长 $\mu=50.24$ 分钟,标准差 $\sigma=5.19$ 分钟,因此该分拣工序的工序能力是:$6\sigma=6\times5.19=31.14$(分钟)

即分拣工序分拣该车次的最短处理时长:

$$\mu-3\sigma=50.24-3\times5.19=34.67(分钟)$$

最长处理时长:

$$\mu+3\sigma=50.24+3\times5.19=65.81(分钟)$$

该分拣工序分拣该车次信件的处理时长在 34.67~65.81 分钟内波动,分拣处理时长的波动范围称为分拣工序能力。

2. 影响工序能力的因素及工序能力分析的意义

(1)影响工序能力的因素。第一,操作人员,包括操作人员的情绪、技术水平、质量意识,都会影响工序能力;第二,设备,包括机器、辅助装置、工模具的精度;第三,材料,包括材料的成分、物理性能、化学性能、处理方法、配套件和元器件的质量等都会影响工序能力;第四,方法,加工工艺流程和操作方法是否合理将直接影响加工产品的质量,影响工序能力;第五,环境,如温度、湿度、光线、噪音干扰、振动、室内净化等因素;第六,检测仪器和工具精度及稳定性。

(2)工序能力分析的意义。首先,工序能力的测定和分析是保证产品质量的基础性工作,因为只有掌握了工序能力,才能控制制造过程的质量,如果工序能力不能满足产品设计的要求,质量控制就无从谈起,所以工序能力的调查、测试、分析是质量管理的基础工作;其次,工序能力的测试分析是提高工序能力的有效手段,因为工序能力是由各种因素造成的,通过工序能力的测试分析,就可以找到影响工序能力的主导性因素,从而通过改进工艺、改进设备、提高操作水平、改善环境条件、制定有效的工艺方法和操作规程、严格工艺纪律等来提高工序能力;最后,工序能力的测试分析为质量改进找出方向,因为工序能力是工序加工的实际质量状况,它是产品质量保证的客观依据,通过工序能力的测试分析,为设计人员和工艺人员提供关键的工序能力数据,也可以为产品设计和签订合同提供参考,还可以通过工序能力分析找出影响工序能力的主要问题,为提高工序能力、改进产品质量找到改进方向。

二、工序能力指数

1. 概念

工序能力指数是指工序能力能够满足质量标准要求的程度。用 C_p 表示。这里所讲的质量标准是指工序加工产品必须达到的质量要求,通常用公差等来衡量,所以工序能力指数等于公差与工序能力的比值。

工序能力满足公差要求的程度的大小,分为下列几种情况,见图9-14。

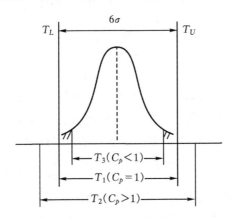

图 9-14 C_p 值与公差 T 的关系

(1)工序能力指数等于1。工序能力指数等于1,即 $C_p=1$,意味着工序能力恰好满足公差要求。在这种情况下,当工序质量分布的平均数稍有变化或工序质量标准偏差稍微增大,都会产生不合格品。

(2)工序能力指数大于1。工序能力指数大于1,即 $C_p>1$,表示该工序能力能够充分满足要求。这时,即使工序质量分布的平均数或工序质量标准偏差稍微增大,也不至于产生不合格品,产品质量有保证。一般 $C_p=1.33$ 为理想情况。

(3)工序能力指数小于1。$C_p<1$,即公差范围小于 6σ,表明工序能力不能满足公差要求。这时必须采取措施,提高工序能力,缩小工序质量分布的标准偏差,否则会产生不合格品。

2. 工序能力指数的计算

(1)质量数据分布中心与标准中心重合的情况。这是一种比较理想的情况(如图9-15所示)。

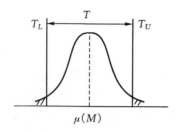

9-15 分布中心与规格中心重合

这时可用下面的公式来计算工序能力指数：

$$C_p = \frac{T}{6\sigma} = \frac{T_U - T_L}{6\sigma}$$

式中，T 为公差范围；T_U 为公差上限；T_L 为公差下限。

【例9-4】 车床加工某零件的尺寸公差为 $\phi^{-0.10}_{-0.05}$，从该零件加工过程中随机抽样求得标准差为 0.005 2，则该工序的工序能力指数 C_p 值等于多少？

$$C_p = \frac{T}{6\sigma} = \frac{-0.05 - (-0.10)}{6 \times 0.005\,2} = \frac{0.05}{0.031\,2} \approx 1.6$$

(2)质量数据分布中心与标准中心偏离的情况。

①给出单侧公差的情况。所谓单侧公差,是指只对质量特性值规定了单侧的质量标准。例如,对于强度、寿命等质量特性只规定了下限质量标准,比如规定某绝缘材料的击穿电压的下限标准为 1 000 V,而上限标准不作规定,要求越大越好；而对于机械行业中的光洁度,钢铁中的有害杂质的含量,邮电通信部门的质量指标（处理时长等）等就只规定了上限质量标准,而对它的下限质量标准则不作具体规定,要求越小越好。当然,严格地说,不论是寿命、强度或耐压击穿强度,它们都永远不会达到无穷大,同样,不论是光洁度或钢铁中某种有害化学成分的含量,或邮电部门的处理时长等,也永远不会等于零。因此这类质量标准的特点是不能确定范围,也无法确定它的中心,即公差中心是无法具体确定的。在这种情况下,特性值分布的中心与公差界限的距离(以标准偏差来衡量),就决定了工序能力的大小。希望作为分布中心的平均值 μ 距离公差界限 3σ,这样考虑,可以使不合格品率控制在 0.135% 左右。当然,如果中心值距离公差界限更大些,不合格品还会更少些,不过所付出的经济代价就很大了,因此往往得不偿失。

a. 当只规定公差上限时(如图 9-16 所示),工序能力指数可按下面的公式计算：

$$C_{p\text{上}} = \frac{T_U - \mu}{3\sigma}$$

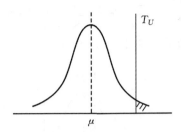

图 9-16 只规定公差上限的情况

式中，$C_{p上}$ 表示只给出 T_U 时的工序能力指数；μ 表示总体的平均值。

当 $\mu \geqslant T_U$ 时，则 $C_{p上}=0$ 就是说完全没有工序能力，工序可能出现的不合格品率为 50%～100%。

【例 9-5】 加工某零件，要求径向跳动不得超过 0.05 mm，今从该工序抽取 $n=100$ 的样本进行测量，得到样本平均值为 0.01 mm，样本标准差为 0.016 mm，求该工序的工序能力指数。

$$C_{p上}=\frac{T_U-\mu}{3\sigma}\approx\frac{T_U-\bar{x}}{3s}=\frac{0.05-0.01}{3\times0.016}=0.83$$

b. 当只规定公差下限时（如图 9-17 所示），工序能力指数可按下面的公式计算：

$$C_{p下}=\frac{\mu-T_L}{3\sigma}$$

式中，$C_{p下}$ 表示只给出质量标准下限时的工序能力指数；μ 表示总体平均值。

当 $\mu \leqslant T_L$ 时，则 $C_p=0$，工序可能出现的不合格品率为 50%～100%。

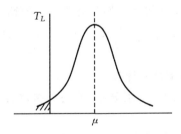

图 9-17 只规定公差下限的情况

【例 9-6】 某绝缘材料厂生产一种绝缘材料，规定它的击穿电压下限标准为 1 200 V，今从该工序抽取 $n=100$ 的样本进行测试，得到样本平均值为 4 000 V，样本标准偏差为 1 000 V，求该工序的工序能力指数。

$$C_{p\text{下}} = \frac{\mu - T_L}{3\sigma} = \frac{4\,000 - 1\,200}{3 \times 1\,000} = 0.93$$

②给出双侧公差的情况,如图 9-18 所示。

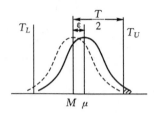

图 9-18 分布中心与公差中心偏离的情况

当分布中心 μ 与公差中心 M 偏离了一段距离 ε 之后,用前述公式算出来的工序能力指数值,显然已经不能反映这时的生产能力的实际情况。因此,为了如实反映工序的实际加工能力,必须用一个考虑了偏离量的新工序能力指数——工序能力修正指数 C_{pK} 来评价工序能力。这时的工序能力指数可用下面的公式来计算:

$$C_{pK} = (1-K)C_p = \frac{T-2\varepsilon}{6\sigma}$$

式中,C_{pK} 表示修正后的工序能力指数;ε 表示平均值的偏离量(简称偏离量);K 表示平均值的偏离度(也称偏离系数)。

平均值的偏离度 K 是平均值偏离量与公差的一半($T/2$)的比率,即

$$K = \frac{\varepsilon}{T/2}$$

【例 9-7】 已知一批零件的标准差为 0.056 mm,公差范围 $T=0.35$ mm,从该批零件的直方图中得知尺寸分布与公差中心偏移 0.022 mm,求 C_{pK} 值?

$$C_{pK} = (1-K)C_p = \frac{T-2\varepsilon}{6\sigma} = \frac{0.35 - 2 \times 0.022}{6 \times 0.056} = 0.911$$

3. 计数值工序能力指数的计算

计数值的分布,常见的是二项分布、泊松分布,它的标准偏差一般都是样本量 n 的函数。

(1)二项分布中差错率工序能力指数计算。

$$C_p = \frac{P_U - \overline{P}}{3\sqrt{\dfrac{\overline{P}(1-\overline{P})}{n}}}$$

式中,$\overline{P}$ 表示平均差错率;n 表示每组的样本平均数;P_U 表示给定允许的废品率上限。

(2) 泊松分布中单位缺陷数工序能力指数计算。

$$C_p = \frac{u_U - \bar{u}}{3\sqrt{\dfrac{\bar{u}}{n}}}$$

式中,$\bar{u}$ 表示平均单位缺陷数;u_U 表示给定允许单位缺陷数上限。

三、工序能力的判断与处置

通过计算求得工序能力指数后,还要对它进行分析判断,看它所表示的能力是充分、不足,还是过剩。

工序能力可分为 5 个等级(见表 9-9),对于不同等级的工序,管理部门要区别对待,采取不同的管理方法与手段。

对 C_p 值进行判断后,根据基本的处置原则可分别采取不同的具体措施。

表 9-9 工序能力的分级情况

等级	C_p 值	判断	处置原则
特级	$C_p > 1.67$	工序能力过剩	降低要求,放宽控制
一级	$1.67 \geq C_p > 1.33$	工序能力充分	安心生产,正常控制
二级	$1.33 \geq C_p > 1.00$	工序能力尚可	密切监视与控制,照章检验
三级	$1.00 \geq C_p > 0.67$	工序能力不足	在工艺、管理上采取改善措施
四级	$0.67 > C_p$	工序能力太差	采取对策,进行根本性改革

1. 工序能力过剩时

(1)在工序允许的情况下,可放宽质量波动幅度,如人和设备的配备可相对降低一些,这样可以带来降低成本、提高效率的效果。

(2)提高产品的原设计精度,改进产品性能。

(3)加大抽样间隔,减少抽验件数,降低检验的各种消耗。

2. 工序能力充分时

(1)非重要工序可允许小的外来波动。

(2)按控制图进行管理,正常运转。

(3)质量检验可相对简化。

3. 工序能力尚可时

(1)必须利用控制图加强对生产过程监控,防止外来波动。

(2)调查 4M1E 因素,作必要改进。

(3)严格执行各种规范、标准、制度。

(4)坚持合理的抽样方案和检验规程。

4. 工序能力不足时

(1)通过因果图、排列图找出需要改进的因素。
(2)分析质量标准是否脱离实际,应实事求是地修正质量指标过严的情况。
(3)加强工序的质量检验工作。

5. 工序能力太差时

对 4M1E 必须进行根本性的改革,要从根本上消除影响质量的关键因素。

第四节 控 制 图

前面介绍过的直方图、因果图等基本上是反映质量数据在某段时间结束时的静止状态,为了有效地进行现场质量控制,实现以预防为主,我们需要了解过去、分析现状和预测未来的质量状况,这就需要一种可以在现场直接研究质量数据随时间变化的统计规律的动态方法,这就是控制图。

一、控制图的概念及构成

控制图是判别生产工序过程是否处于控制状态的一种动态的控制手段。利用控制图,可以判别质量波动究竟是由偶然原因引起的,还是由系统原因引起的,以便针对具体情况分别采取有效的解决方法,控制生产过程的质量。

控制图是由两部分构成的:标题部分和控制图部分。

标题部分包括工厂、车间、班组的名称,机床设备的名称、编号、零件、工序名称、检验部位等。控制图部分是指利用概率统计的原理,在普通坐标纸上作出两条控制界限和一条中心线,然后把按时间先后顺序所得到的质量特征值以"点"的形式依次描在图上,从点的动态分布状况来探讨工序质量及其趋势的图形。控制图的基本格式如图 9-19 所示。

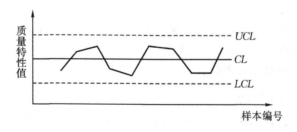

图 9-19 控制图的基本格式

横坐标是以时间先后顺序排列的样本编号,纵坐标为质量特性值或样本统计量。两条控制界限一般用虚线表示,上面一条称为上控制界限,记为 UCL,下面一条称为下控制线,记为 LCL,中心线用实线表示,记为 CL。在生产过程中应定时抽取样本,并把测得的点(数据)按时间先后顺序一一描在图上,如果点落在两控制界限之间,而且点的排列是随机的,则表明生产过程仅有偶然性的原因导致的随机误差,生产基本上是正常的,这时,对生产过程不必进行干预;如果点落在两控制界限之外,或者点在两控制界限内的排列是非随机的,则表明生产过程有系统性原因导致的系统性误差存在,工序已处于非统计控制状态,这时,必须对工序采取措施使得工序恢复正常。这样可以用控制图对生产过程不断地进行监控,就能够对系统性原因的出现及时警告,并对工序进行控制。

二、控制图的工作过程

1. 质量波动的两种原因

在现实生产中,一个工厂的某个工人,用同一批原材料,在同一台机器设备上所生产出来的同一种零件,其质量特性值也不会完全一样。这就是我们常说的产品质量特性值有波动(或叫做差异)的现象。这种现象反映了产品质量具有"波动性"这个特点。这些质量特性值虽然不同,但在一定的生产条件下,它们都服从一定的分布规律,这就反映出产品质量的分布具有"规律性",这是产品质量的另一个特点。

产品质量为什么会有波动呢?其原因主要有五个方面:第一,人的因素,这主要是指操作者对质量的认识、技术熟练程度、身体及情绪状况等;第二,设备的因素,机器设备、工具、量具的精度和维护保养状况等;第三,原材料的因素,这主要是指材料的成分、物理、化学性能等;第四,操作者所使用的方法,包括加工工艺、工艺装备选择、操作规程、测量方法等;第五,环境因素,主要是指工作场地的温度、湿度、照明、清洁和噪音条件等。

这五个因素都对产品质量有影响,故称它们为质量因素。但从它们对产品质量影响的大小以及作用的性质来看,可以将这些质量因素分为两大类:

(1)偶然因素。偶然因素是对产品质量经常起作用的因素。如原材料性能、成分的微小差异,机床的微小振动,刀具的正常磨损,夹具的微小松动,人员思想集中程度的差异,情绪的小波动,操作中的微小差异,测试手段的微小变化,环境的微小变化等。

偶然因素具有 4 个特点:第一,经常存在,就是说只要生产,这些因素就始终在起作用;第二,影响微小,即对产品质量的影响微小;第三,对每件产品的影响不同,由于偶然因素是随机变化的,所以每件产品受到这些因素的影响是不同的;第四,难以排除,在一定的技术条件下,要消除这类因素,不但技术上难以办到,而且经济上也很不合算。

(2)系统因素。与上述偶然因素相对应,系统因素也有4个特点:第一,有时存在,就是说,它是由于某种原因所产生的,不是在生产过程中始终存在的;第二,影响较大,即对产品质量的影响大;第三,一系列产品受影响,即如果对它不加处理,则许多产品都将受到同样的影响,表现出相同的特点;第四,不难排除,对这类因素在技术上不难识别和消除,而经济条件往往也是允许的。

系统因素是可以避免的因素。如人的思想上的大波动,工作上违反操作规程或操作规程有重大缺陷,工人过度疲劳,原材料规格不符,机床振动过大,刀具过度磨损或损坏,夹具严重松动,刀具的安装和调整不当,使用未经过检定的测量工具,测试错误,测量读值带一种偏向以及环境的巨大变化等等。

我们把由偶然因素造成的质量特性值的波动叫做正常波动,并且认为这时的生产过程处于统计的控制状态(或称稳定状态)。显然对这种偶然因素也就不必加以控制和管理了。

我们把由系统因素造成的质量特性值的波动叫做异常波动,并认为这时的生产过程处于非控制状态(或称非稳定状态)。生产过程质量管理的重要任务就是要查明和消除这类异常因素,不断提高整个生产过程的质量,保证和提高产品质量。控制图的实质是区分偶然因素和系统因素这两类因素所造成的产品质量波动,即正常波动与异常波动,而区分这两类波动的科学界限就是控制图中的控制界限。

2. 控制图在生产中起作用的过程

控制图的控制界限为什么能起到区分两类波动的作用呢? 理由很简单,因为表示质量特性数据的正态分布是用平均值 μ 和标准差 σ 来描述的,我们取 $\mu \pm 3\sigma$ 为控制图的控制界限,在生产过程中,几乎所有质量特性数据都包括在这个界限之中,占所有数据的 99.73%。因此,如果工艺、生产过程没有变化,数据就必然都落在这个范围之内,如果数据超出控制界限之外,就可看做生产过程发生了变异。

(1)控制图在生产过程中的实际运用。当生产过程情况正常时,在生产过程中起作用的因素只有偶然因素,质量特性数据形成的分布大多条件下属于正态分布。这时有 99.73% 的数据在 $\mu \pm 3\sigma$ 范围之内,当抽样检查后在控制图上绘点时,这些点都会落在控制界限范围内,而且越接近控制图的中心线,点数越多,越远离中心线,点数越少,分布上也无异常。这说明生产过程正常,可继续生产。

当生产过程不正常时,在生产过程中起作用的因素既有偶然因素又有系统因素。产品质量特性数据形成的分布是某种偏离了的分布。质量数据在 $\mu \pm 3\sigma$ 范围内的概率已不是 99.73%,而是远远小于这个百分率,落在界外的概率也远远大于 0.27%。所以这时进行抽样检查,就有可能发生点超出控制界限的情况,表明生产过程不正常,应该找出不正常的原因。

如果我们应用控制图对生产过程不断地进行监控,那么就能够对系统因素的出现及时告警。在许多情况下,甚至样本中还没有出现不合格品,我们在控制图上已经能够发现生产过程变坏,即只要产品质量出现不正常的苗头,控制图上就会反映出来。之后,我们可设法找出存在的系统因素,采取措施,加以消除,并设法使它不再出现,这样就起到了预防为主的作用。我们重复这样的过程,最终将达到在生产过程中只存在偶然因素而没有系统因素的理想状态。这时,我们不但对产品质量有充分的把握,确切掌握产品的合格率,而且也是十分经济的。控制图只通过抽取相当有限次数的样本就能保证和提高产品质量,因而具有显著的经济效果。

(2)控制图的作用。控制图主要有以下 4 方面的作用:

第一,判断生产工序质量的稳定性。

第二,评定生产过程的状态,发现并及时消除生产过程的异常现象,预防废、次品的产生。

第三,确定设备与工艺装备的实际精度,以便正确地作出技术上的决定。

第四,为真正地制定工序目标和规格界限确立可靠的基础,也为改变不符合经济性的规格标准提供依据。

三、常用的控制图的种类

控制图的种类很多,若按统计量分,一般可分为:

1. 计量控制图

(1)X 控制图(也叫单值控制图)。若测量较多数据花费时间长、费用高或样品数据不便分组时,可用此图。

(2)$\overline{X} - R$ 控制图(即平均值和极差控制图)。该图可以同时控制质量特性值的集中趋势即平均值 $\overline{X}$ 的变化,以及离中趋势即极差 R 的变化,只有把 $\overline{X}$ 控制图和 R 控制图结合使用,才能全面地看出生产过程的变化,与其他控制图相比,该图可以提供较多的质量信息和较高的检出力。

(3)$M_e - R$ 控制图(即中位数和极差控制图)。其用途与 $\overline{X} - R$ 控制图相似,其优点是可以减少计算,但检出力不如 $\overline{X} - R$ 控制图高。

2. 计数控制图

(1)Pn 控制图,即不合格品数控制图,用于对不合格品数、缺勤人数等情况的管理。

(2)P 控制图,即不合格品率控制图。

(3)C 控制图,即缺陷数控制图,用于单件上的缺陷数,如铸件上的气孔、沙眼、布匹上的疵点数的控制等。

(4)U 控制图,即单位缺陷数控制图,用于单位面积、单位长度上缺陷数的控制。

四、计量值控制图

计量值控制图主要是用来监控产品的质量特性值为连续性随机变量的情况。通常在生产过程中,平均数控制图和极差控制图的联合使用,能对产品的质量情况提供比较详细的资料。通过对它的分析来寻找质量变化的原因,既能克服不良因素,也能发现和总结先进经验,提高产品质量,还可以预示出质量变化的趋势。可以根据这个趋势改变和调整控制界限,进一步加强质量控制。

1. 单值控制图(X 控制图)

(1)单值控制图的适用范围。单值控制图对于计量值而言是最基本的控制图,其数据不需分组,可直接使用,它经常应用于下列场合:

第一,从工序中只能获得一个测定值,如每日电力消耗。

第二,一批产品内质量特性数据是均匀的,不需测量多个值,如酒精的浓度。

第三,因费用等关系,只允许测量少量数值,如某些产品只有经过破坏性试验才能获得数据。

第四,数据的取得需要很长的时间间隔。

单值控制图是利用质量特性单个样品数值直接对生产进行控制,不必经过繁琐计算,使用方便,且具有尽快发现和判断生产异常的特点,在获取数据不易的场合,多用 X 单值控制图。但 X 单值控制图不够敏感,不易发现工序质量分布平均值的变化,所以不适应大量快速生产的需要,在这种场合下应用较少。而对质量均一的产品也常用单值控制图。

(2)单值控制图控制界限的计算。

按照控制图的基本原理,单值控制图的控制界限为:

$$CL=\mu$$
$$UCL=\mu+3\sigma$$
$$LCL=\mu-3\sigma$$

这里 CL 表示中心控制线,μ 表示总体均值,UCL 表示控制图的上控制线,LCL 表示控制图的下控制线,σ 表示总体标准差,格式如图 9-20 所示。

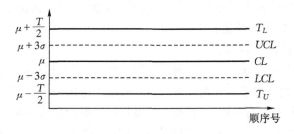

图 9-20 单值控制图

但是,在没有对总体作全面调查的情况下,总体的参数 μ,σ 是未知的。一般情况下,X 控制图的中心线和上下控制界限可用以下方法确定:

第一,如果生产条件与过去基本相同,而生产过程又相当稳定,可遵照以往的经验数据(即有一个比较可用的 μ,σ 值时),也就是说,可采用上式。

第二,在没有经验数据时,可对产品进行随机抽样,用样本资料的均值和标准差来代替总体的均值和标准差,抽样时应注意需有一定的数量,一般取 $n \geqslant 30$。根据我们在参数估计一章中所学到的知识,即"样本平均数是总体平均数的无偏估计""样本方差是总体方差的无偏估计"的结论,μ 和 σ 可用 $\overline{X}$ 和 s 来代替,这时控制图的中心线和上下限为:

$$CL = \overline{X}$$
$$UCL = \overline{X} + 3s$$
$$LCL = \overline{X} - 3s$$

【例 9-8】 已知某零件的标准尺寸要求为 $12^{\pm 0.1}$,试用随机抽样方法确定 X 控制图的中心线及上下控制界限。

在一定生产条件下随机抽样 $n=50$,测量出质量特性值并计算其平均值和标准差如下:

$$\overline{X} = 11.95 \quad s = 0.010$$
$$CL = \overline{X} = 11.95$$
$$UCL = \overline{X} + 3s = 11.95 + 3 \times 0.010 = 11.98$$
$$LCL = \overline{X} - 3s = 11.95 - 3 \times 0.010 = 11.92$$

求出 CL,UCL,LCL 就可以作出 X 控制图。

2. 平均数-极差控制图($\overline{X} - R$ 控制图)

$\overline{X} - R$ 控制图是进行质量控制的重要方法,$\overline{X} - R$ 控制图是 $\overline{X}$ 控制图和 R 控制图的结合运用,计量值要作适当分组,求出每组的平均值 $\overline{X}$ 与每组的极差 R,分别在 $\overline{X}$ 和 R 控制图上绘点。$\overline{X}$ 控制图主要是分析平均值 $\overline{X}$ 的变化,R 控制图主要观察分析各组离差的变化情况,$\overline{X}-R$ 常用于控制长度、重量、强度、纯度、时间和生产量等计量值。

(1)$\overline{X}-R$ 控制图的特点。

①$\overline{X}$ 控制图的特点。$\overline{X}$ 控制图主要用于观察和判断总体平均值 μ 是否发生变化,$\overline{X}$ 控制图的优点有以下两个方面:第一,应用范围广。我们知道,控制图的基本原理是正态分布的有关理论,当某个质量特性数据的分布为非正态分布时,由数理统计的基本理论得知,当样本容量足够大时($n \geqslant 30$),它的样本平均数是服从正态分布的,所以就能够利用样本平均数控制图(即 $\overline{X}$ 控制图)来分析和控制任意总体的质量特性数据的变化了。第二,它能避免单值控制图中由于个别极端值的出现而犯第一类错误。最重要的是它比单值控制图敏感性强。

②R 控制图的特点。极差指一组数据中的最大值与最小值之差,用 R 表示。R 控制图是用样本的极差反映、分析和控制总体的离散程度。它常和 $\overline{X}$ 控制图配合使用,能够较全面地掌握产品质量和生产过程的变化,是产品质量控制方法中一种重要的控制图。

极差控制图随着生产过程的特点不同有其不同的作用。在自动化水平比较高的生产过程中,产品质量的一致性好。在这种情况下控制图的作用是:当极差增大,意味着机器设备出现故障,需要进行修理或更换。在非自动化生产过程中,极差反映出操作者的技术水平、生产熟练程度。一般来说熟练工人的产品质量特性数据的离散程度要小一些。所以,通过 R 控制图反映出操作者的操作状况,促使人们提高技术水平和生产熟练程度,注意改进操作方法,从而提高产品质量,并保持产品质量的稳定性。由于极差控制图反映操作者的操作状况,故又称为操作者控制图。

从极差的定义我们可以看出极差有以下两个特点:极差不会出现负值;极差的众数会偏向于数值较小的一边。极差 R 很大的情况很少发生,所以极差的分布是非对称的,并有它自身的平均值和标准偏差。

(2)$\overline{X}-R$ 控制图的作图步骤。下面结合控制图的实例,介绍控制图的作图步骤。

①收集数据。选取一定量的数据,一般为 50~200 个,过少将影响精度,过多则计算繁琐,经常取 100 个左右。

②数据的分组与排列。数据分组是十分重要的步骤,分组的方法是:从技术上可认为,在大致相同的条件下收集的数据应分在同一组内;组中不应包括不同性质的数据。

这样做的目的是保证组内仅存在偶然因素的影响,否则,会使组与组之间的离差加大,不能反映出数据的本来面目。一般无特殊技术依据时,应按时间顺序分组，数据的组数常取 20~30 组，每组的数据大约 3~6 个为宜。每组数据的个数叫做样本量的大小，用 n 表示。样本的组数用 k 表示。

③填写数据表。在数据表中应把数据的来历交待清楚，可以记上产品名称、件号、标准规格要求、试样取法、测量方法以及操作者、检验者等。这对于分析研究控制图，寻找非偶然因素的异常原因是非常重要的原始资料。

【例 9-9】 某制药厂片剂车间对某种药品颗粒的水分进行控制，抽样得到 100 个数据（见表 9-10）。

表 9-10 某药品颗粒水分统计（%）

组号	观测值				$\overline{X}$	R
	X_1	X_2	X_3	X_4		
1	3.0	4.2	3.5	3.8	3.62	1.2
2	4.3	4.1	3.7	3.9	4.0	0.6
3	4.2	3.6	3.2	3.4	3.60	1.0
4	3.9	4.3	4.0	3.6	3.95	0.7
5	4.4	3.4	3.8	3.9	3.88	1.0
6	3.9	4.5	4.3	3.6	4.08	0.9
7	3.8	3.9	4.3	4.5	4.12	0.7
8	4.4	4.3	3.8	3.9	4.10	0.6
9	3.7	3.2	3.4	4.2	3.62	1.0
10	3.1	3.9	4.2	3.0	3.50	1.2
11	3.2	3.8	3.8	3.7	3.62	0.6
12	3.1	4.4	4.8	4.2	4.05	1.4
13	3.4	3.7	3.8	3.9	3.70	0.5
14	4.4	4.2	4.1	3.5	4.05	0.9
15	3.4	3.5	3.8	4.4	3.78	1.0
16	3.9	3.7	3.2	4.0	3.70	0.8
17	4.4	4.3	4.0	3.7	4.10	0.7
18	3.6	3.2	3.6	4.4	3.70	1.2
19	3.2	4.4	4.2	4.5	4.08	1.3
20	4.7	4.6	3.8	3.2	4.08	1.5
21	4.8	4.2	4.0	3.0	4.0	1.8
22	4.5	3.5	3.0	4.8	3.95	1.8
23	3.8	3.2	3.2	3.0	3.55	1.2
24	4.2	4.0	3.8	5.5	3.88	0.7
25	3.3	3.6	3.6	4.4	3.82	1.4

计算出各组的平均值 $\overline{X}$ 和组内极差 R 填在表中。

④计算控制界限。

a. $\overline{X}$ 控制图控制界限。$\overline{X}$ 控制图的控制界限可由下式计算：

$$CL = \overline{\overline{X}}$$
$$UCL = \overline{\overline{X}} + A_2\overline{R}$$
$$LCL = \overline{\overline{X}} - A_2\overline{R}$$

式中：

$$\overline{\overline{X}} = \frac{\sum \overline{X}_i}{k} = \frac{\overline{X}_1 + \overline{X}_2 + \overline{X}_3 + \cdots + \overline{X}_k}{k}$$
$$= \frac{3.62 + 4.0 + 3.6 + \cdots + 3.82}{25} = 3.861$$

A_2 由表 9-11 查出，本例中 $n=4$，所以查表得 $A_2 = 0.729$

$$\overline{R} = \frac{\sum R_i}{k} = \frac{R_1 + R_2 + \cdots + R_k}{k} = \frac{1.2 + 0.6 + \cdots + 1.4}{25} = 1.028$$

所以，计算结果如下：

$$CL = 3.861$$
$$UCL = 3.861 + 0.729 \times 1.028 = 4.610$$
$$LCL = 3.861 - 0.729 \times 1.028 = 3.112$$

表 9-11 控制图用系数表

系数 \ n	2	3	4	5	6	7	8	9	10
d_2	1.128	1.693	2.059	2.326	2.534	2.704	2.847	2.970	3.078
A_2	1.1880	1.023	0.729	0.577	0.483	0.483	0.373	0.337	0.308
D_3	0	0	0	0	0	0	0.184	0.184	1.223
D_4	3.267	2.575	2.282	2.115	2.004	2.004	1.054	1.816	1.777
E_2	2.260	1.772	1.457	1.290	1.184	1.184	1.054	1.010	0.975
M_3A_2	1.1880	1.187	0.769	0.691	0.549	.549	0.432	0.412	0.363

b. R 控制图控制界限。R 控制图的界限可由下式计算：

$$CL = \overline{R}$$
$$UCL = D_4\overline{R}$$
$$LCL = D_3\overline{R}$$

D_3,D_4 仍由表 9-11 表查出,本例中 $n=4$,查表得 $D_4=2.282$,$D_3=0$(也就是说,下控制界限不考虑),结果如下:

$$CL = 1.028$$
$$UCL = 2.282 \times 1.028 = 2.364$$

⑤绘制 $\overline{X}-R$ 控制图。先画出控制界限,然后根据各组的 $\overline{X}$ 值和 R 值在控制图上绘点。越出控制界限的点,应圈以○,以便分析。

由表 9-10 的数据经以上步骤后所画出的控制图如图 9-21 所示。

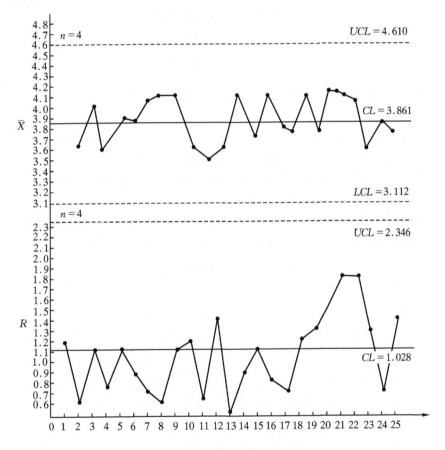

图 9-21　$\overline{X}-R$ 控制图

3. M_e-R 控制图(即中位数和极差控制图)

(1) M_e-R 控制图的特点。反映质量特性总体集中趋势的特征值,除了平均数外还有中位数。中位数控制图与平均数控制图的作用相同,只是用样本的中位数代替平均数反映总体的集中趋势。

用样本中位数表示总体的集中趋势,一般来说不如平均数那样准确,但是中位数控制图有两个优点:第一,计算简便,特别是样本量为奇数时,不必计算,直接取样本中位数的数值即可;第二,由于中位数的数值不受两端偶然发生脱离控制的过大或过小数值的影响,中位数控制图能比平均数控制图更好地反映总体的集中趋势,但其检出功效较差。

(2)控制界限的计算。控制图的中心线、上下控制界限的计算公式如下:

$$CL = \overline{M_e}$$

$$UCL = \overline{M_e} + M_3 A_2 \overline{R}$$

$$LCL = \overline{M_e} - M_3 A_2 \overline{R}$$

$$(\overline{M_e} = \frac{1}{k} \sum M_e)$$

式中,系数 $A_3 A_2$ 与样本量 n 有关,相应的值列于表 9-11 中。

(3)作图步骤。

第一,收集数据。M_e 控制图收集数据的方法与 $\overline{X}$ 控制图相同,可收集 100~200 个数据,尽可能是最近的,要尽可能与今后的生产状态相一致。

第二,数据分组,填写数据表。把数据分成 20~25 组,每组数据个数 n 最好是奇数,这样易于求出中位数,通常取 $n=5$。

【例 9-10】 某厂要求对汽车引擎活塞环制造过程进行控制,现已取 25 个样本,每个样本包含 5 个活塞环直径的观测值,如表 9-12 所示。

表 9-12 某厂汽车引擎活塞环直径观测值

组号	观测值					M_e	R
	X_1	X_2	X_3	X_4	X_5		
1	74.030	74.002	74.019	73.992	74.008	74.008	0.038
2	73.995	73.992	74.001	74.001	74.011	74.001	0.019
3	73.988	74.024	74.021	74.005	74.002	74.005	0.036
4	74.002	73.996	73.993	74.015	74.009	74.002	0.022
5	73.992	74.007	74.015	73.989	74.014	74.007	0.026
6	74.009	73.994	73.997	73.985	73.993	73.994	0.024
7	73.995	74.006	73.994	74.000	74.005	74.000	0.012
8	73.985	74.003	73.993	74.015	73.998	73.993	0.030
9	74.008	73.995	74.009	74.005	74.004	73.005	0.014
10	73.998	74.000	73.990	74.007	73.995	73.998	0.017
11	73.994	73.998	73.994	73.995	73.990	73.994	0.008

续表 9－12

组号	观测值					M_e	R
	X_1	X_2	X_3	X_4	X_5		
12	73.983	74.000	74.007	74.000	73.996	74.000	0.011
13	74.006	74.002	73.998	73.997	74.012	73.998	0.029
14	74.012	73.967	73.994	74.000	73.984	73.994	0.039
15	74.000	74.014	73.998	73.999	74.007	74.007	0.016
16	73.994	73.984	74.005	73.998	73.996	73.998	0.021
17	73.994	74.012	73.986	74.005	74.007	74.005	0.026
18	74.006	74.010	74.18	74.003	74.000	74.006	0.018
19	73.984	74.002	74.003	74.005	73.997	74.002	0.021
20	74.000	74.010	74.013	74.020	74.003	74.010	0.020
21	73.998	74.001	74.009	74.005	73.996	74.001	0.033
22	74.004	73.999	73.990	74.006	74.009	74.004	0.019
23	74.010	73.989	73.990	74.009	74.014	74.009	0.025
24	74.015	74.008	73.993	74.000	74.010	74.008	0.022
25	73.982	73.984	73.995	74.017	74.013	73.995	0.035
$\sum$						1 850.044	0.581

计算出各组的中位数 M_e 和组内极差 R，并填在表中。

第三，计算控制界限。

首先计算平均值：

$$\overline{M}_e = \frac{1}{k}\sum M_e = \frac{1\,850.044}{25} = 74.002$$

$$\overline{R} = \frac{1}{k}\sum R = \frac{0.581}{25} = 0.023$$

$\overline{M}_e$ 控制图的控制界限：

$$UCL = \overline{M}_e + M_3 A_2 \overline{R} = 74.002 + 0.691 \times 0.023 = 74.018$$

$$LCL = \overline{M}_e + M_3 A_2 \overline{R} = 74.002 - 0.691 \times 0.023 = 73.986$$

R 控制图的控制界限：

$$UCL = D_4 \overline{R} = 2.115 \times 0.023 = 0.049$$

$$LCL = D_3 \overline{R} = 0$$

第四，绘制控制图。控制图的绘制方法与 $\overline{X} - R$ 控制图绘制方法相类似。先画出控制界限，再按顺序以各组的 M_e, R 值分别在 $M_e - R$ 图上绘点，如图

9-22所示。

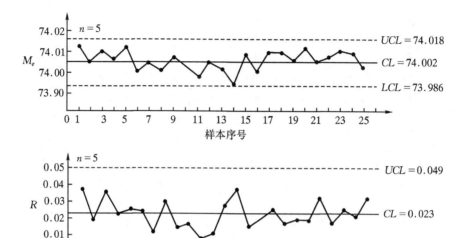

图 9-22 $M_e - R$ 控制图

五、计数值控制图

1. 相关的概率论基础知识

(1)二项分布。二项分布的基本知识我们在前面已经介绍过,这种分布在质量控制中有重要作用。我们来看下面这个例子:

有一批产品共有 N 件,已知其中有 D 件不合格品,现每次抽一件检验,重复抽样,如果连抽 n 次,以 d 代表样本中不合格品的个数,问不合格品能出现几次,各次出现的概率是多大?

从我们学过的概率论的知识可以知道,不合格品出现 d 次的概率为:
$$p_d = C_n^d p^d q^{n-d}$$

其中,$q = 1 - p$。

由于其恰为二项式 $(p+q)$ 的展开式中各项,所以称具有这种概率函数的随机变量服从二项分布。

在上面的例子中,不合格品数是服从二项分布的,而不合格品率是不合格品数与产品量的比值,所以它也是服从二项分布的。后面在计数值控制图中的 P 控制图、Pn 控制图都是基于二项分布的原理进行研究的。

二项分布有两个数学特征值。

对于不合格品数：

平均值　$E(\xi)=np$

标准差　$\sigma(\xi)=\sqrt{np(1-p)}$

对于不合格品率：

平均值　$E(\xi)=p$

标准差　$\sigma(\xi)=\sqrt{\dfrac{p(1-p)}{n}}$

这些公式对于以后将要讲的计数值控制图的轮廓线计算有着重要的作用。

(2) 泊松分布。对在一定期间内发生的各种事故的次数，或在一定时间内电话的通话次数等现象，常采用泊松分布来描述。

泊松分布的概率函数为：$P_d=\dfrac{\lambda^d}{d!}e^{-\lambda}$

其中，$\lambda=np$。

在二项分布中，当 n 很大，p 很小，且 $np=\lambda$ 为一有限值时，计算二项分布可用泊松分布的计算公式来代替。因为二项分布在 $n\to\infty$ 时，是以泊松分布为极限的，即：

$$\lim_{n\to\infty}C_n^d p^d q^{n-d}=\dfrac{\lambda^d}{d!}e^{-\lambda}$$

泊松分布的数学特征值为：

平均值　$E(\xi)=\lambda$

标准差　$\sigma(\xi)=\sqrt{\lambda}$

数理统计证明，无论是二项分布还是泊松分布，当 n 趋于无穷大时，这两种分布都近似于正态分布。

2. P 控制图

P 控制图以及 Pn 控制图均属于计数值中的计件值控制图。从前述的概率分布理论我们知道，从一批稳定状态下生产的大量产品中，随机抽取样品数为 n 的样本，若以 p 代表出现不合格品的概率，以 d 代表样本中不合格品的个数，则 d 的分布服从二项分布。当 $np\geqslant 3$ 时，又可将二项分布近似看作正态分布。这就是 P 控制图与 Pn 控制图的理论基础。

(1) 不合格率 P 控制图。P 控制图一般是把不合格品率作为一种质量特性提出，它通过对产品的不合格品率的变化来控制产品的质量。一般 P 控制图是单独使用的，不需组合。P 控制图常常用于检查零件外形尺寸或用目测检查零件外观从而确定不合格品率，也用于对光学元件和电子元件不合格品率的控制。除了不合格品率外，合格品率、材料利用率、出勤率、缺勤率等也可应用 P 控制图进行控制。

为了能更好地灵活运用 P 控制图,在通过检查将产品区分为合格品与不合格品的场合,我们应该将不合格品按不合格原因进行分类、统计并详细记录,以便将来 P 控制图绘点出界时,将其作为查找原因和采取改进措施的重要参考资料。

(2)控制界限的计算。根据控制图的基本原理,应以 $\mu \pm 3\sigma$ 为控制界限。在二项分布的数学特征值中我们讲过,对于不合格品率:

平均值　$E(\xi) = p$

标准差　$\sigma(\xi) = \sqrt{\dfrac{p(1-p)}{n}}$

式中,p 是总体的不合格品率,通常这是个不易获得的数据,但可以根据过去积累的资料或采用抽样检验出的不合格品率 $\bar{p}$ 作为 p 的估计值。

应用数理统计的方法可以证明:$E(\bar{p}) = p$

所以,P 控制图的控制界限应为:

$$CL = \bar{p}$$

$$UCL = \bar{p} + 3\sqrt{\dfrac{\bar{p}(1-\bar{p})}{n}}$$

$$LCL = \bar{p} - 3\sqrt{\dfrac{\bar{p}(1-\bar{p})}{n}}$$

(3)作图步骤。

第一,收集数据。为了求得较精确的控制图,要求在稳定的生产过程中抽取样本。在理想的情况下,这些样本应顺序地从连续生产的多批产品中选取。这样抽检的样本可以较真实而客观地反映出生产过程的实际水平,如果根据观察,这些样本反映的生产过程是稳定的,则根据样本算得的控制界限是最符合实际控制要求的。不过,这样做将使得整个抽样周期过长。为了解决这一实际问题,常允许在生产条件基本相同的情况下,一次抽检全部需要的数据,然后进行随机性分组,每组的大小即样本容量为 n。样本容量的大小主要根据平均每次抽样的样本中包含 1~5 个不合格品来确定。如果样本容量过小,那么尽管实际生产过程并非处于不合格品率为零的良好状态,但由于样本的不合格品率屡屡出现为零,就容易产生判断生产过程处于良好状态的倾向。

【例 9-11】　某厂对螺钉质量进行检查,按照班组制定的质量标准衡量不合格品,记录了 2 月 28 个工作日的抽样检查情况,如表 9-13 所示。现以此记录为例,说明 P 控制图的作图步骤。

表 9-13 某厂螺钉抽样数据

组号	样品数 n	不合格样品数 np	不合格样品率 $p(\%)$	P 图的 $UCL(\%)$
1	85	2	2.35	10.2
2	83	5	6.02	10.3
3	63	1	1.59	11.2
4	60	3	5	11.4
5	90	2	2.22	10
6	80	1	1.25	10.4
7	97	3	3.09	9.8
8	91	1	1.10	10
9	94	2	2.13	9.9
10	85	1	1.18	10.2
11	55	0	0	11.7
12	92	1	1.09	9.9
13	94	0	0	9.9
14	95	3	3.16	9.8
15	81	0	0	10.3
16	82	7	8.54	10.3
17	75	3	4	10.6
18	57	1	1.75	11.6
19	91	6	6.59	10
20	67	2	2.99	11
21	86	3	3.49	10.1
22	99	8	8.08	9.7
23	76	1	1.32	10.5
24	93	8	8.60	9.9
25	72	5	6.94	10.7
26	97	9	9.28	9.8
27	99	10	10.10	9.7
28	76	2	2.63	10.5

第二,计算平均不合格品率。不合格品率的计算公式为:

$$\overline{p} = \frac{\sum pn}{\sum n} = \frac{90}{2\,351} = 3.89\%$$

平均不合格品率为 3.89%,平均抽样样本量为 83 件左右,符合二项分布与正态分布相近似的条件:$np \geqslant 3$,所以可以采用控制图对不合格品率进行控制。

第三,计算控制界限:

$$CL = \overline{p} = 3.89\%$$

$$UCL = \overline{p} + 3\sqrt{\frac{\overline{p}(1-\overline{p})}{n}}$$

$$LCL = \overline{p} - 3\sqrt{\frac{\overline{p}(1-\overline{p})}{n}}$$

从上面的公式可以看出,控制界限与 n 有关。代入各组不同的 n 值,可计算出控制上限的值,见表 9-13。

计算控制下限时有时会出现负值,这时应取 $LCL = 0$,因为负的不合格品率是不存在的。在实际工作中,有时常根据实际情况,直接将控制下限统一取为零,以简化计算。

第四,绘制 P 控制图。根据表 9-13 的控制界限数据值画出上控制界限,将控制下限统一取为零,并按顺序以各组的不合格品率 p 值在图上绘点,如图 9-23 所示。

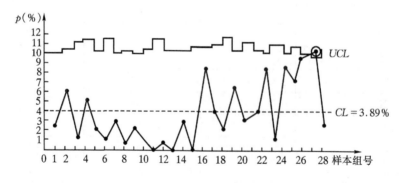

图 9-23 P 控制图

图中第 27 组超出控制界限,说明该日生产过程存在异常因素。因为每个样本组的 n 都不相同,控制界限的宽度也就随着 n 的变化而变化,形成凹凸不平的控制界限,而不像前面所讲的控制图那样是一条直线,所以作图是相当繁琐的,而且 n 越大,则上下控制界限间的距离就越窄。

(4)控制界限的讨论。

①关于 n 值。从前面的计算我们已经看到,由于各组样本量 n 的大小不同,在计算控制界限时相当麻烦。为了简化计算,当每组的样本量 n 差别不大时,即当任意某组的 n_i 均满足 $\frac{\bar{n}}{2} \leqslant n_i \leqslant 2\bar{n}$ 时,可用 $\bar{n}$ 代替来进行计算。这时的控制界限为一条直线。应用此法,如果绘的点接近控制界限,需要将实际的 n_i 代入控制界限的计算公式,计算实际的控制界限,看点是否在实际的控制界限内。

在表 9-13 的实例中:

$$\bar{n} = \frac{\sum n_i}{k} = \frac{2\,315}{28} = 82.7$$

用 $\frac{\bar{n}}{2} \leqslant n_i \leqslant 2\bar{n}$ 的条件来衡量:

$$\frac{\bar{n}}{2} = 41$$

$$2\bar{n} = 165$$

表 9-13 中的数据共 28 组,最大的 $n=99$,最小的 $n=55$,均满足 $41 \leqslant n_i \leqslant 165$ 的条件,故以表 9-13 的数据绘制控制图时,控制上限可以写为:

$$UCL = \bar{p} + 3\sqrt{\frac{\bar{p}(1-\bar{p})}{\bar{n}}} = 0.102\,7$$

$$LCL = 0$$

以此控制界限可作出另一个 P 控制图。

用平均的样本数 $\bar{n}$ 计算出的 P 控制图的控制界限,是平均控制界限。因此,当某组的样本数 $n_i > \bar{n}$ 时,该组的"实际控制界限"范围小于"平均控制界限"。这样,点虽然在"平均控制界限"内,但有可能已超出"实际控制界限",有可能产生"漏发警报"的错误;而当某组的样本数 $n_i < \bar{n}$ 时,该组的"实际控制界限"范围大于"平均控制界限",这时点虽然落在"平均控制界限"外,但有可能未超出"实际控制界限",有可能产生"错发警报"的错误。为了避免以上两种错误,保证对生产状态给予正确判断,就要对在控制界限附近的点进行检验。一般来说,检验范围可规定为 $(2.5 \sim 3.5)\sigma$,即凡是落在此范围内的点应该进行检验。

从图 9-23 可以看出,第 26 组、27 组的点是在 $(2.5 \sim 3.5)\sigma$ 范围内的,计算出实际控制界限:

$$UCL_{26} = \bar{p} + 3\sqrt{\frac{\bar{p}(1-\bar{p})}{n_{26}}} = 9.28\%$$

$$UCL_{27} = \bar{p} + 3\sqrt{\frac{\bar{p}(1-\bar{p})}{n_{27}}} = 10.1\%$$

检验说明,第 27 组的差错率虽然在"平均控制界限"内,但已超出该组的"实际控制界限",应判为生产过程中存在异常原因。有时会发生点虽然在"平均控制界限"外,却并未超出该组的"实际控制界限"的现象,应判为生产过程中没有异常原因。

②控制界限计算公式的简化。当 $\bar{p}$ 较小时(10%以下),可以认为 $\sqrt{1-\bar{p}}$ 接近于 1,这时上控制界限可简化为:

$$UCL = \bar{p} + 3\sqrt{\frac{\bar{p}}{n}}$$

③中心线及上下控制界限的意义。应该指出,对于计数值控制图来说,实际起作用的是上控制界限,绘点超出上控制界限则表明生产过程发生不良变化,应该采取措施解决。中心线只表明不合格率的平均水平,而下控制界限只是表明生产过程是否发生变化,即使绘点超过下控制界限也只表明生产中不合格品减少,生产精度进一步提高。这时我们应该注意总结不合格品率降低的好经验,以便巩固和推广或者检查数据是否真实。有时在作计数值控制图时,也可不画中心线及下控制界限。

对于不合格品率过高,生产过程不处于稳定状态的情况,应从技术和经济两方面来考虑采取最合理的技术措施加以解决。如果采取措施有困难,则应考虑更改产品的技术规格。

3. 不合格品数 Pn 控制图

(1)控制界限的计算。Pn 控制图用于对产品不合格品数控制的场合,它是通过控制产品的不合格品数的变化来控制质量的。Pn 控制图样本量的大小必须为定值,也就是与 P 控制图在 n 一定时的情况相当。在样本 n 不变的场合,用不合格品数 pn 代替不合格品率 p 作控制图。由于 pn 是直接取自样本的不合格品数,对数据不必再进行整理和计算,因此应用 Pn 控制图更为方便,更便于操作者理解和作业。Pn 控制图和 P 控制图都是建立在二项分布的基础上的,所以两种控制图的原理完全相同,只是 Pn 控制图的控制界限及有关数据是直接根据不合格品数计算的,其具体计算控制界限的公式为:

$$CL = \overline{pn}$$

$$UCL = \overline{pn} + 3\sqrt{\overline{pn}(1-\bar{p})}$$

$$LCL = \overline{pn} - 3\sqrt{\overline{pn}(1-\bar{p})}$$

当平均不合格率较小时(10%以下),可以认为 $\sqrt{1-\bar{p}}$ 接近于 1。当精度要求不高时,控制上限可定为:

$$UCL = \overline{pn} + 3\sqrt{pn}$$

(2)作图步骤。现结合实例说明 Pn 控制图的作图方法。

【例 9-12】 某手表厂为了控制产品的质量情况,每天抽查 200 个机芯进行检查,表 9-14 是某月内 25 个工作日的测试记录。试用 Pn 图来反映产品的质量情况。

表 9-14 某手表厂机芯抽样检查数据表

组号	测试机芯数 n	不合格件数 pn	组号	测试机芯数 n	不合格件数 pn
1	200	4	14	200	4
2	200	2	15	200	6
3	200	6	16	200	2
4	200	0	17	200	7
5	200	8	18	200	2
6	200	5	49	200	6
7	200	6	20	200	1
8	200	3	21	200	3
9	200	1	22	200	2
10	200	8	23	200	4
11	200	5	24	200	5
12	200	4	25	200	6
13	200	0			

第一,计算控制界限:

$$\overline{p} = \frac{\sum pn}{\sum n} = \frac{100}{5\,000} = 0.02$$

本例中样本不合格品率 $\overline{p}=0.02$,所以每组样本量取 $n=200$ 是比较合适的。

另外 $pn=4$,符合 $pn \geqslant 3$ 的条件,可建立控制图。

$$CL = \overline{pn} = 0.02 \times 200 = 4$$
$$UCL = \overline{pn} + 3\sqrt{\overline{pn}(1-\overline{p})}$$
$$= 4 + 3\sqrt{4 \times (1-0.02)}$$
$$= 9.94$$

$$LCL = \overline{p}n - 3\sqrt{\overline{p}n(1-\overline{p})}$$
$$= 4 - 3\sqrt{4 \times (1-0.02)}$$
$$= -1.94$$

取 $LCL=0$。

第二,绘制 Pn 控制图。

根据控制界限数值画控制图,并按顺序以各组的不合格品数值在图上绘点,如图 9-24 所示。

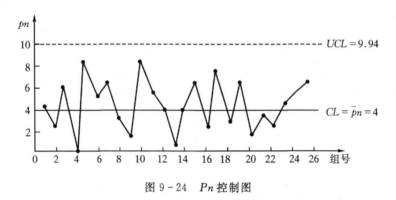

图 9-24　Pn 控制图

图中所有的点都没有出界,说明生产过程稳定,可以用此图来控制生产。

在生产过程稳定的情况下,产品生产过程中存在着一定的不合格品数 pn(或不合格品率 p),而且它的数值会在一定范围内波动($\mu \pm 3\sigma$);如果生产过程处于失控状态,则 pn(或 p)的值将有较大变化,超过原来的波动范围,在控制图中会表现出绘点出界的情况,这时就需要进行分析研究,排除异常因素,使生产恢复正常。

4. C 控制图与 U 控制图

前面已经谈到,对于那些具有连续性质量特性值的生产工序,可采用 $\overline{X}-R$ 控制图或其他计量值控制图控制产品的质量情况;对于那些只能判断产品合格与否的生产工序,可以用 P 图或 Pn 图。此外,对于产品质量特性值是产品的缺陷数时,例如一定面积的电镀板的针孔数,一定长度布匹上的疵点数,一定长度漆包线上漆皮的划伤处,一定期间内设备发生的故障数,或一台电子设备中的焊接不良处,等等,就要用本节所讲的控制图来管理了。

这类控制图有两种:缺陷数 C 控制图和单位缺陷数 U 控制图。它们均属于计数值中的计点值控制图。在生产中,产品上的缺陷数常常服从泊松分布。而当参数 $\lambda \geqslant 3$ 时,泊松分布又与正态分布近似。这就是 C 控制图与 U 控制图的理论基础。

（1）C（缺陷数）控制图。C 控制图主要用于判断生产中的设备或产品缺陷数是否处于所要求的水平，它是通过对样本缺陷数的变化来进行控制的。它和 Pn 控制图相类似，要求样本量是固定的。但这里讲的样本量与过去讲的抽样样本容量 n 的概念有所不同。数理统计证明，泊松分布是二项分布 $n\to\infty$ 时的极限形式，这里 n 是样本容量，就如同某台设备可能发生故障的地方很多，又如在输油管路中，钢管可能发生漏油的地方很多，也就是可能发生故障的点很多。

而要求固定的样本量是指机器或长度的度量相同，即同一种机器或同一长度的钢管。例如，每次都统计同一长度的钢管的缺陷数，或每次统计一平方米布匹出现的疵点数，等等。在实际应用中，样本量的大小，可以根据实际情况而定，但一经确定就要固定下来。

① 控制界限的计算。根据控制图的基本原理，应以 $\mu\pm3\sigma$ 为控制界限。在泊松分布的数学特征值中，

平均值　　$E(\xi)=\lambda$

标准差　　$\sigma(\xi)=\sqrt{\lambda}$

在 C 控制图中，我们将缺陷数记为 c。同 P 控制图类似，我们用抽样检验出的平均缺陷数 $\bar{c}$ 作为参数 λ 的估计值。所以 C 控制图的控制界限为：

$$CL = \bar{c}$$
$$UCL = \bar{c} + 3\sqrt{\bar{c}}$$
$$UCL = \bar{c} - 3\sqrt{\bar{c}}$$

② 作图步骤。

a. 收集数据。

关于样本大小的确定，首先需要统计生产过程中的平均缺陷数，然后根据每组样本平均至少包含 1~5 个左右的缺陷数来确定样本的大小。在控制对象固定的条件下，抽样 20~25 组并统计出各组的缺陷数。这里 $c=0$ 的组不能太多，因为 $\lambda\geqslant3$ 泊松分布才与正态分布相近似，$c=0$ 的组太多，就意味着每组的 c 值太小，从而使平均缺陷数 $\bar{c}$ 很小，这是不合适的。

现以某汽车厂喷漆质量进行管理的数据为例加以说明。

【例 9-13】 该厂某喷漆生产班组记录了本组完成的 26 件同一产品的缺陷数（见表 9-15）。

表 9-15 某产品缺陷数统计表

产品号	缺陷数 c	产品号	缺陷数 c
1	4	14	5
2	6	15	6
3	5	16	3
4	8	17	4
5	2	18	5
6	4	19	3
7	4	20	7
8	5	21	5
9	3	22	4
10	6	23	5
11	2	24	4
12	4	25	3
13	0	26	2

b. 计算控制界限。

$$\bar{c} = \frac{\sum_{i=1}^{k} c_i}{k} = \frac{109}{26} = 4.2$$

满足 $\lambda \geqslant 3$ 的条件,可以用控制图进行质量控制。

$$CL = \bar{c} = 4.2$$

$$UCL = \bar{c} + 3\sqrt{\bar{c}} = 4.2 + 3\sqrt{4.2}$$
$$= 10.35$$

$$LCL = \bar{c} - 3\sqrt{\bar{c}} = 4.2 - 3\sqrt{4.2}$$
$$= -1.95$$

取 $LCL = 0$。

控制下限也可以不计算,直接取 $LCL = 0$。

c. 绘制控制图。

根据控制界限数值绘制控制图,并按顺序以各组的缺陷数 c 值在图上绘点,如图 9-25 所示。

图中的全部点都在控制界限内,可用此控制界限对喷漆质量进行控制。

(2) U(单位缺陷数)控制图。前面介绍了 C 控制图,当受生产条件所限,难以按固定的计量单位来考核缺陷数时,则可考虑采用单位缺陷数 U 控制图来进

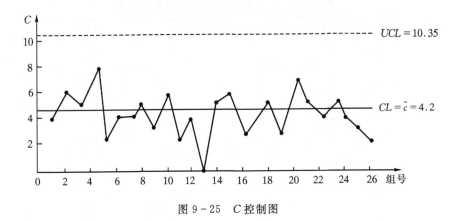

图 9-25 C 控制图

行控制，C 与 U 控制图的关系与前面所讨论过的 Pn 与 P 控制图之间的关系相同。U 控制图不要求样本量相同，因此常常用于控制纺织品或涂漆表面的疵点数、线状或板状产品中的缺陷数、溶剂中的灰尘数、印刷排字中的错字数，等等。

① 控制界限的计算。U 控制图的控制界限与 C 控制图的控制界限实质上相同，但这里

$$U = \frac{c}{n}$$

式中，c 为样本缺陷数，n 为以检验单位表示的样本大小。而 U 控制图的控制界限为：

$$CL = \bar{u} \frac{\sum c}{\sum n}$$

$$UCL = \bar{u} + 3\sqrt{\frac{\bar{u}}{n}}$$

$$LCL = \bar{u} - 3\sqrt{\frac{\bar{u}}{n}}$$

② 作图步骤。

a. 收集数据。

一般收集 20~25 个样本组，样本量大小 n 表示样品中所含单位产品的数目，可以不是整数。确定样本大小时，要使每组样本中平均有 1~5 个缺陷。

【例 9-14】 某厂在生产过程中收集的漆包线外观缺陷针孔数据，如表 9-16 所示。

表 9-16　某厂漆包线外观缺陷针孔数据表

样本序号	长度 $n_i(m)$	缺陷数 c_i	u_i	UCL
1	1.0	4	4	8.14
2	1.0	5	5	8.14
3	1.0	3	3	8.14
4	1.0	3	3	8.14
5	1.0	4	4	8.14
6	1.0	5	5	8.14
7	1.0	3	3	8.14
8	1.3	2	1.5	7.5
9	1.3	5	3.8	7.5
10	1.3	3	2.3	7.5
11	1.3	2	1.5	7.5
12	1.3	4	3.1	7.5
13	1.3	1	0.8	7.5
14	1.3	5	3.8	7.5
15	1.3	2	1.5	7.5
16	1.3	4	3.1	7.5
17	1.3	2	1.5	7.5
18	1.2	6	5.0	7.69
19	1.2	4	3.3	7.69
20	1.2	3	2.5	7.69
21	1.2	0	0	7.69
22	1.7	8	4.7	6.94
23	1.7	3	1.8	6.94
24	1.7	8	4.7	6.94
25	1.7	5	2.9	6.94

b. 计算控制界限。

首先计算各组的单位缺陷数：

$$u_i = \frac{c_i}{n_i}$$

式中，u_i 为第 i 个样本的单位产品缺陷数（即单位长度漆包线的平均针孔数）。

$$\overline{u} = \frac{\sum c}{\sum n} = \frac{94}{31.6} = 2.97 \approx 3$$

基本满足 $\lambda \geqslant 3$ 的条件。

与 P 控制图类似，这里控制界限与 n 有关，对应不同的 n，可依次计算出各组的控制上限，我们将其列在表 9-16 中。控制下限可以不计算，直接取 $LCL = 0$。

c. 绘制控制图。

根据各组的控制界限数值画控制图，并按顺序以各组的单位缺陷数 u 值在图上绘点，如图 9-26 所示。

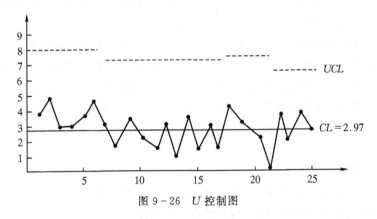

图 9-26 U 控制图

图中的全部点都在控制界限内，表明生产过程中无异常原因，可用此控制图来控制质量。U 图和 P 图一样，当 n 的变化大体在 $\frac{\overline{n}}{2} \leqslant n_i \leqslant 2\overline{n}$ 之间时，可用平均样本量 $\overline{n}$ 来计算控制界限，并作控制图。邻近控制界限线的点的检验条件也与 P 相同。

(3) 计点值控制图在技术设备维护中的应用。随着科学技术的不断发展，人们在生产中越来越依靠各种机器设备了。现代技术装备的特点之一是复杂化，所以设备的维护工作是一项工作量很大，而又十分重要的工作。目前在各企业中对机器设备大致有下列 3 种维护方式：

① 纠正性维护方式。这种维护方式的特点是：平时对设备根本不进行主动的维护，而是在机器设备出了故障后才进行检修。它的维护工作量较小，时间短暂而集中，故费用较少。其缺点是：由于平时不主动维护，造成大量故障集中出现，同时

由于平时不进行检修而造成机器设备磨损增大,缩短了设备的寿命,且可靠性差。随着机器设备使用量的增加和人们对产品质量要求的逐渐提高,这些缺点就更加明显突出了。因此,在实际生产中,这种维护方式的使用正在逐渐减少。

②预防周期性维护方式。这种维护方式的特点是:定期全面地进行预检预修工作,目前多数企业主要采取这种维护方式。对设备进行定期的预检预修,以期得到良好的工作质量。这种维护方式,相对于第一种维护方式而言,维护工作质量有一定提高。但这种维护方式的缺点是:首先,它是一种一律看待的方式,而各种设备的新老程度、磨损、劣化程度及故障大小各不相同,对不同质量和不同的机器设备不加区别,一律以等间隔时间来进行检修,显然是不合理的。其次,这种维护方式的维护工作量大,特别是机器设备集中的单位,矛盾特别突出。最后,从可靠性理论来看,机器设备的可靠性下降,除了客观环境等因素之外,维护不当也是主要因素之一。经常进行预防性检测和不适当的修复性维修所造成的过多装拆会将故障引入机器设备,并致使设备可靠性下降。美国 AT&T 公司在罢工中(1947 年)故障反而减少了,就是一个很能说明问题的例子。

③受控纠正型维护方式。目前,一些发达国家普遍采用的是受控纠正型维护方式。这种维护方式就是根据不同设备的质量特性和质量要求,分别确定合理的控制界限,以控制图为核心进行质量控制。它的特点之一是不仅能对设备进行静态管理,而且可以进行动态监视,根据设备的状况决定是否需要进行测试检修。

采用受控纠正型维护方式有如下好处:

a. 按科学的标准管理,可以保证设备质量和维修质量的提高;

b. 通过控制图的报警区,起到预防重大故障发生的作用;

c. 由于采用抽样检查和只在需要的时候才进行检修,减少了无效的工作量,进而降低了维护成本,提高了维护效率;

d. 为掌握设备的动态变化提供了资料和手段(控制图),如果再结合其他质量管理工具的使用,可使设备管理科学化、系统化。

受控纠正型维护方式需要有一整套完整的质量控制体系和良好的人员素质。控制图的建立必须有准确的原始数据。如果有良好的质量管理基础工作,采用受控纠正型维护方式是设备维护中一种较好的管理方式。

思考与练习

1. 什么是统计分析表?
2. 什么是排列图?其主要作用是什么?

3. 什么是因果图？其主要作用是什么？
4. 什么是频数直方图？频数直方图的作用是什么？
5. 如何对直方图进行观察分析？
6. 什么是工序能力指数？
7. 为什么要对工序能力进行分析？
8. 按工序能力指数大小，工序能力可以分为哪几个等级？不同等级的处置原则是什么？
9. 什么是控制图？如何分类？
10. 某零件的强度的屈服界设计要求为 $4\,800 \sim 5\,200\,kg/cm^2$，从 100 个样品中测得样本标准差为 $62\,kg/cm$，求工序能力指数。
11. 某轮胎和橡胶公司定期在模拟道路情形下检验轮胎磨损情况，为了研究和控制生产过程，从不同班组中抽取 20 个样本，每个样本包含 3 个轮胎，抽样数据如下，试绘制控制图。

样本	轮胎磨损（单位：百分之一英寸）		
1	31	42	28
2	26	18	35
3	25	30	34
4	17	25	21
5	38	29	35
6	41	42	36
7	21	17	29
8	32	26	28
9	41	34	33
10	29	17	30
11	26	31	40
12	29	19	25
13	17	24	32
14	43	35	17
15	18	25	29
16	30	42	31
17	28	36	32
18	40	29	31
19	18	29	28
20	22	34	26

附录　标准正态分布表

$$\Phi(x) = \int_{-\infty}^{x} \varphi(t)\,dt = \frac{1}{\sqrt{2\pi}} \int_{-\infty}^{x} e^{-\frac{1}{2}t^2}\,dt$$

x	0.00	0.01	0.02	0.03	0.04	0.05	0.06	0.07	0.08	0.09
0.0	0.5000	0.5040	0.5080	0.5120	0.5160	0.5199	0.5239	0.5279	0.5319	0.5359
0.1	0.5398	0.5438	0.5478	0.5517	0.5557	0.5596	0.5636	0.5675	0.5714	0.5753
0.2	0.5793	0.5832	0.5871	0.5910	0.5948	0.5987	0.6026	0.6064	0.6103	0.6141
0.3	0.6179	0.6217	0.6255	0.6293	0.6331	0.6368	0.6406	0.6443	0.6480	0.6517
0.4	0.6554	0.6591	0.6628	0.6664	0.6700	0.6736	0.6772	0.6808	0.6844	0.6879
0.5	0.6915	0.6950	0.6985	0.7019	0.7054	0.7088	0.7123	0.7157	0.7190	0.7224
0.6	0.7257	0.7291	0.7324	0.7357	0.7389	0.7422	0.7454	0.7486	0.7517	0.7549
0.7	0.7580	0.7611	0.7642	0.7673	0.7704	0.7734	0.7764	0.7794	0.7823	0.7852
0.8	0.7881	0.7910	0.7939	0.7967	0.7995	0.8023	0.8051	0.8078	0.8106	0.8133
0.9	0.8159	0.8186	0.8212	0.8238	0.8264	0.8289	0.8315	0.8340	0.8365	0.8389
1.0	0.8413	0.8438	0.8461	0.8485	0.8508	0.8531	0.8554	0.8577	0.8599	0.8621
1.1	0.8643	0.8665	0.8686	0.8708	0.8729	0.8749	0.8770	0.8790	0.8810	0.8830
1.2	0.8849	0.8869	0.8888	0.8907	0.8925	0.8944	0.8962	0.8980	0.8997	0.9015
1.3	0.9032	0.9049	0.9066	0.9082	0.9099	0.9115	0.9131	0.9147	0.9162	0.9177
1.4	0.9192	0.9207	0.9222	0.9236	0.9251	0.9265	0.9279	0.9292	0.9306	0.9319
1.5	0.9332	0.9345	0.9357	0.9370	0.9382	0.9394	0.9406	0.9418	0.9429	0.9441
1.6	0.9452	0.9463	0.9474	0.9484	0.9495	0.9505	0.9515	0.9525	0.9535	0.9545
1.7	0.9554	0.9564	0.9573	0.9582	0.9591	0.9599	0.9608	0.9616	0.9625	0.9633
1.8	0.9641	0.9649	0.9656	0.9664	0.9671	0.9678	0.9686	0.9693	0.9699	0.9706
1.9	0.9713	0.9719	0.9726	0.9732	0.9738	0.9744	0.9750	0.9756	0.9761	0.9767
2.0	0.9772	0.9778	0.9783	0.9788	0.9793	0.9798	0.9803	0.9808	0.9812	0.9817
2.1	0.9821	0.9826	0.9830	0.9834	0.9838	0.9842	0.9846	0.9850	0.9854	0.9857
2.2	0.9861	0.9864	0.9868	0.9871	0.9875	0.9878	0.9881	0.9884	0.9887	0.9890
2.3	0.9893	0.9896	0.9898	0.9901	0.9904	0.9906	0.9909	0.9911	0.9913	0.9916
2.4	0.9918	0.9920	0.9922	0.9925	0.9927	0.9929	0.9931	0.9932	0.9934	0.9936
2.5	0.9938	0.9940	0.9941	0.9943	0.9945	0.9946	0.9948	0.9949	0.9951	0.9952
2.6	0.9953	0.9955	0.9956	0.9957	0.9959	0.9960	0.9961	0.9962	0.9963	0.9964
2.7	0.9965	0.9966	0.9967	0.9968	0.9969	0.9970	0.9971	0.9972	0.9973	0.9974
2.8	0.9974	0.9975	0.9976	0.9977	0.9977	0.9978	0.9979	0.9979	0.9980	0.9981
2.9	0.9981	0.9982	0.9982	0.9983	0.9984	0.9984	0.9985	0.9985	0.9986	0.9986
3.0	0.9987	0.9987	0.9987	0.9988	0.9988	0.9989	0.9989	0.9989	0.9990	0.9990

参考文献

[1] 贾俊平. 统计学[M]. 北京:清华大学出版社,2004.
[2] 金进勇. 统计学教程[M]. 北京:中国人民大学出版社,2004.
[3] 王文搏,赵昌昌. 统计学[M]. 西安:西安交通大学出版社,2005.
[4] 罗红群,王清华,田义江. 统计学基础[M]. 北京:清华大学出版社,2008.
[5] 徐国祥. 统计指数理论及应用[M]. 北京:中国统计出版社,2005.
[6] 肯·布莱克. 商务统计学[M]. 李静萍,译. 北京:中国人民大学出版社,2005.
[7] 戴维·R·安德森,等. 商务与经济统计[M]. 王峰,等,译. 8版. 北京:中信出版社,2003.
[8] 王富民. 统计学原理与金融统计[M]. 西安:西北大学出版社,2004.
[9] 李朝鲜. 社会经济统计学[M]. 第2版. 北京:经济科学出版社,2006.
[10] 刘春英. 应用统计学[M]. 北京:中国金融出版社,2005.
[11] 韩直能,等. 现代质量管理统计方法[M]. 北京:科学出版社,2006.
[12] 马林. 六西格玛管理[M]. 北京:中国人民大学出版社,2006.
[13] 伍爱. 质量管理学[M]. 广州:暨南大学出版社,2006.